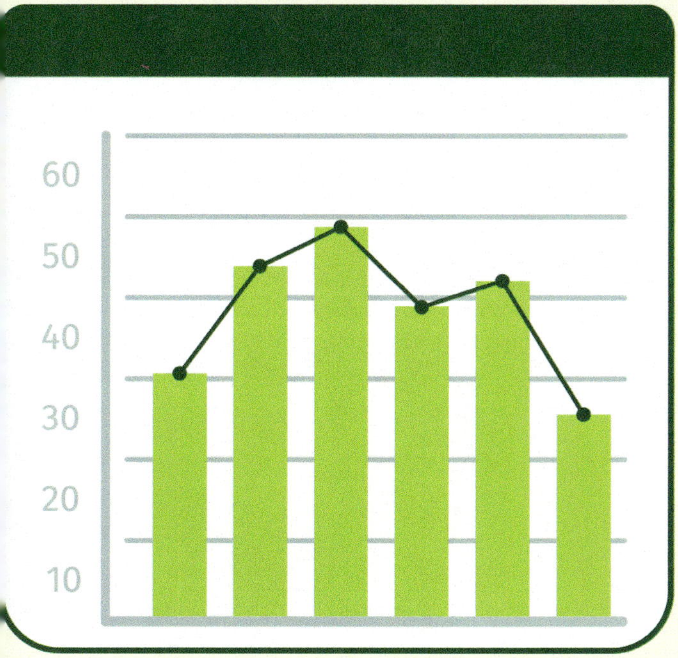

B.C.Info

따라하며 배우는

엑셀함수 & 데이터 시각화

강 형 일 저

Prologue

엑셀을 사용하여 업무에 적용하다 보면 다양한 문제 상황을 만나게 됩니다. 이러한 문제를 해결하지 않고 직접 수작업으로 모든 일을 수행한다면 시간낭비, 체력낭비가 될 것입니다. 그러나 기본을 알고 조금만 응용한다면 문제는 달라집니다. 다양한 문제를 효율적으로 해결할 수가 있고 시간절약을 할 수가 있습니다.

이 책은 처음 엑셀을 접하는 독자를 위해 엑셀에서 제공하는 많은 기능 중에서 가장 기본적인 기능을 알기 쉽게 제대로 학습할 수 있도록 구성하였습니다. 1장에서는 엑셀의 기본 기능을 간략하게 소개하였고, 이후 2장부터는 실무에서 활용할 수 있는 다양한 것들을 따라하며 배울 수 있도록 구성하였습니다. 특히나 엑셀 함수에 대해서는 반복 학습이 필요한 부분이나 중요한 내용들은 약간의 응용과 문제를 통해 학습을 할 수 있도록 구성하였으며, 머리만 복잡하게 만드는 내용들은 간략하게 다루거나 과감하게 생략했습니다.

또한 일반적으로 엑셀에서 관리하는 표 모양의 데이터로는 내가 필요한 정보를 한 눈에 알아볼 수가 어렵습니다. 이에 본 교재에서는 엑셀에서 관리하는 많은 데이터들을 한 눈에 파악할 수 있도록 시각화에 초점을 맞추어 작성하였습니다. 기본적으로 엑셀에서 제공하는 조건부 서식을 이용한 시각화나 엑셀 차트, 엑셀로 만드는 대시보드(피벗테이블, 피벗 차트, 슬라이서 등) 등에 대해서도 학습할 수 있도록 하였습니다. 본 교재에서 제공하는 엑셀의 기능을 확실하게 이해한다면 어려운 엑셀을 좀 더 쉽게 마스터할 수 있을 것으로 확신합니다.

마지막으로 이 책을 내기까지 복두출판사의 관계자 여러분 모두 고생하셨습니다. 항상 좋은 책으로 찾아뵐 수 있도록 노력하겠습니다.

2023년 8월 강형일

CONTENTS

CHAPTER 1

엑셀 기초

1.1 전체 화면 구성
1.2 셀/시트 다루기
1.3 데이터 종류
1.4 데이터 입력과 수정
1.5 연산자 유형
1.6 상대참조/혼합참조/절대참조
1.7 다른 위치의 값 참조하기

Microsoft Office Excel은 그래픽 환경에서 표 계산, 수식작성, 데이터 분석 등의 기능을 활용하는 스프레드시트Spread Sheet이다. 스프레드시트란 원래 미국인들이 회계 부문에서 사용하던 계산용지였는데 이것을 그대로 컴퓨터로 옮겨와서 가로행과 세로행이 만나는 셀이라는 공간에 정보를 저장할 수 있고 다양한 계산도 편하게 할 수 있는 소프트웨어를 말한다. 현재는 도표나 그래프를 그리는 그래픽 기능, 데이터베이스 기능, 다양한 함수 제공 등 여러 기능들을 포함하고 있어서 실무에서 활용도가 높아가고 있다.

엑셀excellent은 윈도우 환경에서 사용자의 그래픽 환경을 제공하는데 스프레드시트 기능을 비롯해 매크로, 그래픽, 데이터베이스 기능과 지도·차트 작성 등 통합 문서작성에 필요한 기능도 제공한다. 수식으로 계산하는 표인 시트에 행과 열의 개념을 더해 최소 단위인 셀들의 내용을 함수로써 자동 계산하는 방식의 스프레드시트 응용프로그램이다. 수식작성과 계산이 편리해 기업의 세무회계, 보고서나 학교의 성적관리 및 가계부 등에 광범위하게 활용된다.

1.1 전체 화면 구성

화면 구성의 각각의 명칭을 정확하게 숙지하길 바란다.

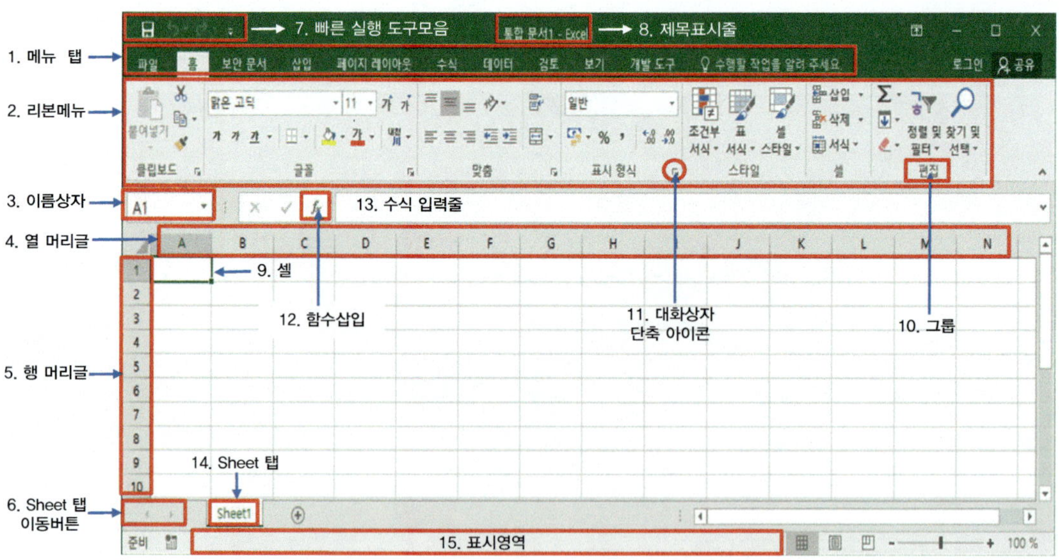

01 메뉴 탭 : 좌측상단에 있는 빨강색 박스에 [파일], [홈], [삽입], ... 등이 나타나 있는데 이 부분이 엑셀 2007부터 적용된 리본메뉴의 각 메뉴 탭이다.

02 리본 메뉴 : 텍스트 형태의 메뉴와 아이콘 형태의 명령 버튼이 통합된 메뉴다.

03 이름 상자 : 현재 선택된 셀 주소나 셀 이름이 표시되는 곳이다. 차트나 그리기 개체를 선택하면 개체 이름이 표시되고, 수식이나 함수를 입력하면 함수 목록이 표시된다.

04 행 머리글 : 행 번호가 표시되는 부분으로, 1~1,048,576행까지 있다.

05 열 머리글 : 열 이름이 표시되는 부분으로, A~XFD열까지 총 16,384개의 열이 있다.

06 Sheet 탭 이동 버튼 : 시트 개수가 많아서 시트 탭들이 다 보이지 않을 때, 가려져 있는 시트 탭을 볼 수 있도록 시트 탭 화면을 이동할 수 있다.

07 빠른 실행 도구 모음 : 자주 사용하는 명령을 사용자가 지정하여 사용할 수 있다.

08 제목 표시줄 : 프로그램 이름(Microsoft Excel), 현재 작업 중인 파일 이름(통합 문서1)이 표시되며, 작업 상태에 따라 [읽기 전용], [호환 모드], [공유], [그룹]이 표시된다.

09 셀 : 행과 열이 교차하면서 만들어진 사각 영역이다. 엑셀은 16,384개의 열과 1,048,576개의 행으로 한 개의 워크시트가 구성되어 있다. 그러므로 한 개의 시트는 16,384 * 1,048,576 = 17,179,869,184개의 셀로 구성된다. 즉, 하나의 워크시트에는 170억개 이상의 데이터를 입력할 수 있다.

10 그룹 : 리본 메뉴에서 아이콘 형태 명령 버튼 그룹 이름이다.

11 대화상자 단축 아이콘 : 이 부분을 클릭하면 해당하는 대화상자가 뜬다. 이 부분을 클릭해 보자. 그러면 셀 서식에 글꼴에 해당하는 대화상자가 나타날 것이다.

12 함수 삽입 : [fx]라고 적힌 부분을 클릭하면 함수 마법사가 실행된다.

13 수식 입력줄 : 선택된 셀에 입력된 데이터나 수식이 표시되는 곳이다. 실제로 셀에 입력된 데이터를 확인할 수 있고, 클릭하여 커서가 나타나면 데이터를 수정할 수 있다.

14 Sheet 탭 : 시트 이름이 표시되는 곳으로, 작업할 시트를 선택하는 곳이다. 선택된 시트는 흰색으로 표시된다. 기본적으로 Sheet1, Sheet2, Sheet3 으로 이름이 만들어지지만 해당 부분을 더블클릭하여 이름을 바꾼다.

15 표시 영역 : 각종 기능키의 선택 상태를 표시하며, 숫자가 입력된 셀 범위를 지정하면 자동 계산 결과를 표시한다. 표시 영역에서 마우스의 오른쪽 버튼을 누르면 표시될 항목을 사용자가 지정할 수 있다.

1.2 셀/시트 다루기

1.2.1 셀 이동 필수 단축키

셀을 이동하기 위한 단축키이다. 자주 사용하다 보면 익숙해질 것이다. 단축키를 사용하면 작업 속도가 빨라진다.

단축키	기 능
방향키	셀 포인터를 왼쪽, 오른쪽, 위, 아래 셀로 한 칸씩 이동
Page Up Page Down	위, 아래로 화면 단위로 셀 포인터 이동
Ctrl + 방향키	현재 셀의 왼쪽, 오른쪽, 위, 아래 방향으로 데이터가 연이어 입력된 셀 중에 맨 끝 셀로 한 번에 이동. 만약 시트에 입력된 데이터가 없으면 시트의 끝까지 이동
Ctrl + Shift + 방향키	현재 위치하는 셀의 왼쪽, 오른쪽, 위, 아래 방향의 모든 셀을 선택
Home	현재 행의 맨 앞 셀로 이동
Ctrl + Home	A1 셀로 한 번에 이동
Ctrl + End	시트에 데이터가 입력되어 있는 범위의 제일 오른쪽 아래 셀로 한 번에 이동
F2	셀을 편집 상태로 활성화

1.2.2 셀 범위 지정

단일 범위 지정하기는 다음과 같은 방법들이 있다.

첫 번째 방법 : 시작 셀 선택하고 단일 범위 끝 셀까지 마우스로 드래그한다.
두 번째 방법 : 시작 셀 클릭 후 [Shift]를 누르고, 단일 범위 끝 셀을 클릭한다.
세 번째 방법 : 시작 셀 클릭 후 [Shift] + [↓]키를 누면서 범위 끝까지 반복한다.

복수 범위 선택은 첫 번째 시작 셀 선택하고 첫 번째 범위 끝 셀까지 마우스로 드래그한다. 그리고 [Ctrl] 키를 누른 상태에서 다음 시작 셀 선택하고 그 범위 끝 셀까지 마우스로 드래그한다.

전체 범위 선택하기는 1행 위쪽 부분을 클릭하면 전체 범위가 선택된다.
또는 [Ctrl] + [a] 키를 눌러도 전체 범위가 선택된다.
행 전체 범위를 지정하려면 행 머리글을 클릭하고, 열 전체 범위를 지정하려면 열 머리글을 클릭한다.

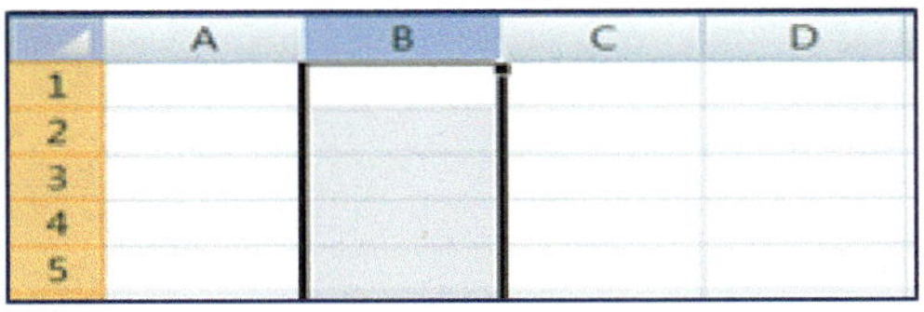

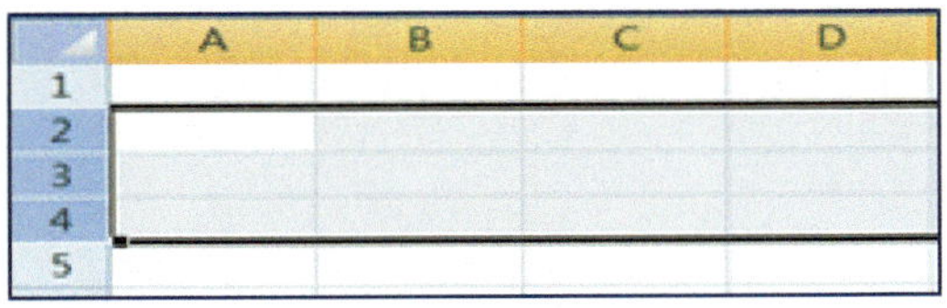

1.2.3 행/열 삽입과 삭제

행 삽입은 행 머리글을 클릭하고 오른쪽 마우스를 클릭하면 아래 그림과 같이 나타나는데 삽입을 선택하면 된다. 열 삽입은 열 머리글을 클릭하고 오른쪽 마우스를 클릭하고 삽입을 선택하면 된다.

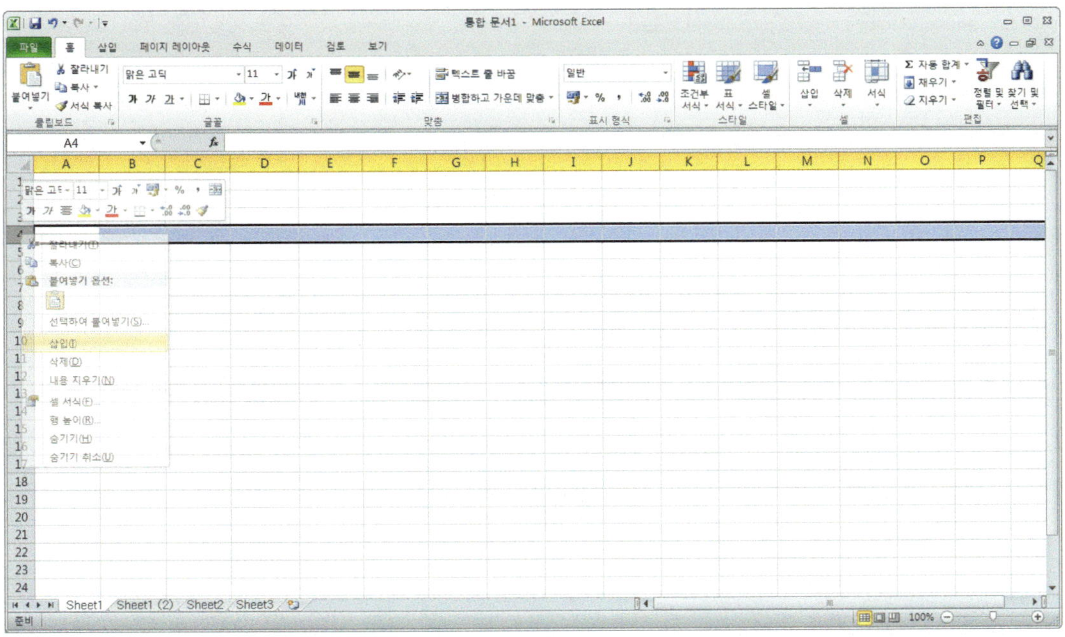

삭제는 삭제하고자 하는 부분의 머리글을 클릭하고 오른쪽 마우스를 클릭하고 삭제를 선택하면 된다.

1.2.4 셀 이동과 복사

복사시킬 셀을 드래그하여 범위 지정하고 [Ctrl] + [C] 키를 누르고 복사한다. 그리고 복사시킬 시작 셀을 선택하고 [Ctrl] + [V] 키를 눌러 붙여넣기 한다.

이동시킬 셀들을 드래그하여 범위 지정하고 [Ctrl] + [X] 키를 눌러 잘라내기를 한 후 이동시킬 시작 셀을 선택하고 [Ctrl] + [V] 키를 눌러 붙여넣기 한다.

1.2.5 셀 서식 다루기

셀 서식 지정은 서식 도구를 사용하여 지정한다. [홈] 메뉴 탭에서 [글꼴], [맞춤], [표시형식] 그룹에 있는 각 도구를 사용하면 된다.

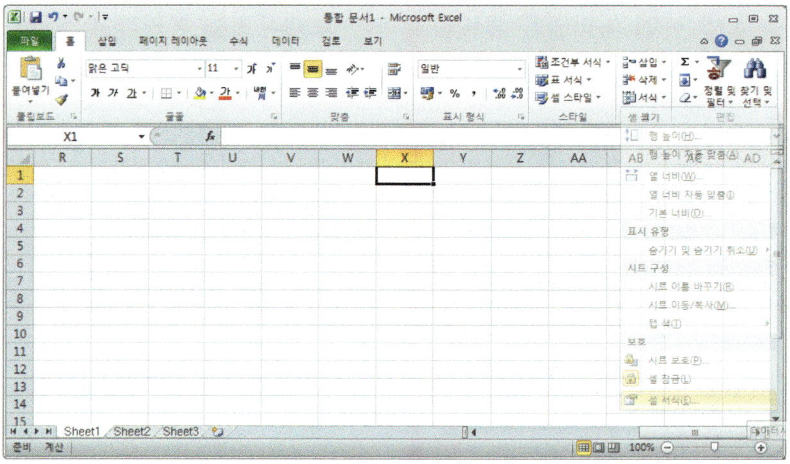

셀 서식 대화상자 사용은 서식을 지정할 범위를 지정한 후 [홈] 메뉴 탭 → [셀] 그룹 → [서식] → [셀 서식]을 선택하거나, 마우스의 오른쪽 버튼을 누른 후 [셀 서식] 메뉴를 선택하거나 [글꼴], [맞춤], [표시 형식] 그룹의 대화상자 표시 단추 아이콘을 클릭하여 셀 서식을 지정할 수 있다.

표시 형식은 셀 내용을 어떻게 표시할지 정하는 기능으로 12가지 항목이 있다.

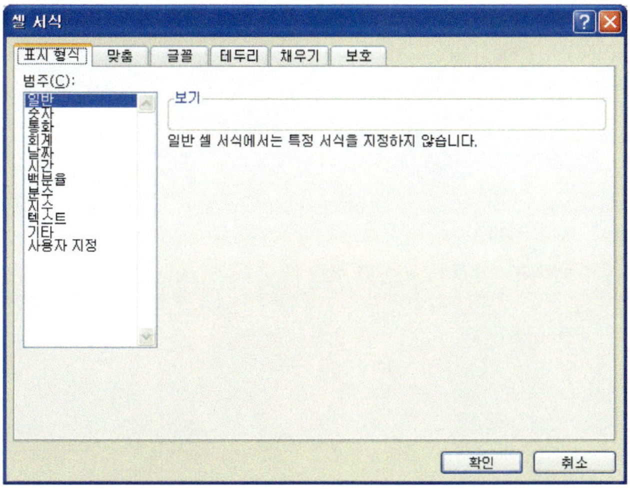

- 일반 : 입력된 데이터 형태를 그대로 표시한다.
- 숫자 : 소수 자릿수, 천 단위 콤마 표시, 음수 표현 형식을 지정할 수 있다. 날짜 형식 데이터를 숫자 형식으로 지정하면 정수값으로 표현된다.
- 통화 : 천 단위 콤마 표시, 통화 기호, 음수 표현 형식을 지정할 수 있다.
- 회계 : 천 단위 콤마 표시, 통화 기호를 지정할 수 있다. 셀에서 가운데 맞춤을 할 수 없다.
- 날짜 : 엑셀에서 제공하는 날짜 표현 형식을 선택한다. 적당한 형식이 없을 때는 [사용자 지정]에서 만들어 사용할 수 있다.
- 시간 : 엑셀에서 제공하는 시간 표현 형식을 선택한다. 적당한 형식이 없을 때는 [사용자 지정]에서 만들어 사용한다.
- 백분율 : 소수 자릿수 지정, 수치 데이터 뒤에 백분율(%) 기호를 삽입할 수 있다.
- 분수 : 소수를 분수 형식으로 나타낸다. 여러 형태의 분모 자릿수를 제공한다.
- 지수 : 수치 데이터를 지수 형식으로 표현하며, 소수 자릿수를 지정할 수 있다. 예를 들어, 2250000을 지수로 나타내면 2.25E+6으로 표시된다.
- 텍스트 : 수치 데이터를 문자열 형식으로 지정한다.
- 기타 : 우편번호, 전화번호, 주민등록번호 등 특수한 데이터의 서식을 지정할 때 사용한다.
- 사용자 지정 : 엑셀이 제공하는 서식 중, 원하는 표시 형식이 없을 경우, 사용자가 임의로 표시 형식을 지정할 수 있다. 표시 형식을 지정할 때는 엑셀에서 제공하는 서식 코드를 조합해서 등록해야 한다.

맞춤은 입력한 셀 데이터를 어느 부분을 기준으로 표시할 것인지 지정할 수 있다(텍스트 맞춤). 텍스트 줄 바꾸기와 범위를 지정한 셀을 병합하거나 또는 셀 크기에 맞춰 글자 크기를 조절하기를 한다. 이외에도 문자 각도를 조절해서 문자 방향 지정한다.

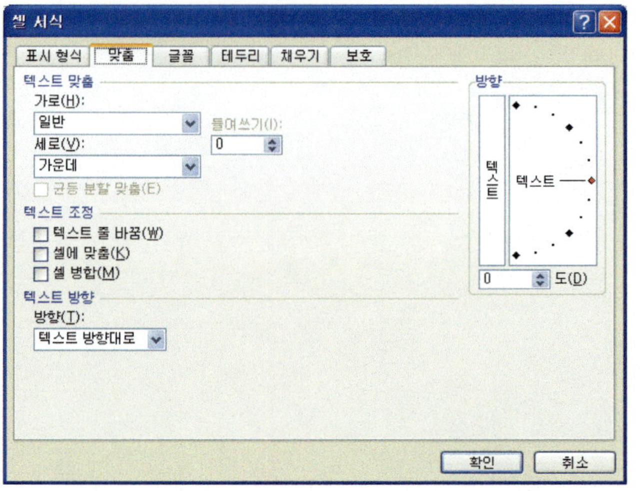

글꼴은 셀 서식의 글꼴을 이용하면 다양한 글꼴, 글자 모양, 글자 크기 등을 지정할 수 있다. 위 첨자나 아래 첨자와 같은 효과도 여기서 설정한다.

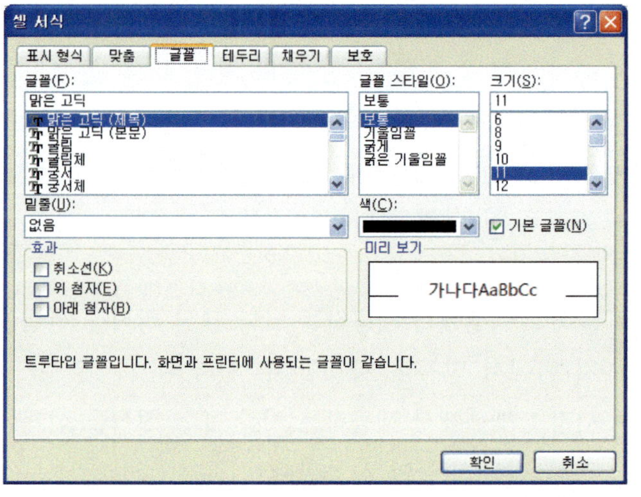

테두리는 지정한 범위의 셀의 테두리에 대한 서식을 지정한다. 선의 패턴이나 윤곽선들을 지정한다.

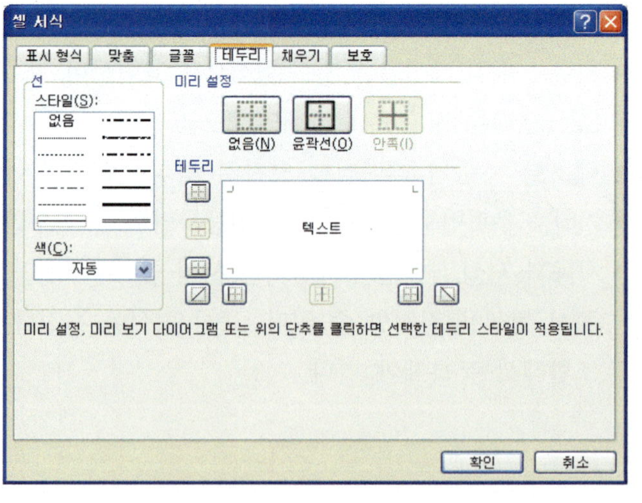

채우기는 셀의 음영색이나 채우기 형태를 설정한다.

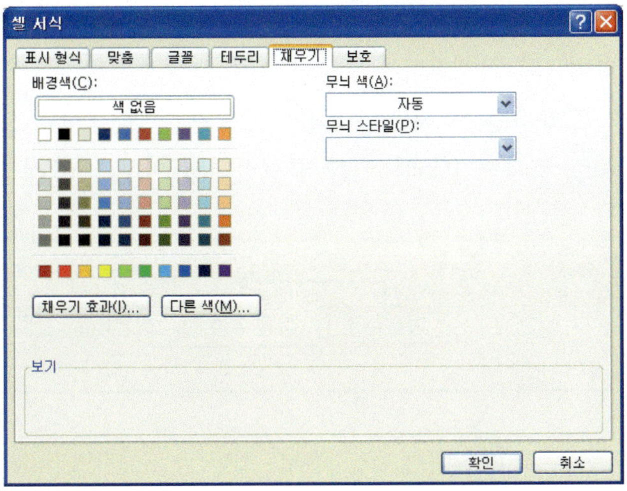

1.2.6 시트 다루기

떨어져 있는 여러 시트 선택은 [Ctrl]키를 이용하여 부분 선택하거나 인접해 있는 여러 시트를 선택하기 위해서는 [Shift]키를 이용하여 선택한다.
시트이름을 바꾸기 위해서는 다음과 같은 방법이 있다.

첫 번째 방법 : 해당 시트 탭을 더블 클릭한 후, 이름을 입력하고 [Enter]키를 누름
두 번째 방법 : 해당 시트 탭에서 마우스의 오른쪽 버튼을 누르고, [이름 바꾸기] 선택
세 번째 방법 : [홈] 메뉴 탭 → [셀] 그룹 → [서식] → [시트 이름 바꾸기] 선택

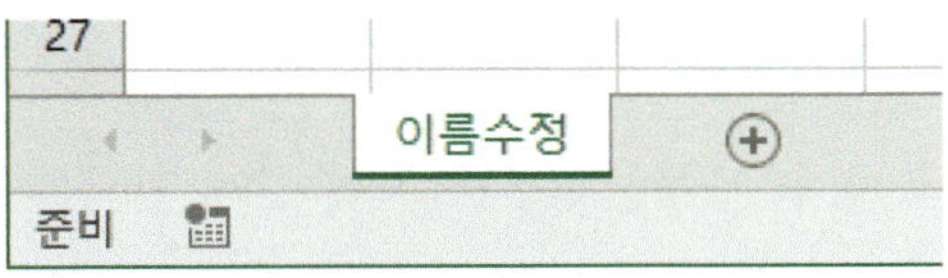

시트를 삽입하는 방법은 두 가지가 있다.

첫 번째 방법 : 시트 탭의 [시트 삽입]을 클릭

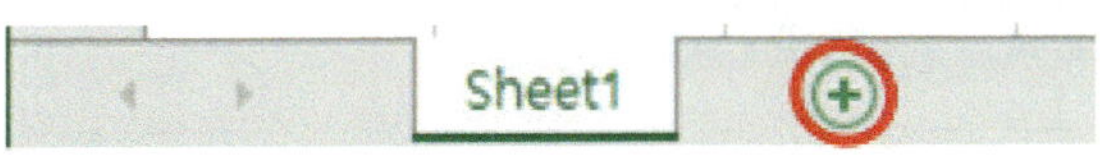

두 번째 방법 : 시트 탭을 클릭하고 오른쪽 마우스를 클릭한 후에 [삽입]을 선택

시트 삭제는 해당 시트 탭을 클릭한 후에 마우스의 오른쪽 버튼을 눌러 [삭제]를 클릭하는 방법으로 삭제한다.

시트의 이동은 해당 시트를 마우스로 드래그하여 이동하면 된다.

시트 복사는 [Ctrl] 키를 클릭하면서 마우스 드래그를 하면 시트가 복사된다.

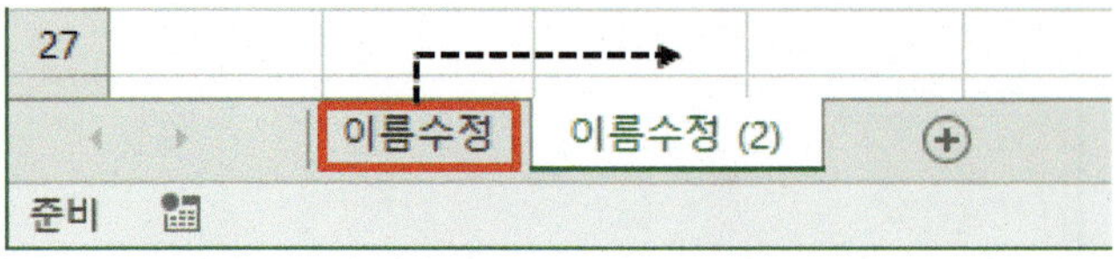

1.3 데이터 종류

엑셀에 입력되는 데이터의 종류는 숫자, 날짜/시간, 수식, 문자(한자, 특수문자 포함)의 네 가지로 구분된다.

1.3.1 숫자 데이터

엑셀에서 숫자 데이터는 셀 내에서 오른쪽 정렬로 나타나며, 일반적인 숫자뿐 아니라 날짜와 시간도 숫자 데이터로 인식한다. 쉼표(,), 소수점(.), %, ? , $ 기호를 같이 사용하여 입력할 수 있고 또한 분수 입력이 가능하다.

분수 입력은 정수 부분을 반드시 함께 입력해야 하고 정수 부분을 입력하고 중간에 한 칸의 공백을 둔다. 만약 정수 부분이 없는 경우에는 0을 입력하고 한 칸 띄운 후 분수를 입력한다.

대분수, 즉 정수 부분이 0이 아닌 경우에는 셀에도 정수와 함께 분수가 표시된다. 또한 분자가 분모보다 큰 형식의 분수를 입력하면 분자를 분모로 나눈 결과 값이 표시된다.

	입력값	표시되는 값
분수	0 1/4	1/4
대분수	5 1/4	5 1/4
분수	0 20/4	5

숫자가 문자로 인식되는 경우는 분수를 입력할 때를 제외하고 숫자 사이에 공백이 오면 문자로 인식한다. 또한 숫자 사이에 문자나 특수 문자를 입력하면 문자로 인식된다.

서식이 지정된 숫자인 경우 입력한 숫자보다 셀 너비가 좁으면 셀이 #으로 채워진다. 그러나 셀 너비를 넓히면 정상적으로 표시된다.

입력값	표시되는 값	값 인식
1234	1234	전체를 숫자로 인식
123 4	123 4	전체를 숫자로 인식
12#3	12#3	전체를 문자로 인식
1234567890123456789	###################	전체를 문자로 인식

1.3.2 날짜/시간 데이터

날짜와 시간은 입력 형식에 맞게 입력해줘야 숫자 데이터로 인식된다.
날짜 데이터는 하이픈(-) 혹은 슬래시(/) 기호로 연, 월, 일 구분을 해줘야 한다.
시간 데이터는 시, 분, 초 사이에 콜론(:) 기호로 구분해서 입력해야 한다.

[Ctrl] + [;] 키를 누르면 현재 시스템에 설정된 날짜가 자동 입력된다.

[Ctrl] + [:] 키를 누르면 현재 시스템에 설정된 시간이 자동 입력된다.

엑셀에서 날짜데이터는 1900년 1월 1일부터 하루에 1씩 증가하는 숫자로 관리된다.
1900년 1월 1일을 1로 해서 2023년 3월 15일은 45,000일이 지난 날짜라는 뜻이다.
또한 엑셀은 기본적으로 숫자는 오른쪽으로 문자는 왼쪽으로 정렬된다.

	A	B	C	D	E
1					
2		날짜		날짜에 해당하는 숫자	
3		1900-01-01		1	
4		1900-01-02		2	
5		1900-01-03		3	
6					
7					
8		1982-02-18		30,000	
9					
10					
11		2023-03-15		45000	
12					

1.3.3 수식 데이터

수식은 항상 등호(=)로 시작해야 한다. 그리고 사칙 연산자(+, -, *, /) 사용이 가능하고, 인수로 숫자나 셀 주소 사용이 가능하다.

$$= A1 + A2 * 7$$

1.3.4 문자 데이터

문자 데이터는 기본적으로 왼쪽 정렬된다. 그리고 셀의 열 너비보다 긴 문자는 오른쪽 셀에 이어서 표시된다. 오른쪽 셀에 데이터가 있으면 긴 데이터는 숨겨진다.

한 셀에 두 줄 이상의 데이터를 넣기 위해서는 첫 줄 입력 후 [Alt] + [Enter] 키를 동시에 치고 다음 줄을 입력한다. 특히 숫자를 문자로 취급하기 위해서는 어포스트로피(') 입력 후 숫자를 입력한다.

	A	B	C	D	E	F	G
1	반도체전자과	강태양			반도체전ㅈ	강태양	
2	대한민국 국가대표	과학대학교			대한민국 ·	과학대학교	
3							

1.3.5 한자

한 글자를 입력하고 키보드의 [한자] 키를 클릭하면 오른쪽 그림과 같이 해당하는 한자를 찾아서 바꿀 수 있다.

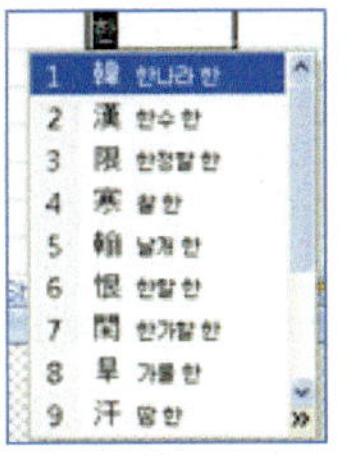

또는 단어를 입력하고 단어 전체를 드래그한 후에 키보드의 [한자] 키를 클릭하면 오른쪽 그림과 같은 한글/한자 변환 대화상자를 통해서 한꺼번에 변환할 수도 있다.

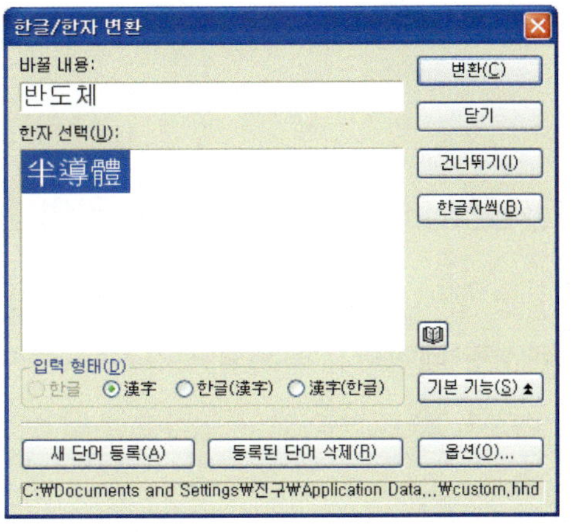

1.3.6 특수문자

[삽입] 메뉴 탭의 [기호]를 선택하면 오른쪽 그림과 같은 기호 대화상자가 나타난다. 원하는 특수문자를 찾아서 입력하면 된다. 또는 한글자음(ㄱ~ㅎ)을 입력한 후 [한자] 키를 눌러 특수문자를 선택한다.

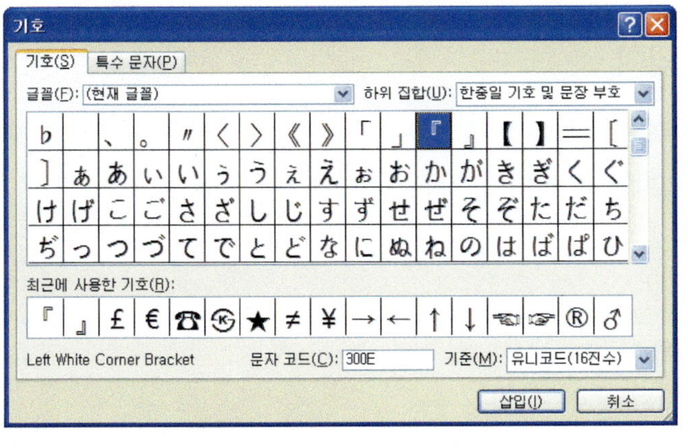

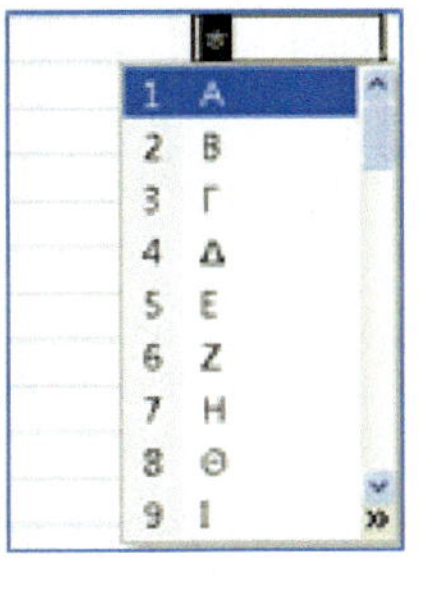

1.4 데이터 입력과 수정

1.4.1 데이터 입력의 기초

데이터 입력은 셀 선택 후 데이터를 입력하고 [Enter]키를 누르거나 마우스나 방향키로 다른 셀을 선택하거나 셀에 데이터 입력 중일 경우에는 ✓을 클릭하여 데이터 입력을 완료한다. 데이터 입력 중 취소는 [Esc]키를 누르거나 셀에 데이터 입력 중일 때는 ×을 클릭하여 입력을 취소한다.

1.4.2 데이터 입력(자동 완성 기능)

같은 열에 입력할 데이터와 첫 글자가 같은 문자열이 있을 때, 첫 글자만 입력하면 자동 완성된 데이터가 블록되어 표시된다. 이때 자동 완성된 데이터를 사용하려면 [Enter]키를 누르면 된다. 자동 완성 문자열을 사용하지 않으려면 무시하고 입력하거나 [Esc]키를 누르면 된다.

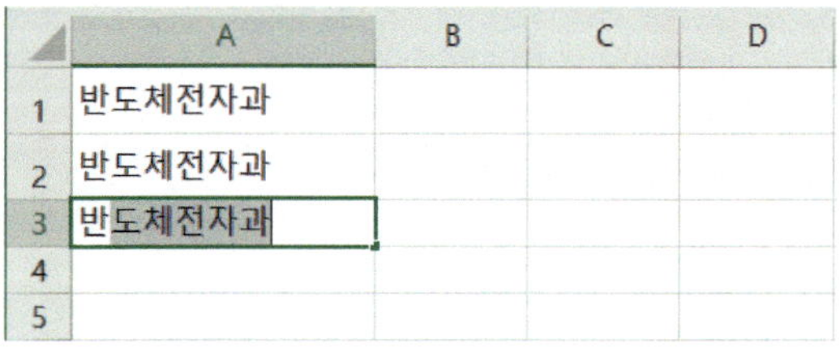

1.4.3 같은 데이터 한꺼번에 입력

똑같은 내용을 한꺼번에 여러 셀에 입력하고 싶다면 셀 범위를 지정한 후 데이터를 입력하고 [Ctrl] + [Enter]키를 동시에 누르면 지정된 범위에 같은 내용이 한꺼번에 입력된다.

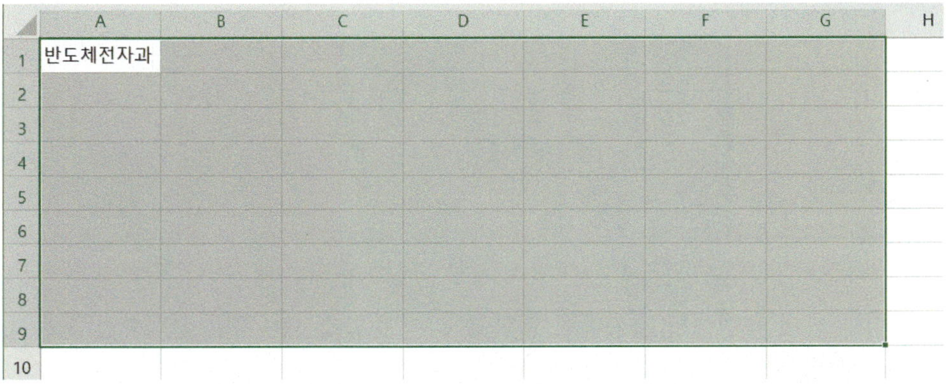

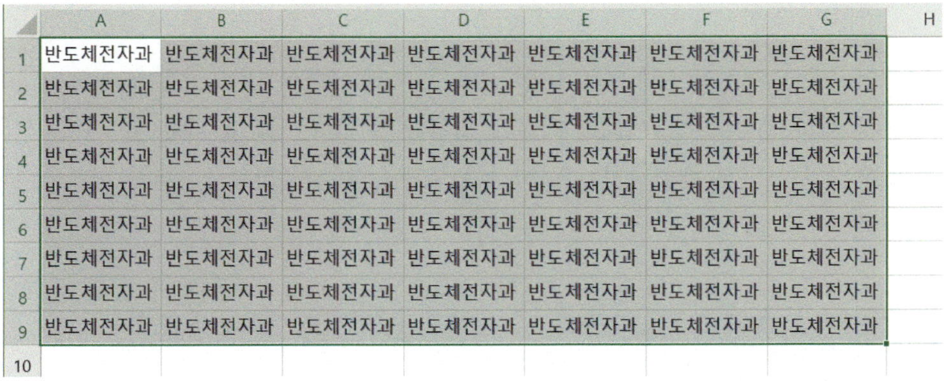

1.4.4 자동 채우기 기능

셀 포인트 오른쪽 아래의 채우기 핸들에 마우스 커서를 올려놓으면 커서가 + 형태로 변한다. + 형태의 커서를 아래방향으로 드래그하면 선택될 셀 데이터가 단순 복사된다. 마지막 셀의 오른쪽 하단에 빨간 원으로 표시된 곳을 클릭하고 [연속데이터 채우기]를 체크하면 숫자가 2007부터 2011까지 자동으로 1씩 증가하여 바뀐다.

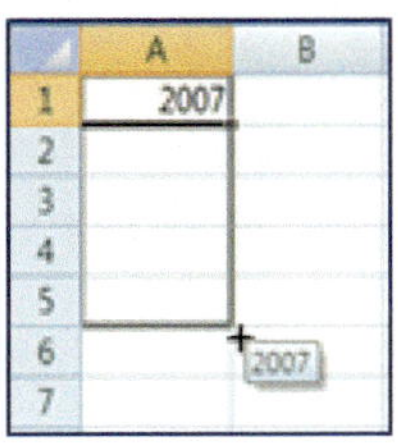

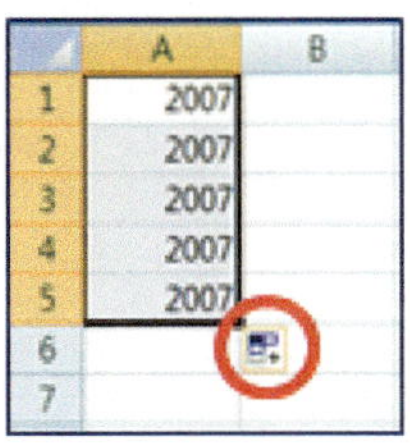

연속 데이터를 1씩 증가가 아닌 증가 값을 달리해서 입력할 경우는 [홈] 메뉴 탭 → [편집] 그룹 → [채우기] → [계열] 클릭하면 다음 그림과 같은 대화상자에서 단계 값을 조정하면 된다.

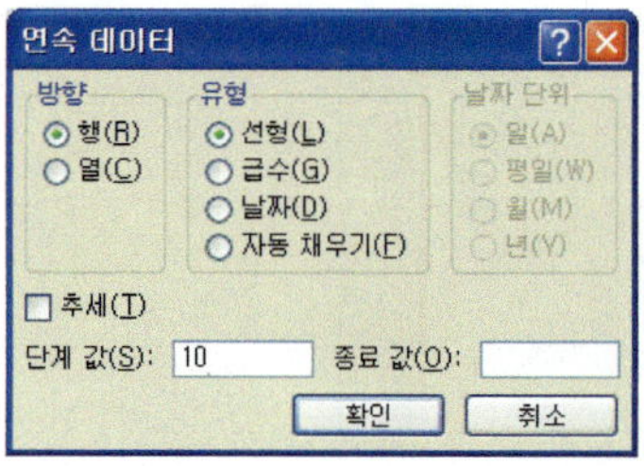

또한 날짜를 입력한 후에 유형에서 날짜를 선택하고 날짜 단위에서는 평일 선택하면 토요일, 일요일을 제외한 평일 단위로 날짜가 채워진다.

특정 순서에 따라 자주 입력하는 목록이 있다면 사용자 지정 목록에 미리 등록해 두고 자동 채우기 기능을 이용해서 언제든지 데이터를 빠르게 입력할 수 있다. [파일] 메뉴 탭 → [옵션]을 클릭하면 아래 그림과 같은 대화상자가 나타난다. [고급]을 선택하고 [사용자 지정 목록 편집]을 클릭한다.

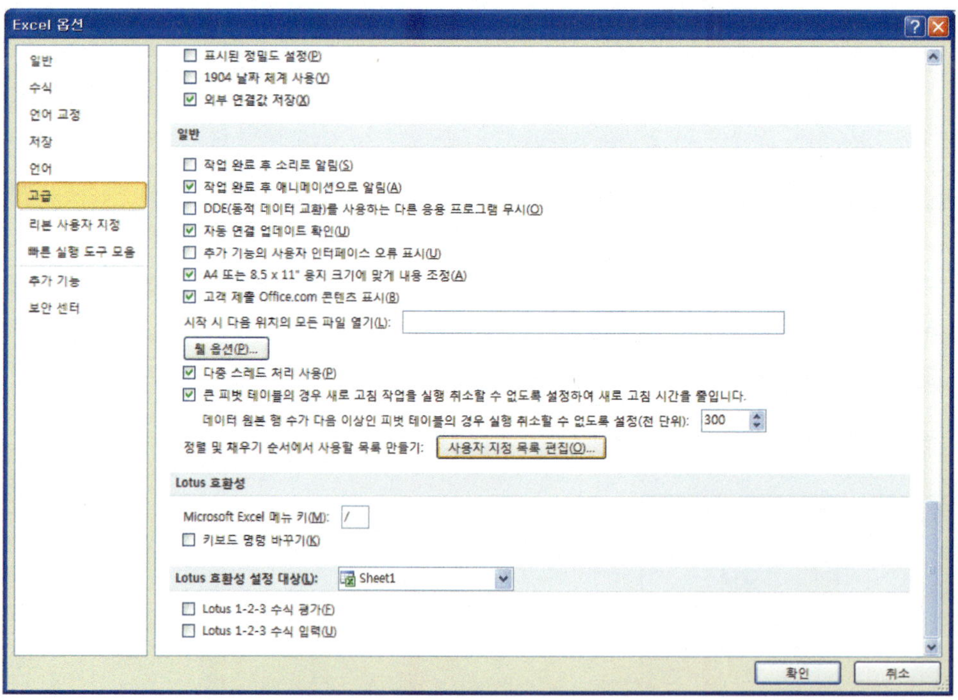

사용자 지정 목록 대화상자에서 [목록항목 :] 부분에 아래 그림과 같이 "반도체전자과"를 쓰고 엔터키를 누르고, "경찰행정과"를 쓰고 엔터를 누르고, "호텔제과음료과"를 쓰고 엔터

키, “의료재활과학과”를 쓰고 엔터키를 누르고 추가 버튼을 클릭하고 확인버튼을 계속 클릭한다.

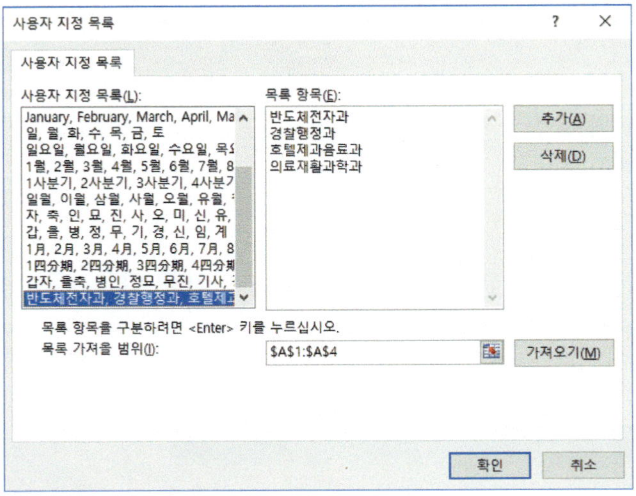

이제 원하는 셀에 “반도체전자과”를 입력하고 채우기 핸들로 드래그 해보자. 사용자 지정 목록이 자동으로 채워진다.

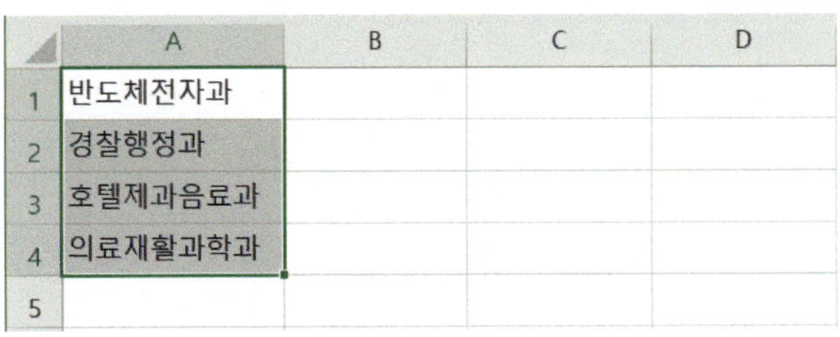

1.5 연산자 유형

엑셀에서 제공하는 연산자에는 산술, 비교, 텍스트 연결, 참조 등 네 가지 유형이 있다. 산술 연산자는 더하기, 빼기, 곱하기와 같은 기본적인 수학 연산을 수행하고 숫자를 결합하여 수치 결과를 얻으려면 다음과 같은 산술 연산자를 사용한다.

산술연산자(이름)	의미	예
+ (플러스)	더하기	3 + 3
- (마이너스)	빼기 음수	3 - 1 -1
* (애스터리스크)	곱하기	3 * 3
/ (슬래시)	나누기	3 / 3
% (퍼센트)	백분율	10%
^ (캐럿)	거듭제곱	3 ^ 2

비교 연산자는 다음과 같은 연산자로 두 개의 값을 비교할 수 있다. 이러한 연산자로 두 값을 비교하면 논리값 TRUE 또는 FALSE가 결과값으로 반환된다.

비교연산자	의미	예제
= (등호)	같음	A1 = B1
> (보다 큼 기호)	보다 큼	A1 > B1
< (보다 작음 기호)	보다 작음	A1 < B1
>= (크거나 같음 기호)	크거나 같음	A1 >= B1
<= (작거나 같음 기호)	작거나 같음	A1 <= B1
<> (같지 않음 기호)	같지 않음	A1 <> B1

텍스트 연결 연산자는 여러 텍스트 문자열을 연결하여 하나의 텍스트로 만들려면 앰퍼샌드(&)를 사용한다.

텍스트 연산자	의미	예제
&(앰퍼센트)	두 개의 값을 연결하여 하나의 연속된 텍스트 값을 만든다.	"대한" & "민국"

참조 연산자는 다음과 같은 연산자를 사용하여 계산에 필요한 셀 범위를 결합한다.

참조연산자	의미	예제
:(콜론)	연속된 데이터 범위 참조	=SUM(A1:B15)
,(쉼표)	떨어진 데이터 범위 참조	=SUM(B5:B15, D5:D15)
(공백)	교차된 데이터 범위 참조	=SUM(C4:C8 C5:E5)

예를 들어 아래 그림과 같이 작성된 시트에서 강태양의 반도체 성적을 표시하기 위해 반도체 성적 전체 범위(C4:C8)와 강태양의 전체 성적범위(C5:E5)를 공백 연산자로 참조하면 다음 그림과 같다.

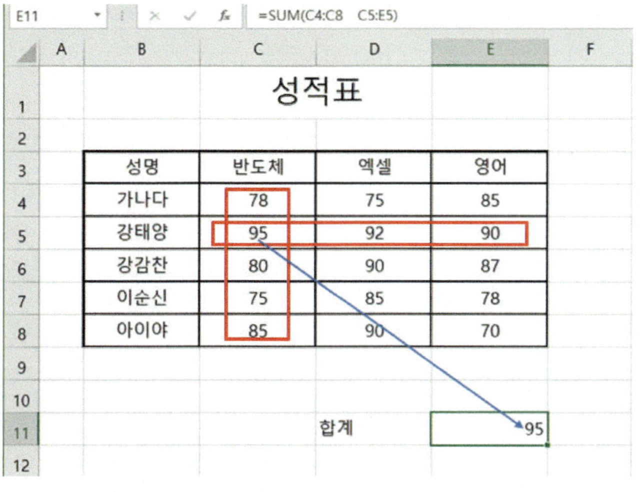

일부 경우에는 계산이 수행되는 순서에 따라 수식의 결과값이 달라진다. 엑셀에서 수식은 항상 등호(=) 기호로 시작한다. 등호는 다음에 오는 내용이 수식임을 나타낸다. 엑셀에서는 수식의 각 연산자에 대해 정해진 순서에 따라 수식이 왼쪽에서 오른쪽 순서로 계산된다.

연산자 우선순위는 하나의 수식에서 여러 개의 연산자를 사용하면 아래 표에 표시된 순서대로 연산이 수행된다. 곱하기와 나누기 연산자가 모두 있는 경우와 같이 수식에 동일한 우선순위를 가진 연산자가 여러 개 있으면 연산자는 왼쪽에서 오른쪽으로 계산된다.

연산자	설명
:(콜론) (하나의 공백) ,(쉼표)	참조 연산자
-	음수(예: -1)
%	백분율
^	거듭제곱
* 및 /	곱하기와 나누기
+ 및 -	더하기와 빼기
&	두 개의 텍스트 문자열 연결
= <> <= >= <>	비교

혼합된 수식에서 연산자의 우선순위에 상관없이 가장 먼저 계산하려면 해당 부분을 괄호로 묶는다. 예를 들어 다음 수식에서는 곱하기가 더하기보다 먼저 계산되므로 11이 구해진다. 2와 3을 먼저 곱한 다음 그 결과에 5를 더한다.

= 5 + 2 * 3

괄호를 사용하여 순서를 바꾸면 5와 2를 더한 결과에 3을 곱하여 21이 구해진다.

=(5 + 2) * 3

엑셀에서 수식을 작성하다 보면 오류가 뜨는 경우가 있다. 예를 들어 #N/A, #NAME? 등등 오류의 의미를 알아본다.

오류 메세지	원　인
####	입력된 데이터의 길이가 셀의 너비보다 길다
#DIV/0!	사용한 수식이나 함수를 0이나 빈 셀로 나누었다.
#N/A	수식에 부적절한 값을 사용하였다.
#NAME?	수식에 인식할 수 없는 텍스트가 있다.
#NULL	수식이 논리적으로 맞지 않다.
#NUM!	수식에 사용한 숫자에 문제가 있다.
#REF!	참조한 셀이 잘못되었다.
#VALUE!	수식에 사용한 값의 데이터 형식이 잘못 되었다.

1.6 상대참조 / 혼합참조 / 절대참조

참조방식에 대해 이해하기 전에 먼저 알아야 할 내용은 다음과 같다.

- 엑셀의 셀 주소는 열(A, B, ...)과 행(1, 2, ...) 주소가 결합한 형태이다.
- 열과 행 주소가 바뀌지 않도록 할 때 '$'(절대참조) 기호를 사용한다.

1.6.1 상대참조

상대 참조는 절대참조 기호($)를 사용하지 않으며 셀의 위치에 따라 참조할 값의 위치가 바뀐다. 예를 들어 A1 셀을 참조하는 수식을 행(아래쪽) 방향으로 복사하면 A2, A3, …과 같이 수식의 행주소가 바뀐다. 열(오른쪽) 방향으로 복사하면 B1, C1, …과 같이 수식의 열주소가 바뀐다.

1.6.2 절대참조

절대 참조는 행, 열 값 앞에 절대참조 기호($)를 붙인 형태로 결과 셀의 위치가 바뀌어도 참조값의 위치는 바뀌지 않는다. 예를 들어 셀을 참조할 때 $A$1을 입력하면 수식을 복사해도 항상 A1 셀만 참조한다. 절대기호를 입력해도 되지만 [F4]키를 눌러 참조 방식을 변경하여도 된다. [F4]키를 누를 때마다 아래와 같은 참조방식을 순환하면서 변경된다.

상대참조 → 절대참조 → 혼합참조(행) → 혼합참조(열) → 상대참조

1.6.3 혼합참조

혼합참조는 열주소 또는 행주소에만 절대참조 기호($)를 사용하며, $ 기호가 사용된 주소만 변경되지 않는다.

1.7 다른 위치의 값 참조하기

엑셀에서 입력된 값을 참조하는 방식으로 다른 곳에서도 사용할 수 있다. 참조는 같은 시트에 있는 다른 셀과 다른 시트에 있는 셀 그리고 다른 파일에 있는 셀에서 사용할 수 있다.

위 치	참조 수식
같은 워크시트에 있는 다른 셀	= 셀주소
다른 워크시트에 있는 셀	= 워크시트명! 셀주소
다른 파일 워크시트에 있는 셀	= [파일명.xlsx] 워크시트명! 셀주소

CHAPTER 2

간단한 문서 작성

2.1 주간식단표 만들기

1. [파일] 메뉴 탭 → [새로 만들기] → [새 통합 문서] 더블 클릭하고, 아래와 같은 주간식단표를 작성해보자.

2. [삽입] 메뉴 탭 → [일러스트레이션] 그룹 → [도형] → [모서리가 둥근 사각형]을 클릭한 후에 적당한 위치에 마우스를 드래그하여 그려준다. 사각형을 클릭한 후에 오른쪽 마우스를 클릭 → [텍스트 편집]을 클릭하고 "주간식단표"를 입력한다.

3. "주간식단표" 텍스트를 드래그한 후에 [홈] 메뉴 탭 → [글꼴] 그룹에서 글꼴과 글꼴크기를 설정하고 [맞춤] 그룹에서 가운데 맞춤을 클릭한다.

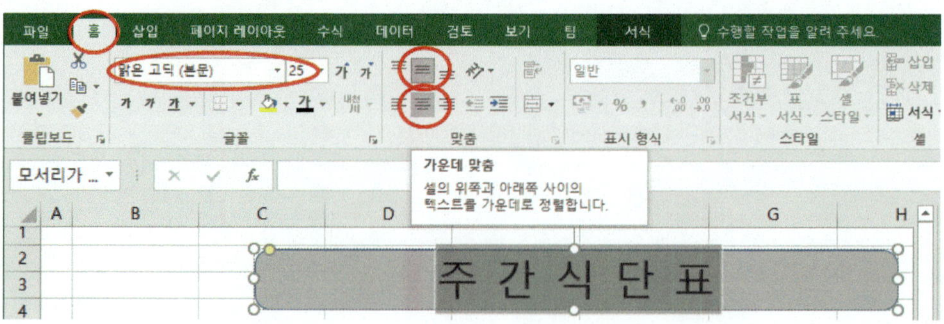

4. “주간식단표“ 도형을 클릭한 후에 오른쪽 마우스를 클릭하고 [도형 서식]을 클릭한 후에 [채우기] → [단색 채우기]를 선택하고 적당한 색을 선택한다. 또한 [선] → [실선]을 선택하고 적당한 색과 너비를 선택한다.

5. C5셀에서 H5셀까지 드래그하고 [홈] 메뉴 탭 → [맞춤] 그룹 → [병합하고 가운데 맞춤]을 클릭하고 “2018년 6월 18일(월)~2018년 6월 24일(일)”를 입력한다.

6. B7셀에서 B8셀까지 드래그하고 [홈] 메뉴 탭 → [맞춤] 그룹 → [병합하고 가운데 맞춤]을 클릭하고 “구분”을 입력한다.

6. C7 셀에 “6월 18일”을 입력한 후에 I7 셀까지 드래그해서 자동 채우기를 한다.

7. C8 셀에 “월요일”을 입력하고 I8 셀까지 드래그해서 자동 채우기를 한다.

8. B9셀을 선택하고 “아”를 입력하고 한 셀에 두 줄로 입력하기 위해서 [Alt] + [Enter] 키를 누른 후 “침”을 입력하고, B9~B11셀까지 드래그하고 [셀병합]을 수행한다.

9. B12셀, B17셀, B18셀에 그림과 같이 입력하자.

10. B7~I21 셀까지 드래그한 후에 오른쪽 마우스를 클릭하고 [셀 서식]을 클릭한다. [셀 서식] 대화상자가 나타나면 [테두리]를 클릭한 후에 각자 취향에 맞게 설정하자.

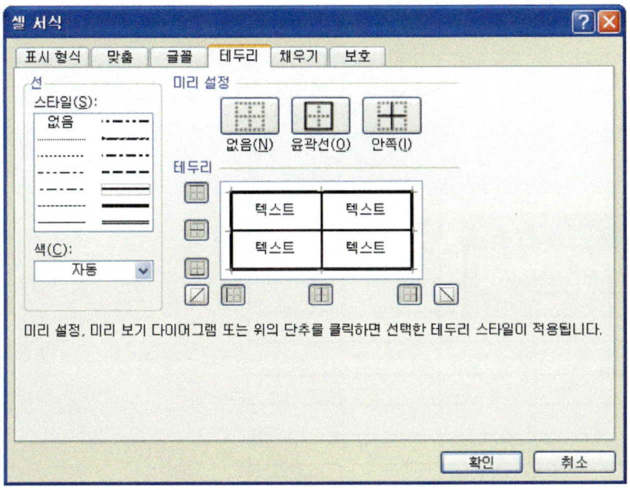

11. B9 셀을 클릭하고 오른쪽 마우스를 클릭하고 [셀 서식]을 클릭한다. [셀 서식] 대화상자가 나타나면 [채우기]를 클릭한 후에 각자 취향에 맞게 설정하자. 나머지도 채우기를 해본다.

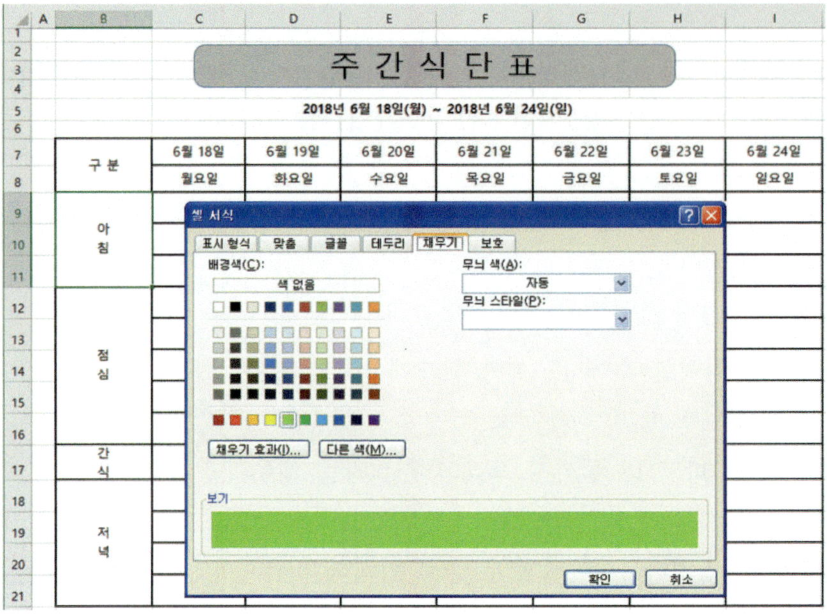

12. 행 머리글 5~8까지 드래그를 한 후에 오른쪽 마우스를 클릭하고 [행 높이]를 선택하면 아래 그림과 같은 [행 높이] 대화상자가 나타난다. 적당한 행 높이 값을 입력하고 확인 버튼을 클릭하면 행 높이가 설정한 값으로 변경된다.

2.2 문서 만들기(결재문서)

1. 아래와 같은 결재문서를 작성해보자. 셀 서식(글꼴, 테두리 등)과 이미지 삽입 및 인쇄 설정을 배울 수 있다.

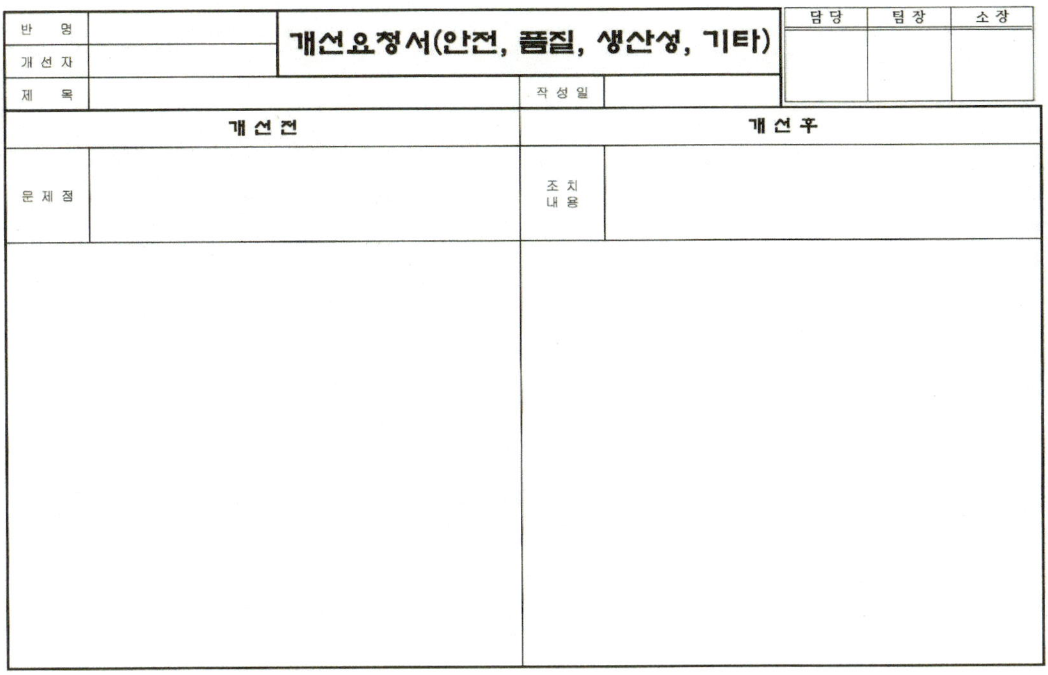

2. A2셀에 “반명”, A3셀에 “개선자”, A4셀에 “제목”을 각각 입력한다.

3. E2셀에서 J3셀까지 드래그하고 [홈] 메뉴 탭 → [맞춤] 그룹 → [병합하고 가운데 맞춤]을 클릭하고 “개선요청서(안전, 품질, 생산성, 기타)”을 입력한다.

4. I4셀을 선택하고 “작성일”을 입력한다.

5. A5~H5셀까지 드래그하고 [병합하고 가운데 맞춤]을 수행하고 “개선전”을 입력

6. I5~M5셀까지 드래그하고 [병합하고 가운데 맞춤]을 수행하고 “개선후”을 입력

7. A6셀을 선택하고 “문제점”을 입력, B6~H6셀까지 드래그하고 [셀병합] 수행

8. I6셀을 선택하고 "조치"를 입력하고 한 셀에 두 줄로 입력하기 위해서 [Alt] + [Enter] 키를 누르고 "내용"을 입력하고, J6~M6셀까지 드래그하고 [셀병합]을 수행한다.

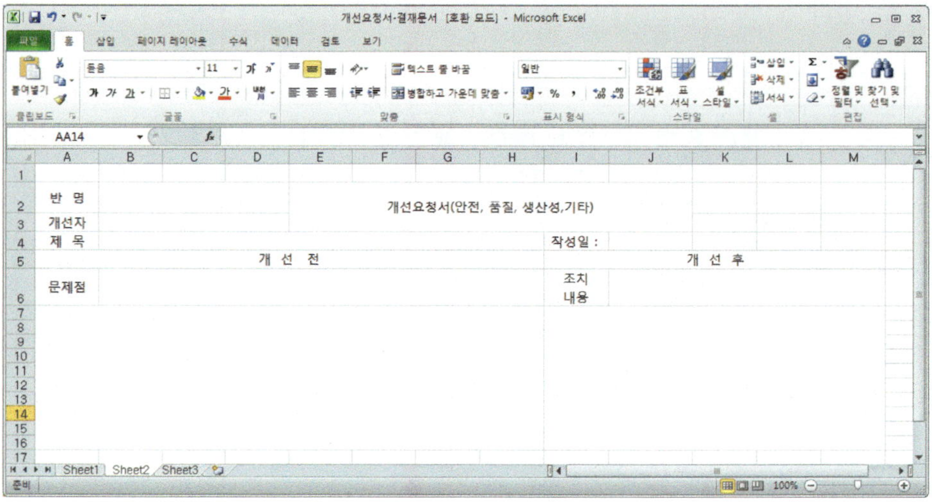

9. E2셀을 선택하고 오른쪽 마우스 클릭 후 [셀서식] 선택하면 아래 그림과 같은 대화상자에서 [글꼴] 선택하고 글꼴은 휴먼옛체, [크기]는 22, [글꼴 스타일]은 굵게 설정한다. 나머지 셀도 본인의 선호하는 글꼴로 바꾸어 본다.

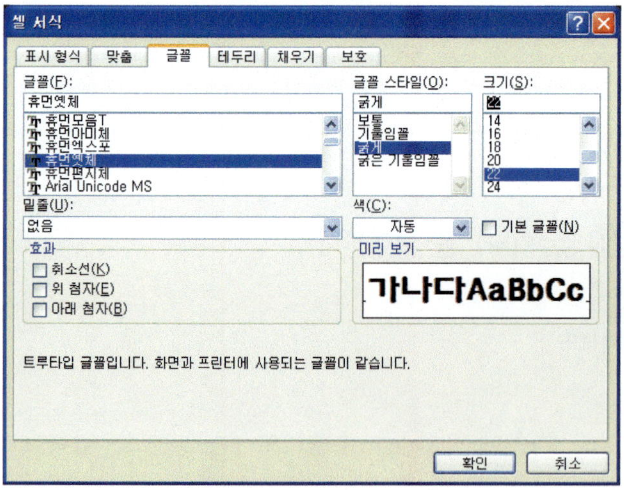

10. Sheet2를 선택하고 B4셀에 "담당", C4셀에 "팀장", D4셀에 "소장"을 각각 입력한다.

11. B4~D5셀까지 드래그하고 마우스 오른쪽 클릭 후 [셀서식] 대화상자에서 테두리 클릭 후 아래 그림과 같이 테두리를 지정한다.

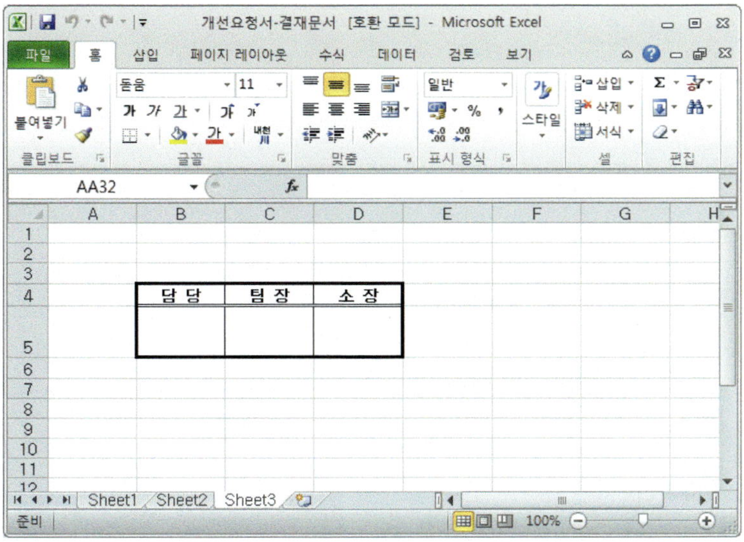

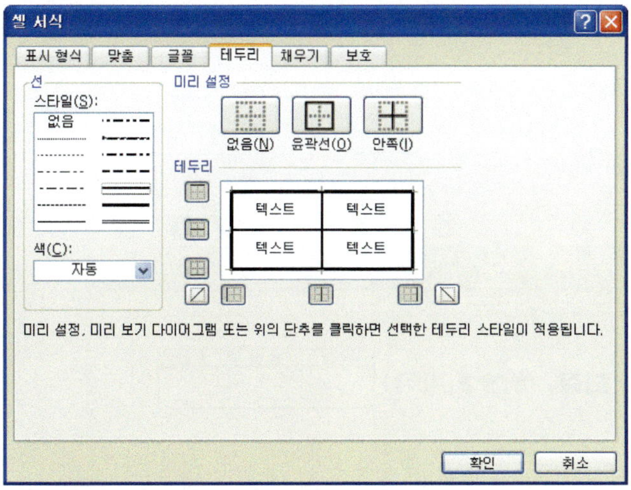

12. B4~D5셀까지 드래그하고 복사하기(Ctrl+C)하여 Sheet1으로 이동하여 원하는 위치에 붙여넣기(Ctrl+V) 한 후에 옵션으로 그림으로 붙여넣기를 수행하고 이미지의 크기에 맞추어 조정한다.

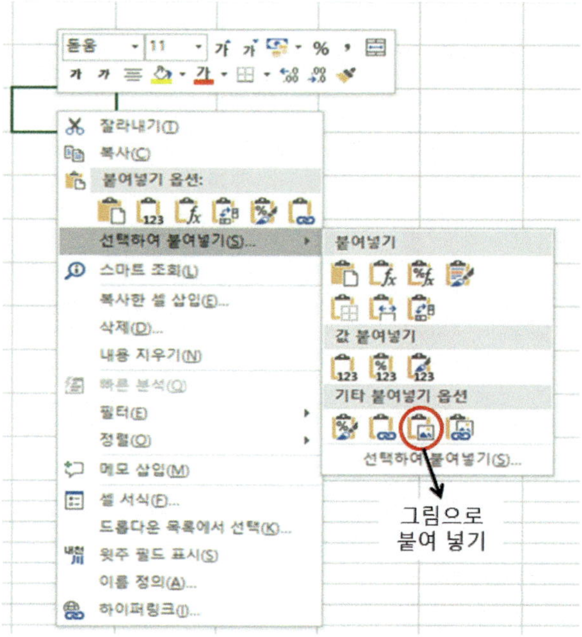

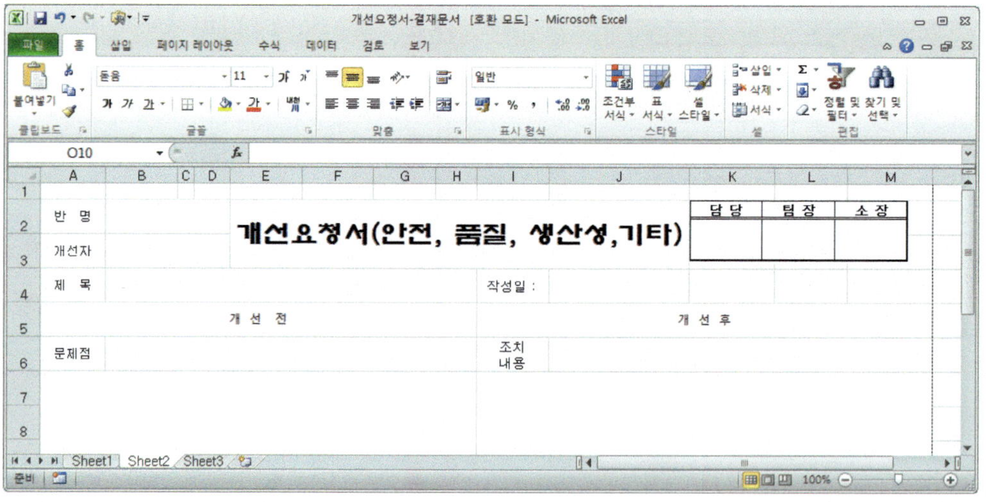

13. A2~J4까지 셀을 드래그 한 후에 우측 마우스를 클릭한다. [셀서식] → [테두리]에서 아래와 같이 꾸민다.

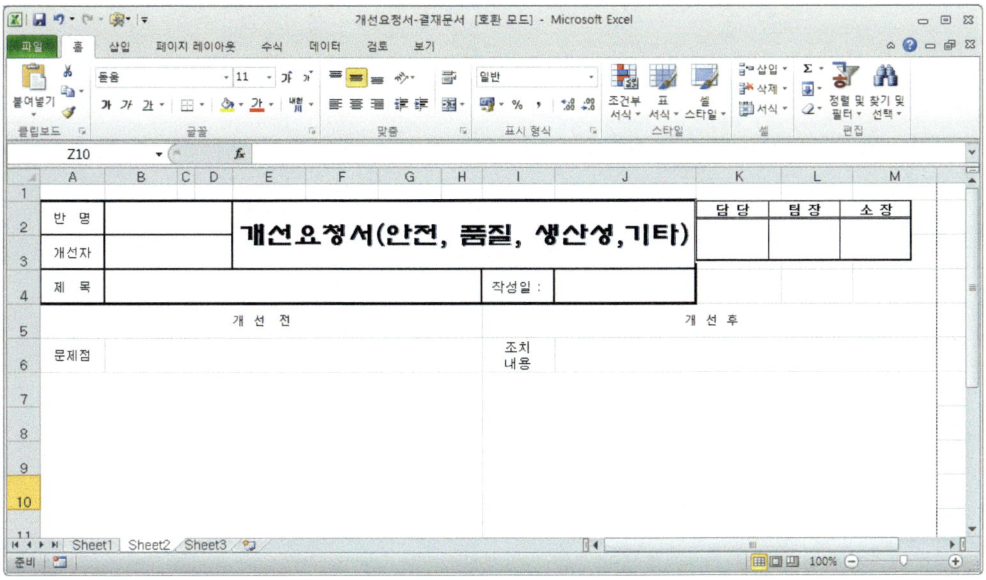

14. A5~M16셀까지 선택하고 [셀서식] → [테두리] 또는 [글꼴]에서 아래 그림과 같이 설정한다.

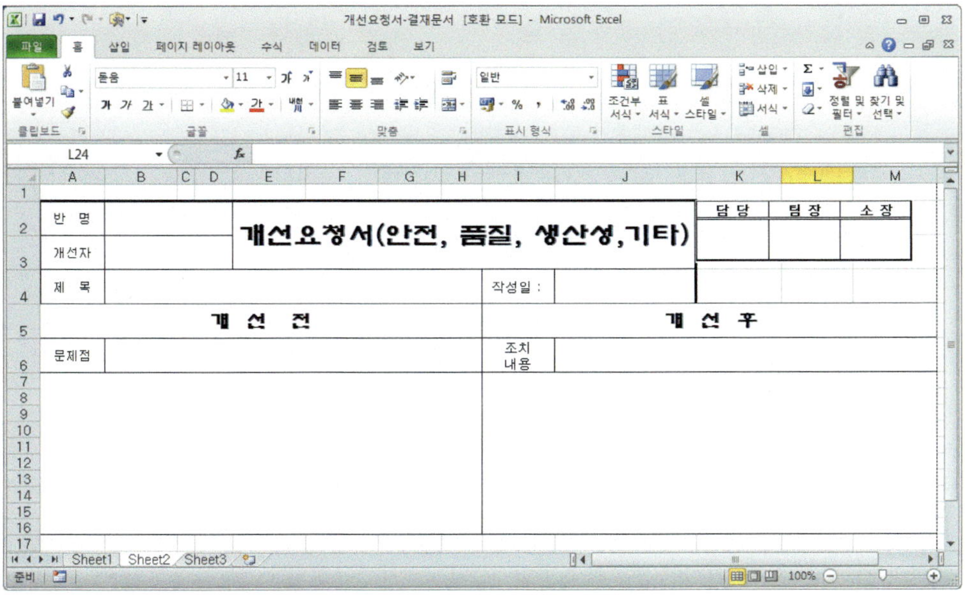

15. [파일] 메뉴 탭 → [인쇄]를 누르면 미리보기 화면이 나온다. 문서 전체가 한 장에 출력되지 않는다. 2007 버전인 경우 OFFICE 메뉴 클릭 후 [인쇄] → [인쇄 미리보기] 클릭하면 된다.

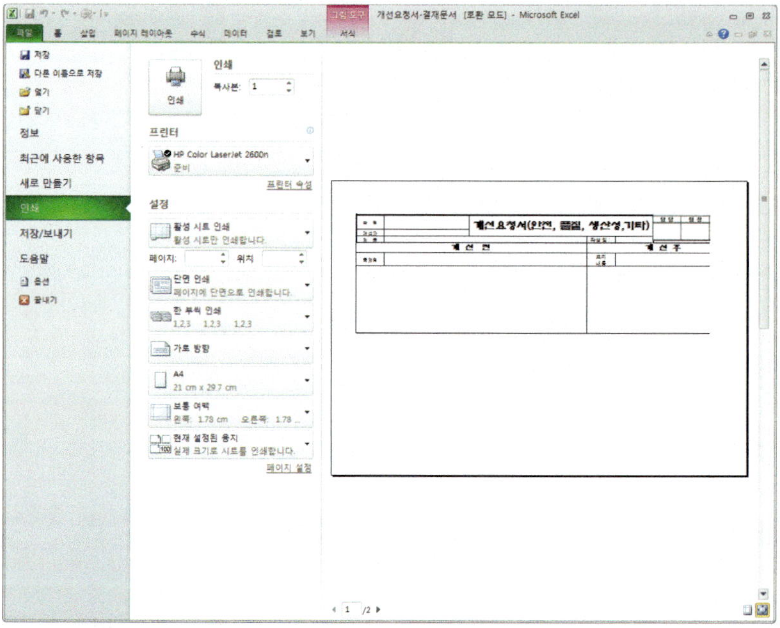

16. [홈] 메뉴 클릭 후 행과 열의 크기를 조정하여 한 화면에 출력되도록 크기를 조정한다.

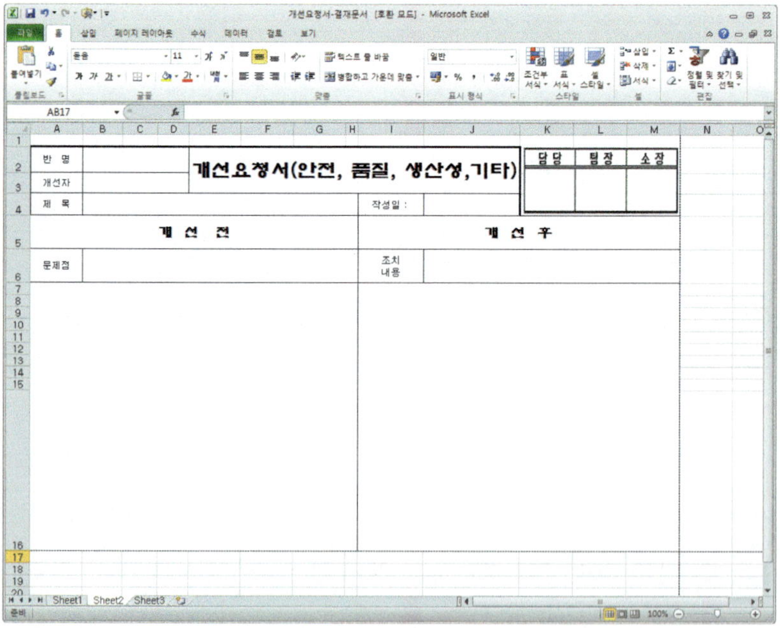

17. [파일] 메뉴 탭 → [인쇄] 클릭 후 아래와 같은 화면에서 오른쪽 하단에 첫 번째 아이콘 [여백표시]를 클릭하면 아래 그림과 같은 화면으로 바뀐다. 검은색 사각형 점을 마우스로 드래그하여 세부 조정을 하고 저장한다. 2007 버전인 경우 OFFICE 메뉴 클릭 후 [인쇄] → [인쇄 미리보기] → [여백표시]를 클릭하면 된다.

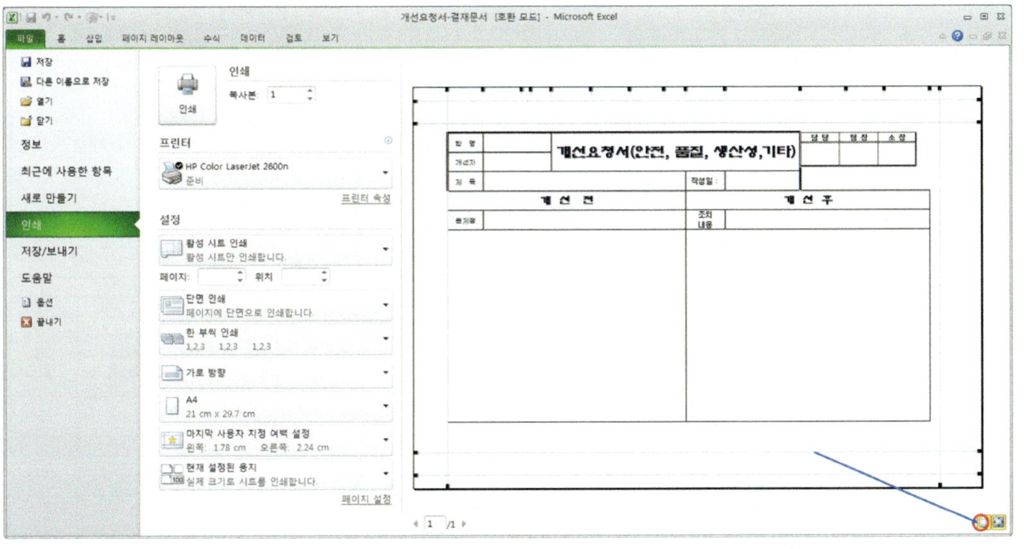

문제1 아래와 같은 회의록을 작성하시오.

재 발 방 지 대 책 회 의 록

(PREVENTIVE ACTION PLAN)

담 당	검 토	검 토	승 인

문서번호		공정명		발생일자		회의일자		작성자	
MDR No	-	부품명		발생부서		참석자(Attendant)/회의주관자(*) :			
Proj. No		DWG NO/		발생공정					
Proj. Name		SPEC		원인부서					
부적합사항		발생수량		원인공정					
(Nonconformance)		(Q'TY)		유첨여부					

1.사고내용(Problem)	2. 현상파악(Facts)	3. 원인분석(Root Cause)

4.조치사항(Corrective Action)	QA확인		5. 재발방지대책(Preventive Action)	교육참석자명단			
				이름	서명	이름	서명

문제2 아래와 같은 이력서를 본인에 맞게 작성하시오.

이 력 서

성명	한 글	강 태 양	생 년 월 일	1993년 3월 1일 ◉ 남◯ 여
	한 자	姜 太 陽	주민등록번호	930301-1234567
주 소		충북 청주시 가경동 1234번지	Tel	043-210-1234

학력	기 간	학 교 명		전 공 분 야
	2003 ~ 2009	충북 도 청주시 시 가나	초등학교(☑졸☐ 중퇴)	
	2009 ~ 2011	충북 도 청주시 시 가나	중학교(☑졸☐ 중퇴)	
	2011 ~ 2014	충북 도 청주시 시 가나	고등학교(☑졸☐ 중퇴)	
	2014 ~ 현재	충북보건과학	대학교 (☐졸☑ 예정)	반도체전자
	~		대학원 (☐졸☐ 중퇴)	

경력	기 간	근 무 처	직 위	업 무 내 용
	2000 ~			
	~			
	~			

자격및면허	취 득 년 월 일	자 격 면 허 명	시 행 처
	. . .		
	. . .		
	. . .		

병역	복 무 기 간	군 별	계 급	병 과	미 필 또 는 면 제 사 유
	~				

신 장	cm	체 중	kg	취 미		특 기		종 교	

가족사항	관 계	성 명	연 령	출 신 학 교	직 업	근 무 처	직 위

위에 기재한 사항은 사실과 틀림이 없습니다.

년 월 일

성 명 : 강 태 양

1. 도장이미지는 ㉧이라는 글자가 나올 수 있도록 하자. 그림 삽인 후에 아래와 같이 하면 된다.

- 2010 버전 : [삽입] 메뉴 탭 → [그림] 클릭 후 삽입한 도장 이미지에서, [서식] → [색] → [투명한색 설정] → 도장 이미지의 흰색 바탕 클릭
- 2007 버전 : [삽입] 메뉴 탭 → [그림] 클릭 후, [서식] → [다시칠하기] → [투명한색 설정] → 도장 이미지의 흰색 바탕 클릭

2. 체크박스, 옵션단추 입력

파일메뉴 클릭 후 왼쪽 하단에 옵션 클릭하면 아래 그림과 같은 대화상자에서 [리본 사용자 지정] 클릭 후 [개발도구]를 체크한다.

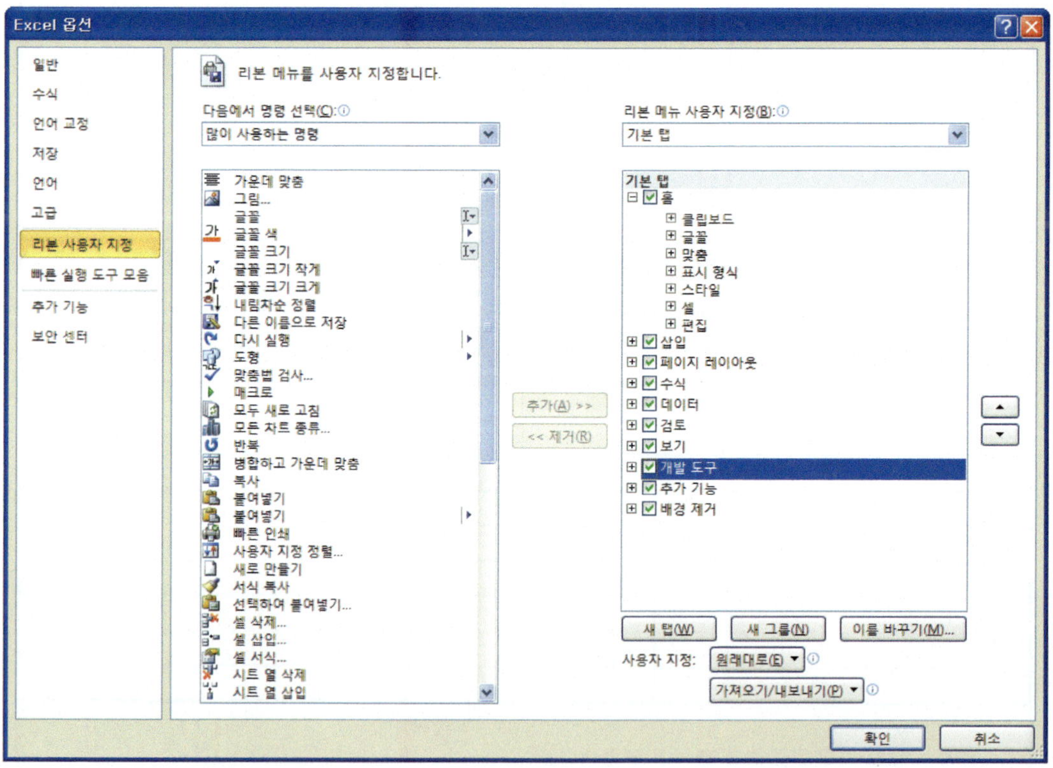

다음 그림과 같이 리본 메뉴에 개발도구 메뉴가 추가되었고 삽입을 클릭하고 해당 아이콘 클릭 후 원하는 위치에 드래그하면 된다.

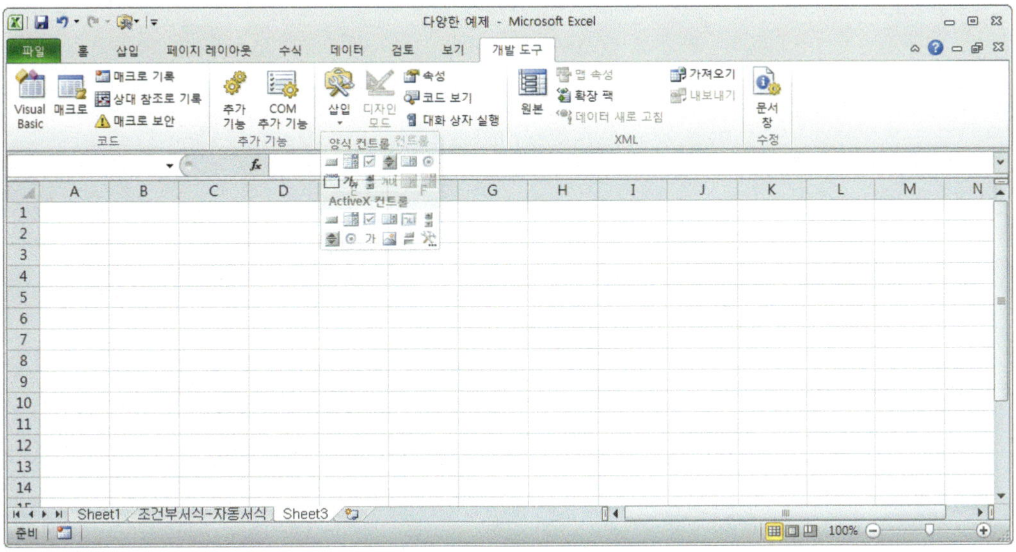

- 만든 체크박스, 옵션 단추 없애기

[홈] 메뉴 탭 —> [편집] 그룹 → [찾기 및 선택] → [개체선택]을 클릭하면 마우스 커서가 바뀌는데, 그 상태에서 지우고자 하는 체크박스를 클릭 후 [Delete]키를 누르면 삭제가 된다. 개체선택 상태를 끝내려면 [Esc]키를 누르면 된다.

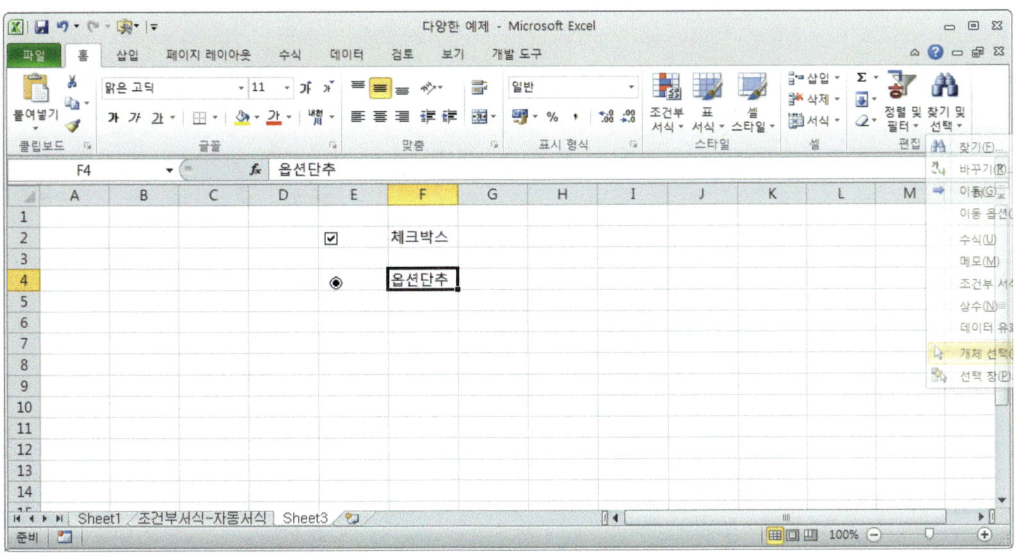

2007 버전은 OFFICE 메뉴 클릭 후 오른쪽 하단에 Excel 옵션 클릭하면 대화상자가 뜨는데 기본설정 클릭 후 [리본메뉴에 개발도구 탭 표시]에 체크하면 된다.

CHAPTER 3

엑셀 함수

3.1 엑셀 함수란?

엑셀에서의 연산은 수식을 이용한 연산과 함수를 이용한 연산이 있다. 엄밀하게 따지면 함수는 수식에 포함되는 개념이라고 말할 수 있다. 자주 쓰거나 복잡한 수식을 함수라는 명령어를 통해 간략화하여 편리하게 사용하는 것이다. 즉, 엑셀함수란 반복적이고 복잡한 일련의 계산 과정을 엑셀에서 미리 정해진 함수(명령어)에 의해 연산되도록 작성한 하나의 약속이다.

수식(Formula)

: 등호(=)로 시작하는 모든 계산식. 셀에서 작성하는 모든 계산식은 수식이다.

함수(Function)

: 자주 쓰는 계산식을 미리 정해진 명령어에 의해 연산되도록 작성한 약속

일반적으로 "15+20"라는 더하기 연산에서 "+"라는 기호는 15와 20의 값을 서로 더하라는 세계적인 공통의 약속이라면 엑셀에서는 함수인 "=SUM(15,20)"을 사용하면 15와 20의 합계를 구하라는 엑셀의 약속인 것이다.

실제 실무에서 사용하는 계산이 여러 가지로 다양한 만큼 엑셀에서 함수 또한 매우 다양하다. 단순한 합계를 계산하는 함수에서 어려운 각종 공식 등 함수의 종류는 약 300여 종류가 넘는다. 이러한 엑셀함수는 각종 계산과 분석을 위하여 단독으로 사용될 수도 있고, 중첩해서 사용할 수도 있고, 엑셀의 매크로 프로그래밍에서도 기본적인 명령어(예약어)로 사용된다.

3.1.1 기본적인 함수 구조

엑셀에서 사용하는 모든 함수의 반드시 "= 함수이름(인수1, 인수2, …)"의 형태로 시작한다. 함수에서 ( )가 빠지면 안된다. 함수는 등호, 함수 이름, 괄호, 인수들로 구성되어 있다.

= 함수 이름(인수1, 인수2, . . . , 인수n)

등호(=)	: 수식을 선언하는 표시. 등호가 있어야 수식으로 인식
함수 이름	: 엑셀에서 제공하는 계산식이 약속되어 있는 함수 이름
괄호( )	: 인수를 표시할 수 있는 영역. 함수 이름 뒤에는 반드시 괄호를 넣어서 함수를 표시.
인 수	: 인수는 콤마(,)로 구분되는 함수의 요소. 인수는 상수, 수식, 셀 참조 또는 다른 함수가 될 수도 있다. 인수는 최대 255개까지 사용 가능

3.1.2 함수마법사

함수마법사는 엑셀에서 사용할 수 있는 함수를 목록으로 보여주고 함수를 작성하기 편하게 도와준다. 사용할 함수를 선택하거나 함수에 필요한 인수를 쉽게 입력할 수 있고 함수에 필요한 인수와 조건을 알려주는 도움을 받을 수 있다.

[수식] 메뉴 탭 → [함수삽입]을 클릭하면 아래와 같은 함수마법사가 실행된다.

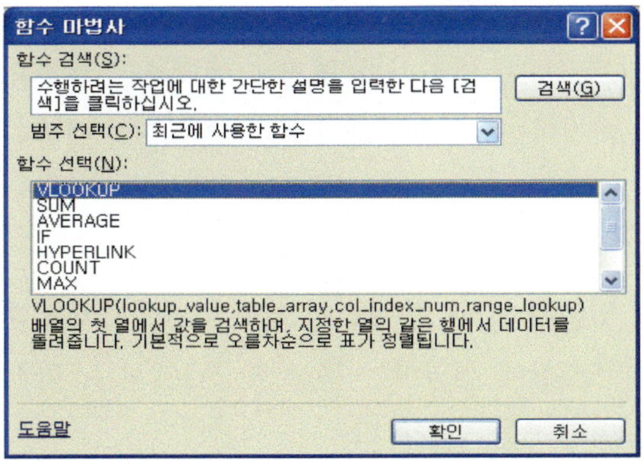

사용하고자하는 함수를 선택하고 그 함수에 필요한 인수를 입력한다. 인수는 숫자, 수식, 함수, 텍스트, 논리값, 배열, 셀 참조 등이 사용 가능하며 텍스트를 인수로 사용할 때는 쌍따옴표(" ")로 해당 텍스트를 묶어서 사용한다. 인수는 함수에 따라 다르지만, 최대 255개까지 지정이 가능하다.

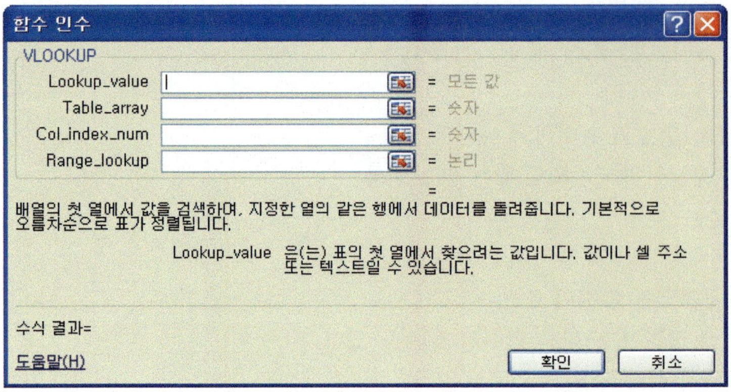

3.1.3 함수중첩

함수 중첩은 논리적으로 생각하면 쉽다. 먼저 적용할 함수는 안쪽에 그리고 나중에 적용할 함수는 바깥쪽에 써주면 된다. 이때 주의해야 할 점은 함수 이름 뒤에는 괄호를 넣어야 되므로 마지막에 닫는 괄호 ")"로 잘 마무리를 해야 한다.

= IF(SUM(G1:G20) > 100 , MAX(A1:A5) , 0)

위 예는 함수 중첩 사용의 예를 보여준다. 해석을 하면 IF함수의 조건에 해당하는 부분을 먼저 해석하여 참이면 참에 해당하는 부분을 거짓이면 거짓에 해당하는 부분을 수행하면 된다.

조건에 해당하는 부분은 SUM 함수가 사용되어 있는데 SUM 함수를 사용하여 G1에서 G20까지 셀의 합계를 구한 후에 합계가 100을 초과하면 참에 해당하는 부분 즉, A1에서 A5까지 셀들 값 중에 최대값으로 반환하고 100 이하이면 0을 반환한다.

IF(조건, 참, 거짓)

조건 체크하여 참이면 참에 해당하는 인수 수행
거짓이면 거짓에 해당하는 인수 수행

= IF(SUM(G1:G20) > 100 , MAX(A1:A5) , 0)

조건 / 참 / 거짓

중첩 함수가 인수로 사용되면 인수가 사용하는 것과 똑같은 유형의 값을 반환해야 한다. 그렇지 않으면 오류를 발생시킨다. 유효하지 않은 값을 반환하면 #Value! 오류값이 표시된다. 최대 64까지 중첩 가능하다.

3.1.4 함수 능숙하게 사용하기

엑셀 실무능력 판단은 데이터분석, 차트, 함수 등 여러 가지 기준이 있겠지만 저자가 생각할 때에는 엑셀 함수를 잘 응용해서 적절한 계산식을 구현할 수 있느냐에 있다고 생각한다. 즉, 엑셀의 실력은 함수의 사용 및 응용 능력이라고 해도 과언이 아니다.

엑셀에서 제공하는 함수는 분량이 많아서 꾸준한 학습과 다양한 함수 응용문제를 많이 풀어봐야 실력이 향상된다. 함수의 기초와 기본형식을 학습하고, 실무에서 활용되는 함수를 파악해 차근차근 함수관련 문제들을 많이 풀다보면 자연스럽게 함수를 마스터하게 된다.

또한 엑셀에서의 계산 및 함수 작업은 간편하고 편리하다고 [함수마법사]를 사용해 학습하는 것보다는 수식 입력줄이나 해당 셀에 키보드로 직접 입력하면서 연습하는 것이 좋다고 생각한다. 처음에는 불편하다고 생각이 되겠지만 진도를 나가다 보면 자연스럽게 알게 된다.

3.2 자주 사용하는 함수 정리

3.2.1 논리 함수

엑셀의 논리(판단)함수는 내부적으로 특정조건이나 값을 판단하여 TRUE 또는 FALSE를 생성하고, 이 판단 결과에 따라 서로 다른 작업을 수행할 수 있는 함수이다.

예를 들어 학생의 성적표가 입력된 엑셀 표에서 평균점수가 90점 이상이 되는 학생에게만 표시를 하고자 할 경우, 논리함수(예를 들어 IF( )함수 등)를 이용하면 편리하고 빠르게 처리할 수 있다. 물론 이러한 작업은 엑셀에서 기본으로 제공하는 각종 기능(정렬기능이나 조건부 서식기능 등)을 이용해도 되지만 논리함수를 이용하면 다른 함수나 수식과 조합하여 더 다양하고 강력하게 작업을 수행할 수 있다.

[ ] 안에 있는 인수는 생략 가능

함수명	함수구문	함수 설명
IF	IF(조건식, [값1], [값2])	조건식이 참이면 값1, 거짓이면 값2 표시
AND	AND(논리식1, 논리식2, ...)	논리식이 모두 참이면 TRUE, 하나라도 거짓이면 FALSE
OR	OR(논리식1, 논리식2, ...)	논리식 중에 하나라도 참이면 TRUE, 모두 거짓이면 FALSE
NOT	NOT(논리식)	논리식이 TRUE이면 FALSE 논리식이 FALSE이면 TRUE
IFERROR	IFERROR(인수, 오류 시 표시할 값))	인수로 지정한 수식이나 셀에서 오류가 발생했으면 "오류 시 표시할 값"을 표시하고 그렇지 않으면 결과값을 표시

예) =IF(A1>=80, "합격", "불합격")

A1셀 값이 80 이상이면 합격 그렇지 않으면 불합격

예) =AND(A1>=80, B1="남")

A1셀 값이 80 이상이고 B1 셀이 "남" 이면 TRUE, 그렇지 않으면 FALSE

예) =OR(A1>=80, B1="남")

A1셀 값이 80 이상이거나 B1 셀이 "남" 이면 TRUE, 그렇지 않으면 FALSE

예) =IF(AND(A1>=80, B1="남"), "합격", "불합격")

A1셀 값이 80 이상이고 B1 셀이 "남" 이면 합격, 그렇지 않으면 불합격

예) =IF(OR(A1>=80, B1="남"), "합격", "불합격")

A1셀 값이 80 이상이거나 B1 셀이 "남" 이면 합격, 그렇지 않으면 불합격

예) =IF(A1>89, "A", IF(A1>79, "B", IF(A1>69, "C", IF(A1>59, "D", "F"))))

A1셀 값이 90 이상이면 "A", 89에서 80이면 "B", 79에서 70이면 "C", 69에서 60이면 ” D “, 59 이하이면 "F"

3.2.2 텍스트/데이터 함수

입력된 문자 데이터에서 특정 위치의 문자열을 추출하거나 다른 문자로 교체 또는 서로 다른 문자끼리 결합시키는데 사용되는 함수가 텍스트/데이터 함수이다. 이 텍스트/데이터 함수는 대소문자의 변환이나 텍스트를 값으로 또는 숫자를 텍스트로 변환하는 등의 작업을 수행할 수 있다.

[ ] 안에 있는 인수는 생략 가능

함수명	함수구문	함수설명
LEFT	LEFT(문자열, 추출할 문자수)	주어진 문자열에서 추출할 숫자만큼 왼쪽에서 추출
RIGHT	RIGHT(문자열, 추출할 문자수)	주어진 문자열에서 추출할 숫자만큼 오른쪽에서 추출
MID	MID(문자열, 시작위치, 추출할 문자수)	주어진 문자열에서 시작위치부터 추출할 숫자만큼 문자 추출
LOWER	LOWER(문자열)	영어 문자열을 소문자로 변환
UPPER	UPPER(문자열)	영어 문자열을 대문자로 변환
PROPER	PROPER(문자열)	영어 문자열의 각 단어의 첫 문자만 대문자로 나머지는 소문자로 표시
LEN	LEN(문자열)	주어진 문자열의 길이를 표시
TEXT	TEXT(숫자, 형태)	숫자를 사용자 지정의 표시형식에 따라 텍스트로 표시
TRIM	TRIM(문자열)	영어 문자열의 각 단어 사이의 공백을 한 칸으로 변경
CONCATENATE	CONCATENATE(문자열1, ... , 문자열n)	주어진 문자열을 모두 연결
REPLACE	=REPLACE(변환하고 싶은 문자, 시작숫자, 자릿수, 대체문자)	텍스트의 일부를 다른 내용으로 바꾸기

예) =LEFT("ABCDEFG", 5) → ABCDE

예) =RIGHT("ABCDEFG", 3) → EFG

예) =MID("ABCDEFG", 2, 4) → BCDE

예) =LOWER("aBCdeFG") → abcdefg

예) =UPPER("aBCdeFG") → ABCDEFG

예) =PROPER("I love YOU") → I Love You

예) =TRIM("   I am   Very Happy   ") → I am Very Happy

예) =LEN("나는 한국인!") → 7 (한글 한 글자는 1로 계산된다.)

예) =CONCATENATE("I ", "am ", "A BOY") → I am A BOY

예) =TEXT(123456, "###,###") → 123,456

예) =REPLACE("700301-1234567", 9, 6, "******") → 700301-1******

3.2.3 정보함수

정보함수는 오류 발생이나 상황에 따라 참이나 거짓을 알려주는 함수로 특히 'IS'로 시작하는 IS 함수는 값의 유형을 검사하고 그 결과에 따라 TRUE 또는 FALSE를 반환한다. IS 함수는 IF 함수와 함께 사용하여 계산 결과에 대한 수식 오류를 쉽게 찾도록 해주는 기능이 있다.

[ ] 안에 있는 인수는 생략 가능

함수명	함수구문	함수설명
ISBLANK	ISBLANK(검색대상셀)	검색대상 셀이 공백이면 TRUE 아니면 FALSE
ISERROR	ISERROR(검색대상)	검색대상이 에러이면 TRUE 아니면 FALSE

3.2.4 수학/삼각함수

숫자 데이터의 일반적인 계산(합계, 반올림, 곱하기 등)이나 삼각함수(sin, cos, tan 등)에 대한 작업에 사용한다. 그 중에서 주로 일반적인 계산에 관한 수학 함수들 중에 자주 사용하는 함수를 표로 정리하였다.

[ ] 안에 있는 인수는 생략 가능

함수명	함수구문	함수설명
SUM	SUM(수1, 수2, ...) SUM(범위)	합계
ROUND	ROUND(수, 자릿수)	반올림
ROUNDUP	ROUNDUP(수, 자릿수)	올림
ROUNDDOWN	ROUNDDOWN(수, 자릿수)	내림
PRODUCT	PRODUCT(수1, 수2, ...) PRODUCT(범위)	곱
SUMPRODUCT	SUMPRODUCT(배열1, 배열2, ...)	배열의 해당 요소를 모두 곱하여 합한다.
SUMIF	SUMIF(조건범위, 조건, [합계범위])	조건범위에서 조건에 맞는 합계범위의 값을 합한다.
ABS	ABS(수)	절대값
INT	INT(수)	정수
MOD	MOD(수, 나누는수)	나누어서 나머지
TRUNC	TRUNC(수, [자릿수])	버림

예) =SUM(10, 20, 30) → 60
예) =ROUND(1234.5678, 1) → 1234.6
예) =ROUND(1234.5678, -2) → 1200
예) =ROUNDUP(1234.5678, 1) → 1234.6
예) =ROUNDUP(1234.5678, -2) → 1300
예) =ROUNDDOWN(1234.5678, 1) → 1234.5
예) =ROUNDDOWN(1234.5678, -2) → 1200
예) =PRODUCT(1,2,3) → 6
예) =ABS(-3) → 3
예) =INT(45.67) → 45
예) =INT(-45.67) → -46
예) =TRUNC(45.67) → 45
예) =TRUNC(-45.67) → -45

3.2.5 통계함수

통계함수란 데이터를 이용하여 여러 가지 통계를 구하는데 사용되는 함수이며, 숫자 데이터 뿐만 아니라 텍스트나 논리값도 포함시킬 수 있다. 실무에 주로 사용되는 함수들을 정리하였다.

[ ] 안에 있는 인수는 생략 가능

함수명	함수구문	함수설명
AVERAGE	AVERAGE(수1, 수2, ...) AVERAGE(범위)	평균
AVERAGEA	AVERAGEA(수1, 수2, ...) AVERAGEA(범위)	문자와 FALSE는 0으로 인식하고 TRUE는 1로 취급해서 평균을 구함.
MAX	MAX(값1, 값2, ...) MAX(범위)	최대값
MIN	MIN(값1, 값2, ...) MIN(범위)	최소값
LARGE	LARGE(범위, 순위)	범위에서 순위 번째로 큰 값
SMALL	SMALL(범위, 순위)	범위에서 순위 번째로 작은 값
MEDIAN	MEDIAN(값1, 값2, ...) MEDIAN(범위)	중간값

RANK	RANK(수, 범위, [옵션])	범위에서 수의 순위를 구함 옵션 : 0 또는 생략 → 내림차순 1 → 오름차순
FREQUENCY	FREQUENCY(데이터배열, 구간배열)	빈도 분포값을 수직 배열로 구함
COUNT	COUNT(값1, 값2, ...) COUNT(범위)	수치 데이터의 개수
COUNTA	COUNTA(값1, 값2, ...) COUNTA(범위)	공백이 아닌 데이터의 개수
COUNTBLANK	COUNTBLANK(값1, 값2, ...) COUNTBLANK(범위)	공백 셀의 개수
COUNTIF	COUNTIF(조건범위, 조건)	조건에 맞는 셀의 개수

예) =AVERAGE(10, 20, 30) → 20

예) =AVERAGEA(10, 20, 30, TRUE) → 15.25

예) =MAX(10, 20, 30) → 30

예) =MIN(10, 20, 30) → 10

예) =LARGE(A1:A5, 3) → A1:A5 범위에서 3번째로 큰 값

예) =SMALL(A1:A5, 3) → A1:A5 범위에서 3번째로 작은 값

예) =MEDIAN(10, 20, 30, 40, 50) → 30

예) =RANK(A1, $A$1:$A$10) → A1:A10 범위에서 A1 셀의 순위를 구함

예) =FREQUENCY(A1:A5, B1:B5)

A1:A5범위에서 B1:B5 간격에 해당하는 분포수를 구함

예) =COUNT(10, 20, 30) → 3

예) =COUNTA(가, 나, 다) → 3

예) =COUNTBLANK(A1:A10)

A1:A10 범위에서 공백 셀의 개수를 구함

예) =COUNTIF(A1:A10, "청주")

A1:A10 범위에서 '청주' 문자열이 입력된 셀의 개수를 구함

3.2.6 날짜/시간 함수

날짜/시간 함수는 날짜나 시간을 표시하거나 또는 일수, 개월 수 등을 구하고 요일을 표시하는 등의 작업에 사용된다. 날짜/시간 함수들 중에서 가장 많이 사용하는 함수를 아래와 같이 정리하였다.

[ ] 안에 있는 인수는 생략 가능

함수명	함수구문	함수설명
DATE	=DATE(year, month, day)	주어진 year, month, day 숫자를 연결해서 날짜 데이터로 변환
TODAY	=TODAY( )	컴퓨터 상의 오늘 날짜를 가져온다.
NOW	=NOW( )	컴퓨터 상의 오늘 날짜와 현재 시간을 가져 온다.
YEAR	=YEAR(date)	날짜 데이터에서 년도만 추출
MONTH	=MONTH(date)	날짜 데이터에서 월만 추출
DAY	=DAY(date)	날짜 데이터에서 일만 추출
WEEKNUM	=WEEKNUM (date, [return_type])	지정한 날짜(date)가 일년 중 몇 번째 주인지를 구한다. return_type : 1 또는 생략 → 일요일부터 주가 시작 2 → 월요일부터 주가 시작
TIME	=TIME(hour, minute, second)	주어진 hour, minute, second 숫자를 연결해서 시간 데이터로 변환
HOUR	=HOUR( )	시간 데이터에서 시간만 추출
MINUTE	=MINUTE( )	시간 데이터에서 분만 추출
SECOND	=SECOND( )	시간 데이터에서 초만 추출
DATEDIF	=DATEDIF(date1, date2, mode)	이전날짜 (date1)와 나중날짜(date2) 와의 경과 기간을 표시한다. mode : Y(년수), M(월수), D(일수) MD(1개월 미만의 일수) YM(1년 미만의 월수) YD(1년 미만의 일수)

예) =TODAY() → 2018-06-19

컴퓨터 상의 오늘 날짜

예) =NOW() → 2018-06-19 12:18

컴퓨터 상의 오늘 날짜와 현재 시간

예) =YEAR(TODAY()) → 2018

예) =YEAR(NOW()) → 2018

컴퓨터 상의 오늘 날짜에서 년도만 추출

예) =MONTH(TODAY()) → 6

컴퓨터 상의 오늘 날짜에서 월만 추출

예) =DAY(TODAY()) → 19

컴퓨터 상의 오늘 날짜에서 일만 추출

예) =HOUR(NOW()) → 21

컴퓨터 상의 오늘 날짜에서 시간만 추출

예) =MINUTE(NOW()) → 32

컴퓨터 상의 오늘 날짜에서 분만 추출

예) =DATE(2018, 6, 19) → 2018-06-19

주어진 year, month, day 숫자를 연결해서 날짜 데이터로 변환

예) =TIME(12,30,43) → 12:30 PM

주어진 hour, minute, second 숫자를 연결해서 시간 데이터로 변환

예) =DATEDIF("2013-12-25", TODAY(), "D") → 1637

2013년 12월 25일에 만난 연인이 오늘까지 만난 지 며칠일이 지났는지 구한다.

만약에 A1셀이 2010-01-12이고 A2셀이 2012-04-24인 경우

경과년도 : =DATEDIF(A1, A2, "Y") → 2 (년)
경과개월 : =DATEDIF(A1, A2, "M") → 27 (개월)
경과일수 : =DATEDIF(A1, A2, "D") → 833 (일)

3.2.7 찾기/참조 함수

특정 셀의 위치를 찾거나 셀 범위를 참조하여 계산에 필요한 인수로 사용되는 찾기/참조 함수는 셀 범위 또는 배열식을 이용하여 참조 영역에서 원하는 결과를 얻거나 다른 셀 범위와 비교하여 일치되는 값을 반환할 수 있다.

[ ] 안에 있는 인수는 생략 가능

함수명	함수구문	함수설명
HLOOKUP	HLOOKUP(검색값, 참조범위, 행번호, [옵션])	참조범위의 첫 행을 검사하여 지정한 행에서 검색값에 해당하는 열의 셀 값을 구함 옵션 : TRUE 또는 생략 : 검색값과 유사한 값을 찾음 FALSE : 검색값과 정확히 일치하는 값을 찾음
VLOOKUP	VLOOKUP(검색값, 참조범위, 열번호, [옵션])	참조범위의 첫 열을 검사하여 지정한 열에서 검색값에 해당하는 행의 셀 값을 구함 옵션 값의 의미는 HLOOKUP() 함수와 동일
LOOKUP	LOOKUP(검사값, 검사범위, 대응범위)	백터나 배열에서 값을 검색
CHOOSE	CHOOSE(인덱스번호, 값1, 값2, ...)	값들 중에서 인덱스번호에 해당하는 값 선택
INDEX	INDEX(범위, 행번호, [열번호])	범위나 배열에서 행번호, 열 번호에 해당하는 값을 구함
OFFSET	OFFSET(기준, 행수, 열수, [높이], [폭])	기준으로부터 행 또는 열 수만큼 떨어진 곳에 있는 특정 높이와 너비의 참조 영역을 표시
MATCH	MATCH(찾을값, 범위, [옵션])	검사 범위에서 검사값에 해당하는 값의 위치를 구함 옵션 : 1 또는 생략 → 범위의 값이 오름차순으로 정렬되어 있다고 생각하고 찾는다. 0 → 정렬방법은 상관없이 정확하게 일치하는 값을 찾는다. -1 → 내림차순으로 정렬되어 있다고 생각하고 찾는다.
TRANSPOSE	TRANSPOSE(배열)	배열이나 범위의 행과 열을 바꾼다.

예) =HLOOKUP("강태양", A1:E10, 3, FALSE) → 지정범위 A1:E10 셀에서 강태양을 찾아서 지정범위에서 찾을 값이 적힌 3번째 행에서 정확히 일치하는 값을 찾아라.

예) =VLOOKUP("강태양", A1:E10, 3, FALSE) → 지정범위 A1:E10 셀에서 강태양을 찾아서 지정범위에서 찾을 값이 적힌 3번째 열에서 정확히 일치하는 값을 찾아라.

예) =LOOKUP(A1, B1:B10, C1:C10) → A1 셀의 값을 B1:B10 범위에서 검색하고 동일한 행에 위치한 C1:C10의 값을 결과로 표시

예) =CHOOSE(3, “가”, “각”, “강”, “갓”) → 강

예) =INDEX(A1:E10, 4, 3) → A1:E10 범위에서 4번째 행과 3번째 열에 위치한 값을 찾아 표시

예) =OFFSET(A1, 3, 2) → A1 셀에서 3행 아래로 이동하고 2열 이동하라. 즉 C4 셀의 값을 표시

예) =MATCH("강", {“가”, “각”, “강”, “갓”}, 0) → 3

예) =TRANSPOSE(A1:E10) → A1:E10 배열의 행과 열을 바꾸어 표시

3.2.8 데이터베이스 함수

엑셀의 데이터베이스 함수란 그림과 같은 데이터 원본이 있을 때 사용자가 정한 조건을 만족하는 데이터베이스의 필드의 값들을 연산하고 추출하는 함수이다. 데이터베이스 함수는 12가지가 있는데 이들 모두 인수가 database, field, criteria로 같다. 여기서 field는 데이터베이스 테이블상의 필드의 번호 또는 필드이름을 의미한다.

12가지 함수 중 DGET() 함수는 레코드를 출력하는 함수이고, 나머지 함수는 연산하는 함수이다.

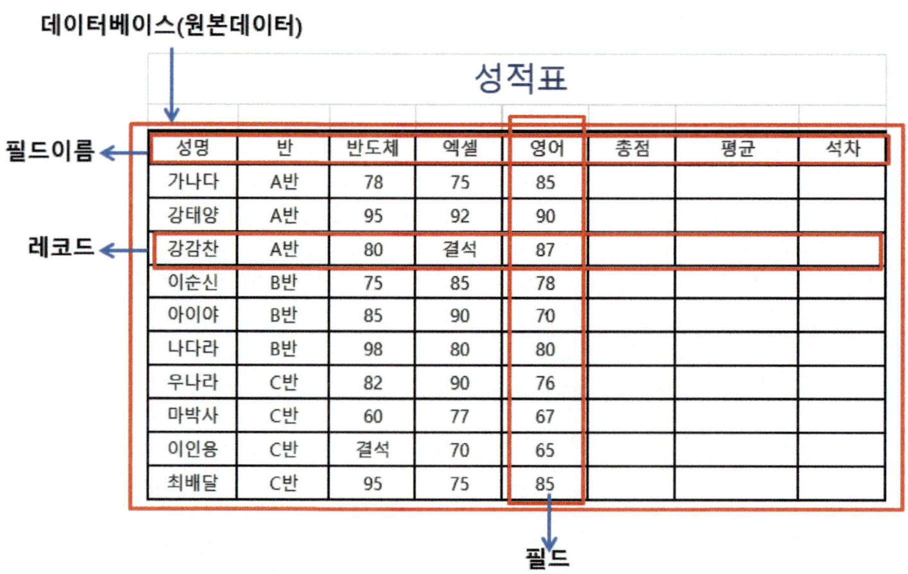

성명	반	반도체	엑셀	영어	총점	평균	석차
가나다	A반	78	75	85			
강태양	A반	95	92	90			
강감찬	A반	80	결석	87			
이순신	B반	75	85	78			
아이야	B반	85	90	70			
나다라	B반	98	80	80			
우나라	C반	82	90	76			
마박사	C반	60	77	67			
이인용	C반	결석	70	65			
최배달	C반	95	75	85			

<table>
<tr><th>함수명</th><th>함수구문</th><th>함수설명</th></tr>
<tr><td>DSUM</td><td rowspan="10">함수명(database, field, criteria)

database : 데이터베이스범위

field : 필드번호
필드번호는 필드명이나 문자열로 대체 가능

criteria : 조건범위</td><td>조건에 맞는 값의 합계</td></tr>
<tr><td>DAVERAGE</td><td>조건에 맞는 값의 평균</td></tr>
<tr><td>DCOUNT</td><td>조건에 맞는 값의 개수</td></tr>
<tr><td>DCOUNTA</td><td>조건에 맞는 값의 개수</td></tr>
<tr><td>DMAX</td><td>조건에 맞는 값의 최대값</td></tr>
<tr><td>DMIN</td><td>조건에 맞는 값의 최소값</td></tr>
<tr><td>DSTDEV</td><td>조건에 맞는 값의 표준편차</td></tr>
<tr><td>DVAR</td><td>조건에 맞는 값의 분산</td></tr>
<tr><td>DPRODUCT</td><td>조건에 맞는 값의 곱</td></tr>
<tr><td>DGET</td><td>조건에 맞는 값 추출</td></tr>
</table>

CHAPTER 4

엑셀 실전 함수

4.1 기초적인 함수
- SUM(), AVERAGE(), MAX(), MIN(), COUNT()

4.2 조건부 서식을 이용한 데이터 시각화

4.3 주민등록번호로 성별 구하는 방법
- MID(), MOD(), CHOOSE(), ISEVEN(), ISODD()

4.3 주민등록번호로 성별 구하는 방법
- MID(), MOD(), CHOOSE(), ISEVEN(), ISODD()

4.5 조건에 맞는 수량이나 합계, 평균
- COUNTIF(), SUMIF(), AVERAGEIF()

4.6 문자와 함수를 같이 사용하기

4.7 찾기/참조 함수 - HLOOKUP() 함수

4.8 찾기/참조 함수 - VLOOKUP() 함수

4.9 찾기/참조 함수 - INDEX(), MATCH()

4.10 찾기/참조 함수
- VLOOKUP()과 INDEX(), MATCH() 함수 비교

4.11 주문서(견적서) 만들기 - 데이터 유효성 검사

4.12 데이터베이스 함수
- DSUM(), DAVERAGE(), DMAX(), DMIN() 등

4.13 자동필터 및 SUBTOTAL() 함수

4.1 기초적인 함수

SUM(), AVERAGE(), MAX(), MIN(), COUNT()

엑셀 함수에서 가장 많이 쓰는 기초적인 함수가 SUM(), AVERAGE(), MAX(), MIN(), COUNT() 함수이다. 이 함수들은 자동합계(∑)가 되기 때문에 그 값을 간편하게 구할 수 있다. 또한 이 함수들은 다른 함수에서 중첩하여 많이 사용한다. [수식] 메뉴 탭 → [자동합계]를 클릭하면 기초함수를 확인할 수 있다.

1. 아래 그림과 같이 데이터를 입력하시오.

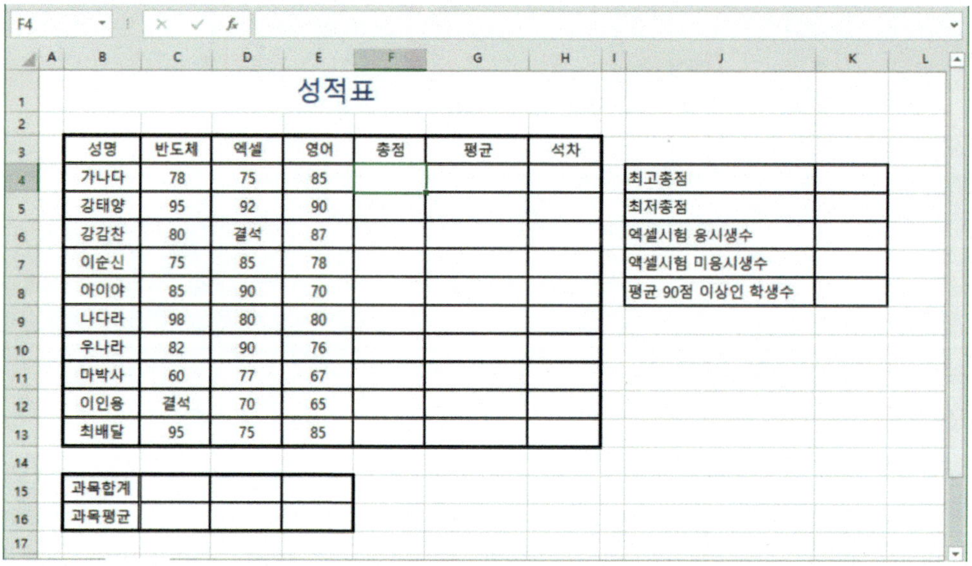

성적표

성명	반도체	엑셀	영어	총점	평균	석차
가나다	78	75	85			
강태양	95	92	90			
강감찬	80	결석	87			
이순신	75	85	78			
아이야	85	90	70			
나다라	98	80	80			
우나라	82	90	76			
마박사	60	77	67			
이인용	결석	70	65			
최배달	95	75	85			

과목합계			
과목평균			

최고총점	
최저총점	
엑셀시험 응시생수	
엑셀시험 미응시생수	
평균 90점 이상인 학생수	

2. F4 셀에 가나다 학생의 총점을 구하기 위해 인수들의 합을 구할 수 있는 SUM() 함수를 사용한다. F4셀에 " =SUM("을 입력하면 자동으로 오른쪽 그림과 같이 나타난다. 가나다 학생의 총점은 C4셀에서 E4 셀까지 값이므로 C4셀에서 E4셀까지 드래그(자동 채우기)를 하고 괄호를 닫아준다. 셀 대신에 숫자를 입력해도 상관없고 셀과 숫자를 함께 사용해도 된다.

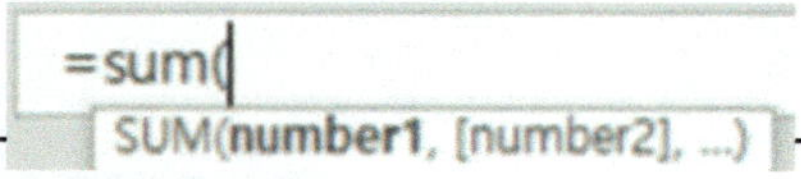

인수들의 합 구하기

= 78 + 75 + 85

= C4 + D4 + E4

= SUM(78, 75, 85)

= SUM(C4, D4, E4)

= SUM(C4 : E4)

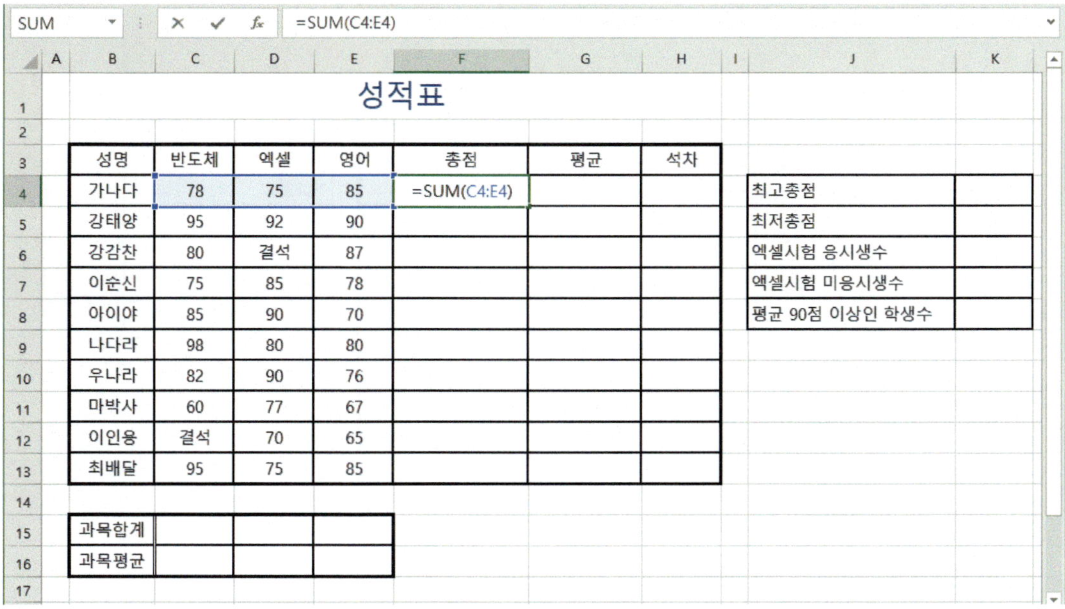

성명	반도체	엑셀	영어	총점	평균	석차
가나다	78	75	85	=SUM(C4:E4)		
강태양	95	92	90			
강감찬	80	결석	87			
이순신	75	85	78			
아이야	85	90	70			
나다라	98	80	80			
우나라	82	90	76			
마박사	60	77	67			
이인용	결석	70	65			
최배달	95	75	85			

과목합계			
과목평균			

최고총점	
최저총점	
엑셀시험 응시생수	
액셀시험 미응시생수	
평균 90점 이상인 학생수	

3. 각 학생들의 총점을 구하기 위해 F4 셀에서 F13 셀까지 자동 채우기를 한다.

4. G4 셀에 평균을 구하기 위해서 다음과 같이 직접 입력을 하고 [Enter] 키를 친다.

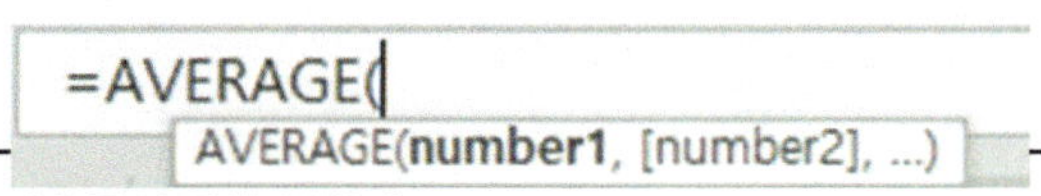

인수들의 평균 구하기

= (78 + 75 + 85) / 3

= (C4 + D4 + E4) / 3

= AVERAGE(78, 75, 85)

= AVERAGE(C4, D4, E4)

= AVERAGE(C4 : E4)

SUM | =AVERAGE(C4:E4)

성적표

성명	반도체	엑셀	영어	총점	평균	석차
가나다	78	75	85	238	=AVERAGE(C4:E4)	
강태양	95	92	90	277		
강감찬	80	결석	87	167		
이순신	75	85	78	238		
아이야	85	90	70	245		
나다라	98	80	80	258		
우나라	82	90	76	248		
마박사	60	77	67	204		
이인용	결석	70	65	135		
최배달	95	75	85	255		

과목합계			
과목평균			

최고총점	
최저총점	
엑셀시험 응시생수	
엑셀시험 미응시생수	
평균 90점 이상인 학생수	

5. G4 ~ G13 셀까지 자동 채우기를 하기 전에 강감찬 학생과 이인용 학생은 시험에 결석한 과목이 있다. 이 학생들에 대한 평균을 구하기 위해 G6 셀에 다음과 같이 입력한다.

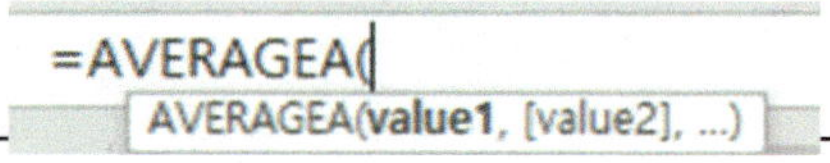

AVERAGEA 함수는 문자나 FALSE 값을 0으로 놓고 평균 계산

= AVERAGEA(C6 : E6)

의미는 범위 안에서 문자나 FALSE를 만나면 0으로 인식을 해서 평균을 구한다. TRUE를 만나면 숫자 1로 인식을 해서 평균을 구한다.

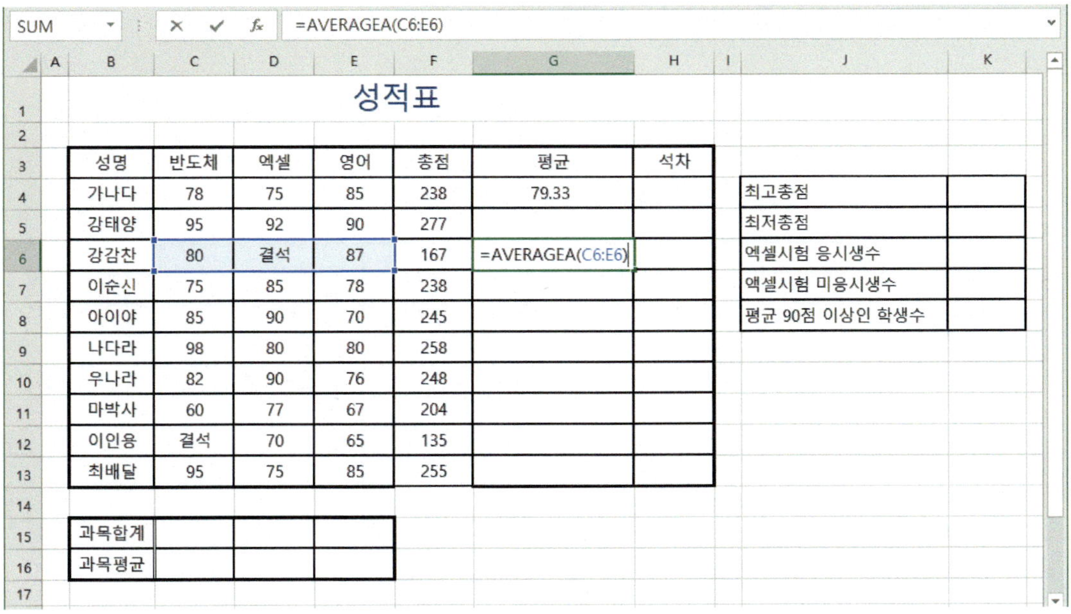

SUM | =AVERAGEA(C6:E6)

성적표

성명	반도체	엑셀	영어	총점	평균	석차
가나다	78	75	85	238	79.33	
강태양	95	92	90	277		
강감찬	80	결석	87	167	=AVERAGEA(C6:E6)	
이순신	75	85	78	238		
아이야	85	90	70	245		
나다라	98	80	80	258		
우나라	82	90	76	248		
마박사	60	77	67	204		
이인용	결석	70	65	135		
최배달	95	75	85	255		

과목합계			
과목평균			

최고총점	
최저총점	
엑셀시험 응시생수	
엑셀시험 미응시생수	
평균 90점 이상인 학생수	

혹시나 평균의 소숫점 자릿수가 많이 나온다면 2자리로 만들어 보자. G4 ~ G13 셀까지 드래그한 후에 [홈] 메뉴 탭 → [표시형식] 그룹에서 대화상자를 표시하는 아이콘을 클릭한다.

6. 셀 서식 대화상자에서 [표시형식] → [범주 :]를 숫자로 클릭하고 소수 자릿수를 2로 선택한다.

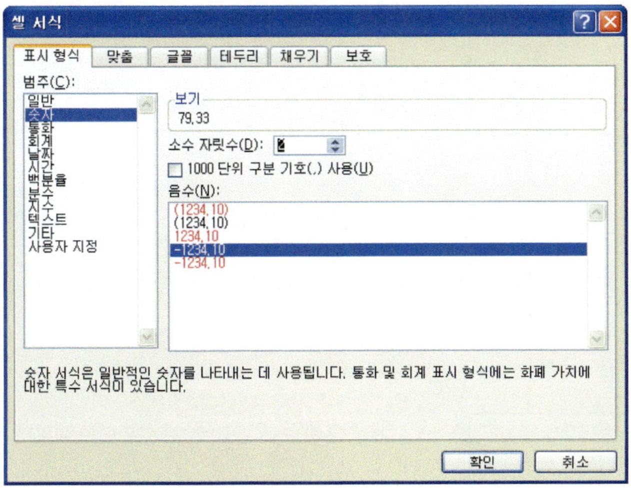

7. 아래 그림과 같이 나올 것이다.

G13 =AVERAGE(C13:E13)

	성적표								
성명	반도체	엑셀	영어	총점	평균	석차			
가나다	78	75	85	238	79.33			최고총점	
강태양	95	92	90	277	92.33			최저총점	
강감찬	80	결석	87	167	55.67			엑셀시험 응시생수	
이순신	75	85	78	238	79.33			엑셀시험 미응시생수	
아이야	85	90	70	245	81.67			평균 90점 이상인 학생수	
나다라	98	80	80	258	86.00				
우나라	82	90	76	248	82.67				
마박사	60	77	67	204	68.00				
이인용	결석	70	65	135	45.00				
최배달	95	75	85	255	85.00				
과목합계									
과목평균									

8. 과목합계와 과목평균도 구해보자.

9. 최고총점을 구하기 위해 K4 셀을 클릭한 후에 아래와 같이 입력하고 [Enter] 키를 친다.

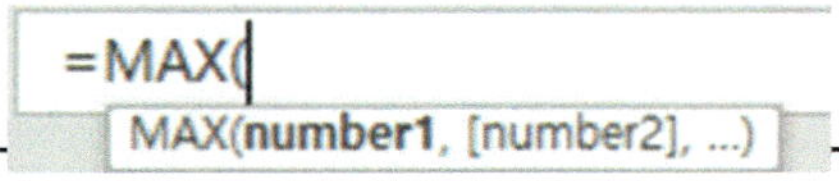

인수 값들 중에 최대값 구하기

= MIN(F4 : F13)

10. 최소총점을 구하기 위해 K5 셀을 클릭한 후에 아래와 같이 입력하고 [Enter] 키를 친다.

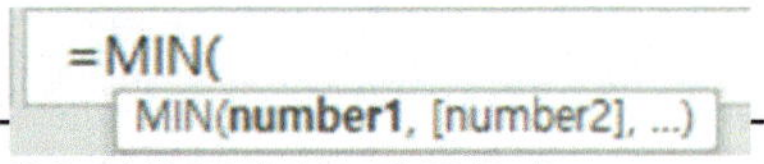

인수 값들 중에 최소값 구하기

= MIN(F4 : F13)

11. 엑셀시험 응시생 수를 구하기 위해 K6 셀을 클릭한 후에 아래와 같이 입력하고 [Enter] 키를 친다. COUNT() 함수는 범위 내에서 숫자로 된 셀의 개수를 센다.

=COUNT(

COUNT(**value1**, [value2], ...)

범위 내에서 숫자가 포함되어 있는 셀의 개수 구하기

= COUNT(D4 : D13)

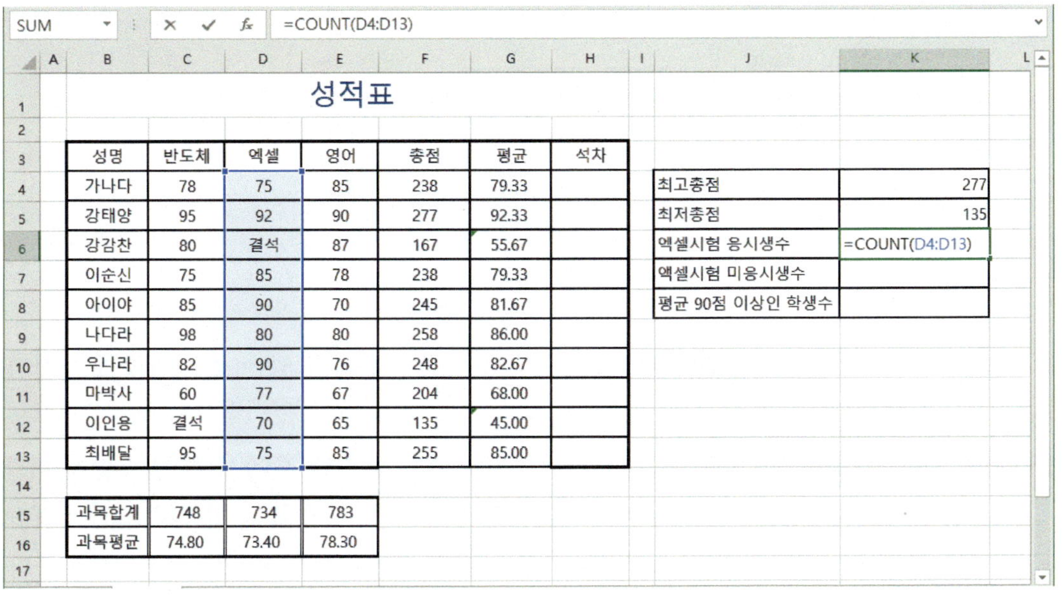

SUM | =COUNT(D4:D13)

성적표

성명	반도체	엑셀	영어	총점	평균	석차
가나다	78	75	85	238	79.33	
강태양	95	92	90	277	92.33	
강감찬	80	결석	87	167	55.67	
이순신	75	85	78	238	79.33	
아이야	85	90	70	245	81.67	
나다라	98	80	80	258	86.00	
우나라	82	90	76	248	82.67	
마박사	60	77	67	204	68.00	
이인용	결석	70	65	135	45.00	
최배달	95	75	85	255	85.00	

과목합계	748	734	783
과목평균	74.80	73.40	78.30

최고총점	277
최저총점	135
엑셀시험 응시생수	=COUNT(D4:D13)
엑셀시험 미응시생수	
평균 90점 이상인 학생수	

참고로 COUNTA() 함수는 빈 셀은 제외하고 숫자와 문자가 들어있는 셀의 개수를 센다.

=COUNTA(

COUNTA(**value1**, [value2], ...)

범위 내에서 빈 셀을 제외하고 숫자와 문자가 포함되어 있는 셀의 개수 구하기

= COUNTA(D4 : D13)

COUNTBLANK() 함수는 범위 중에서 빈 셀의 개수를 세는 함수이다.

=COUNTBLANK(

COUNTBLANK(**range**)

범위 내에서 빈 셀의 개수 구하기

= COUNTBLANK(D4 : D13)

12. 엑셀시험 미응시생수를 구하기 위해 K7 셀을 선택하고 수식 입력줄에 아래 그림과 같이 직접 입력해보자. COUNTIF() 함수는 조건에 따라 개수를 세는 함수이다.

=COUNTIF(

COUNTIF(**range**, criteria)

COUNT + IF 로서 범위 내에서 조건에 맞는 셀의 개수 구하기

range : 셀의 개수를 구할 범위

criteria : 조건

= COUNTIF(D4 : D13, "결석")

의미는 범위 D4~D13 셀 안에서 조건인 "결석"이라는 문자가 있는 셀의 개수를 구한다.

13. 평균 90점 이상인 학생 수를 구하기 위해 K8 셀을 클릭한 후에 수식 입력줄에 아래 그림과 같이 직접 입력해 보자. 의미는 G4셀에서 G13셀까지의 범위 안에서 조건이 90보다 큰 셀의 개수를 구하라는 의미이다. 이때 조건 내용은 쌍따옴표(" ")를 묶어 준다.

SUM | =COUNTIF(G4:G13, ">90")

성적표

성명	반도체	엑셀	영어	총점	평균	석차
가나다	78	75	85	238	79.33	
강태양	95	92	90	277	92.33	
강감찬	80	결석	87	167	55.67	
이순신	75	85	78	238	79.33	
아이야	85	90	70	245	81.67	
나다라	98	80	80	258	86.00	
우나라	82	90	76	248	82.67	
마박사	60	77	67	204	68.00	
이인용	결석	70	65	135	45.00	
최배달	95	75	85	255	85.00	

과목합계	748	734	783
과목평균	74.80	73.40	78.30

최고총점	277
최저총점	135
엑셀시험 응시생수	9
액셀시험 미응시생수	1
평균 90점 이상인 학생수	=COUNTIF(G4:G13, ">90")

14. H4 셀에 석차를 구하기 위해 아래 그림과 같이 입력하시오. 첫 번째 인수는 가나다 학생의 총점이고 두 번째 인수는 전체 학생들 성적이 입력되어 있는 F4 셀에서 F13 셀까지의 범위가 해당 범위가 된다. 이때 범위는 반드시 절대 참조를 해야된다. 왜냐하면 다른 학생들의 등수도 구해야 되니까요.

=RANK(

RANK(**number**, ref, [order])

목록 내에서 지정한 수의 상대적인 크기 순위를 구하는 함수

number : 순위를 구하고자 하는 수

ref : 수와 상대적으로 비교할 목록

[order] : 생략 가능, 생략하면 내림차순

0 : 내림차순(큰 값에서 작은 값 순으로)

1 : 오름차순(작은 값에서 큰 값 순으로)

= RANK(F4, $F$4:$F$13)

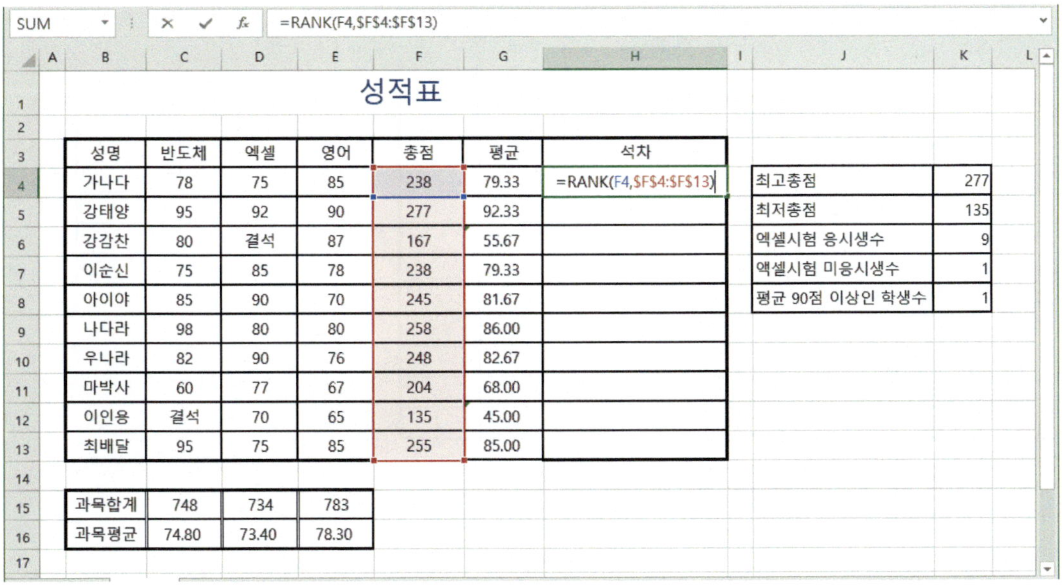
SUM =RANK(F4,$F$4:$F$13)

성적표

성명	반도체	엑셀	영어	총점	평균	석차
가나다	78	75	85	238	79.33	=RANK(F4,$F$4:$F$13)
강태양	95	92	90	277	92.33	
강감찬	80	결석	87	167	55.67	
이순신	75	85	78	238	79.33	
아이야	85	90	70	245	81.67	
나다라	98	80	80	258	86.00	
우나라	82	90	76	248	82.67	
마박사	60	77	67	204	68.00	
이인용	결석	70	65	135	45.00	
최배달	95	75	85	255	85.00	

과목합계	748	734	783
과목평균	74.80	73.40	78.30

최고총점	277
최저총점	135
엑셀시험 응시생수	9
액셀시험 미응시생수	1
평균 90점 이상인 학생수	1

15. 마지막으로 석차 같은 경우에는 민감한 정보이기 때문에 3등 이하는 등수를 표시하고 싶지 않을 수 있다. 숨기고 싶은 셀들을 [Ctrl] 키를 누른 상태에서 클릭한 후에 오른쪽 마우스를 클릭하여 [셀서식] 클릭한 후 [셀 서식] 대화상자를 불러온다. [표시형식]에서

[사용자 지정] 클릭 후 형식 값으로 아래 그림과 같이 세미콜론 세 개(;;;)를 입력한 후에 확인 버튼을 클릭한다.

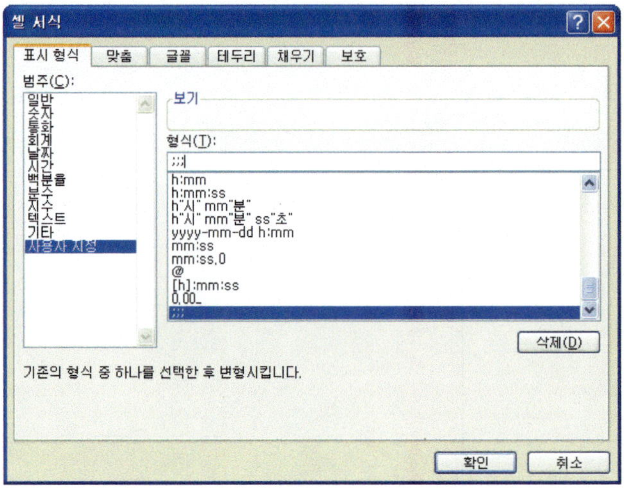

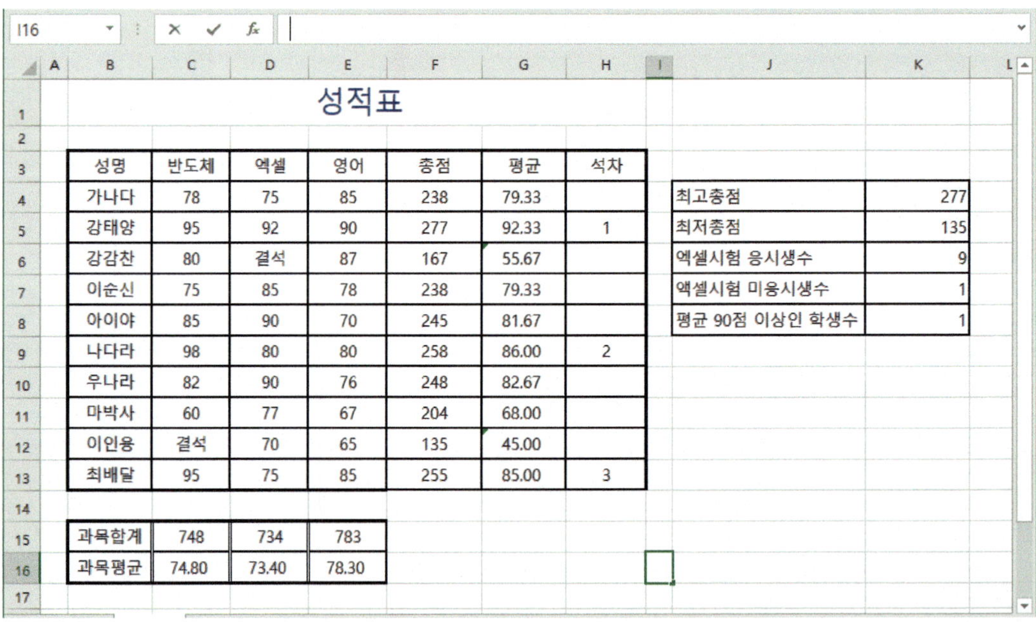

성적표

성명	반도체	엑셀	영어	총점	평균	석차
가나다	78	75	85	238	79.33	
강태양	95	92	90	277	92.33	1
강감찬	80	결석	87	167	55.67	
이순신	75	85	78	238	79.33	
아이야	85	90	70	245	81.67	
나다라	98	80	80	258	86.00	2
우나라	82	90	76	248	82.67	
마박사	60	77	67	204	68.00	
이인용	결석	70	65	135	45.00	
최배달	95	75	85	255	85.00	3

최고총점	277
최저총점	135
엑셀시험 응시생수	9
액셀시험 미응시생수	1
평균 90점 이상인 학생수	1

과목합계	748	734	783
과목평균	74.80	73.40	78.30

16. 다시 보이게 하려면 [Ctrl] 키를 누른 상태에서 해당 셀들을 클릭한 후에 [셀 서식] 대화상자를 불러온 후 [표시형식]에서 [사용자 지정] 클릭 후 세미콜론 세 개를 삭제하면 된다.

4.2 조건부 서식을 이용한 데이터 시각화

1. 시트에 많은 데이터들이 단순하게 나열되어 있다면 데이터로서의 기능은 있지만 그 데이터를 보는 사람은 쉽게 이해하기가 어렵다. 이때 데이터를 일정한 조건에 맞게 분석하여 표현하는 것이 조건부 서식이다. 조건부 서식은 단순한 데이터를 통계적으로 나타내서 누구나 빠르고 쉽게 이해할 수 있도록 한다. 위에서 만든 데이터는 단순하게 총점과 평균이 나와 있어서 데이터가 눈에 잘 띄지 않는다. 조건부 서식을 이용하여 시각화해보자.

2. 조건부 서식으로 표현하고자 하는 해당 셀(F4:F13)을 드래그한 후에 [홈] 메뉴 탭 → [스타일] 그룹 → [조건부서식] → [데이터막대] → 원하는 막대표 선택한다.

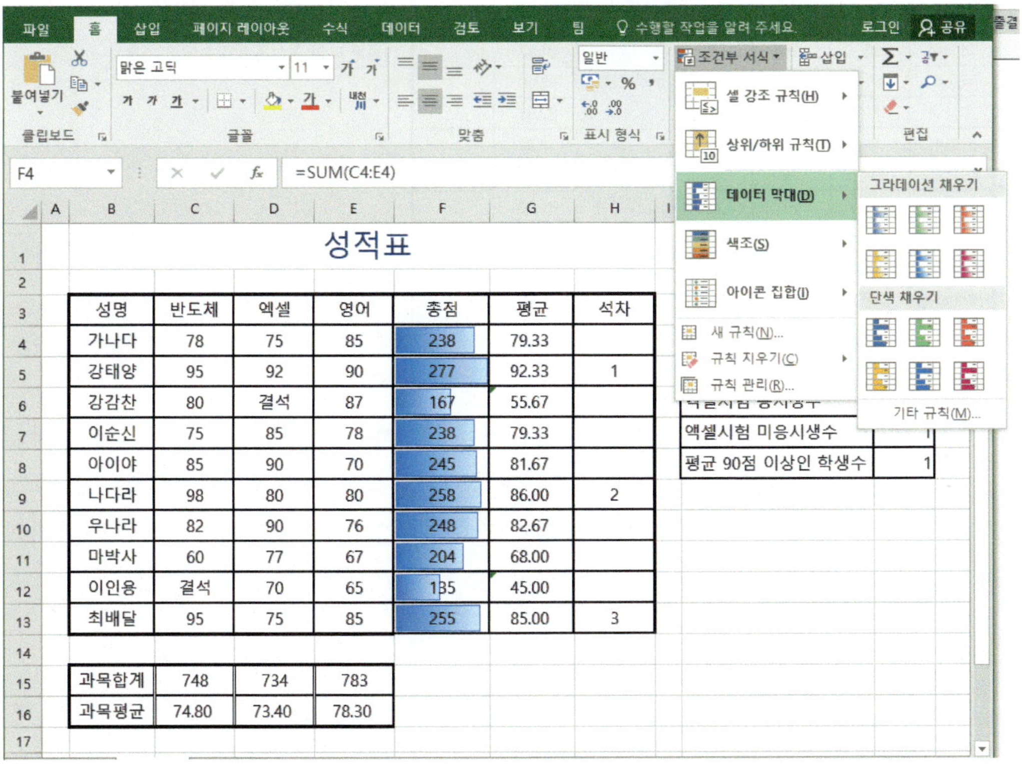

3. 조건부 서식으로 표현하고자 하는 해당 셀(F4:F13)을 선택한 후에 [홈] 메뉴 탭 → [스타일] 그룹 → [조건부 서식] → [셀 강조규칙] → [보다 큼] 선택을 하면 아래 그림과 같은 대화상자가 나타난다. 교재에서는 총점이 240점 이상일 경우 [적용할 서식]을 [사용자 지정 서식]을 선택하여 글꼴을 굵게, 색을 빨강색으로 지정하였다.

아래 그림과 같이 시각화된 결과가 나타난다.

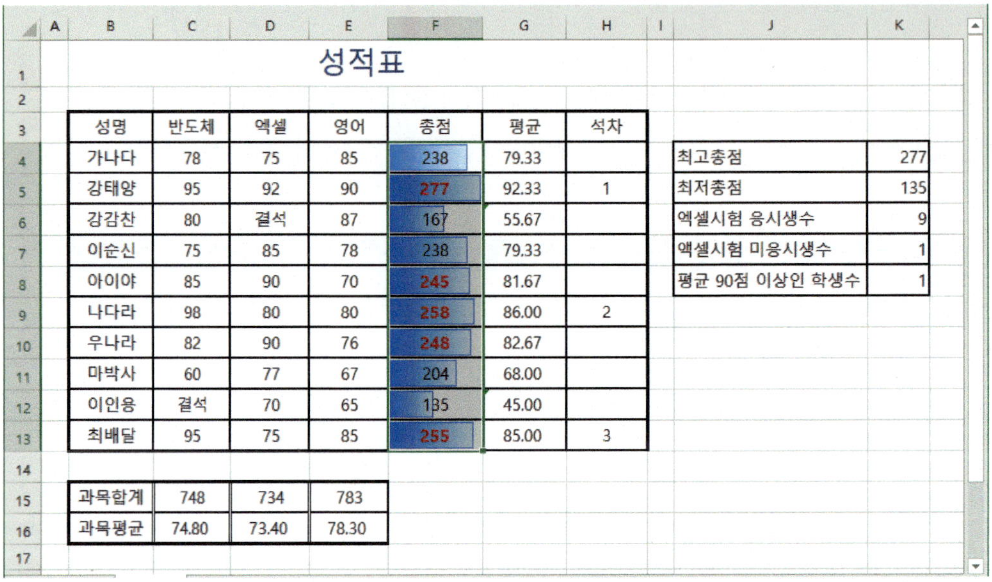

성적표

성명	반도체	엑셀	영어	총점	평균	석차
가나다	78	75	85	238	79.33	
강태양	95	92	90	277	92.33	1
강감찬	80	결석	87	167	55.67	
이순신	75	85	78	238	79.33	
아이야	85	90	70	245	81.67	
나다라	98	80	80	258	86.00	2
우나라	82	90	76	248	82.67	
마박사	60	77	67	204	68.00	
이인용	결석	70	65	135	45.00	
최배달	95	75	85	255	85.00	3

과목합계	748	734	783
과목평균	74.80	73.40	78.30

최고총점	277
최저총점	135
엑셀시험 응시생수	9
액셀시험 미응시생수	1
평균 90점 이상인 학생수	1

4. 이번에는 평균 점수를 바탕으로 색조로 만들어 보자. 조건부 서식으로 표현하고자 하는 해당 셀(G4:G13)을 선택한 후에 [홈] 메뉴 탭 → [스타일] 그룹 → [조건부 서식] → [색조] → [빨강-흰색 색조] 선택을 하면 아래 그림과 같이 2~3가지의 색조를 통해서 데이터의 크기를 비교할 수 있다.

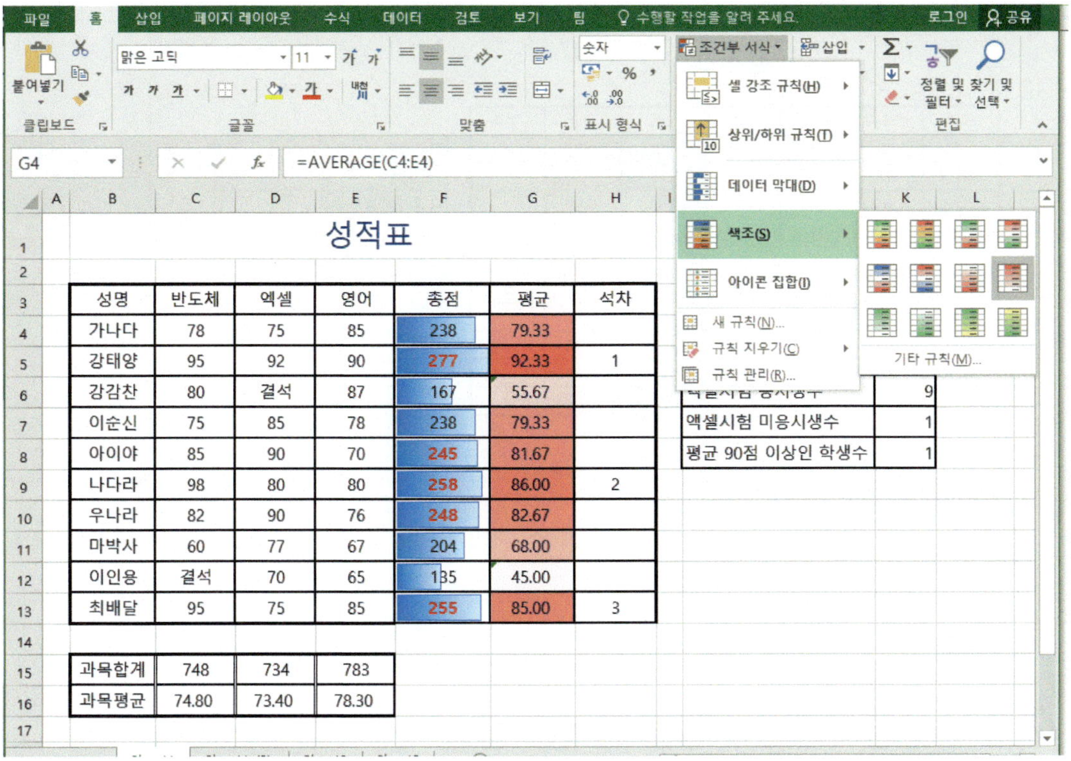

5. 반도체 교과목 점수 중에 최고점인 98점을 '진한 빨강 텍스트가 있는 연한 빨강 채우기'로 표시하는 걸 해보겠다. 조건부 서식으로 표현하고자 하는 해당 셀(C4:C13)을 선택한 후에 [홈] 메뉴 탭 → [스타일] 그룹 → [조건부 서식] → [상위/하위 규칙] → [상위 10개 항목] 선택을 하면 아래 그림과 같이 상위 10개 항목 대화상자가 나타난다. 여기에서 1개로 조건을 설정해주면 최댓값을 구할 수 있다. 나머지 교과목도 설정해보자.

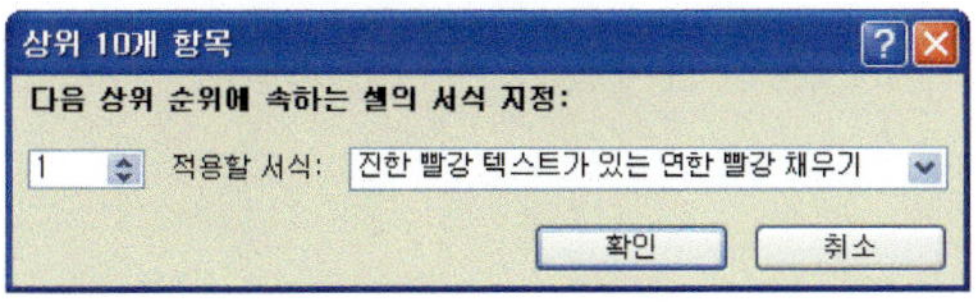

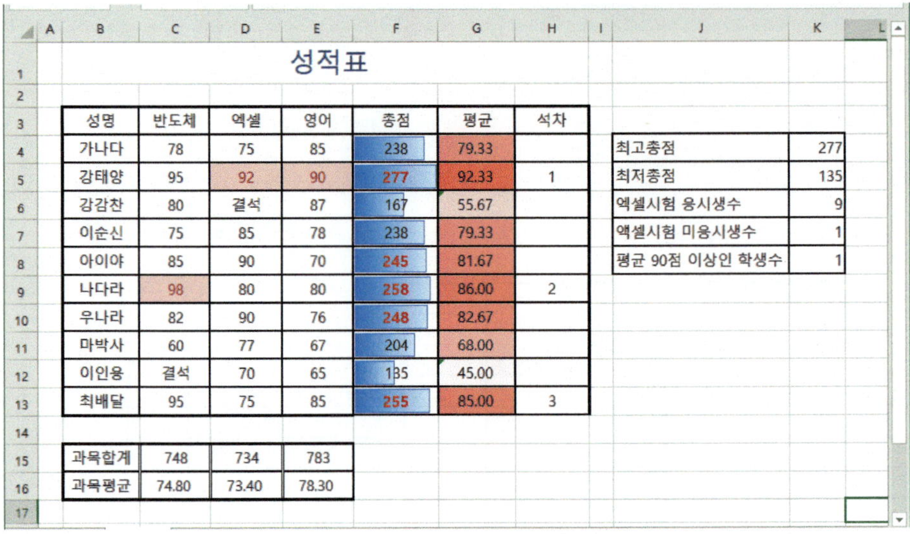

성적표

성명	반도체	엑셀	영어	총점	평균	석차
가나다	78	75	85	238	79.33	
강태양	95	92	90	277	92.33	1
강감찬	80	결석	87	167	55.67	
이순신	75	85	78	238	79.33	
아이야	85	90	70	245	81.67	
나다라	98	80	80	258	86.00	2
우나라	82	90	76	248	82.67	
마박사	60	77	67	204	68.00	
이인용	결석	70	65	135	45.00	
최배달	95	75	85	255	85.00	3

과목합계	748	734	783
과목평균	74.80	73.40	78.30

최고총점	277
최저총점	135
엑셀시험 응시생수	9
액셀시험 미응시생수	1
평균 90점 이상인 학생수	1

4.3 주민등록번호로 성별 구하는 방법

MID(), MOD(), CHOOSE(), ISEVEN(), ISODD()

주민등록번호는 총 14자리("-" 포함)로 구성된 텍스트로 되어 있다. 아래 그림과 같이 주민등록번호에서 앞 2글자(자릿수 1, 2)는 년도를 다음 2글자(자릿수 3, 4)는 월을 이어서 오는 2글자(자릿수 5, 6)는 일을 의미한다.

"-" 이후에 오는 첫 글자(자릿수 8)가 1, 2는 1900년대에 출생한 사람이고 3, 4는 2000년 이후에 출생한 사람이다. 또한 남성과 여성을 구분할 수 있다. 남자는 1 아니면 3이다. 여자는 2 또는 4이다.

자릿수	1	2	3	4	5	6	7	8	9	10	11	12	13	14
1900년대	8	2	1	1	2	3	-	1	2	3	4	5	6	7
	7	0	0	3	0	1	-	2	4	6	8	0	2	4
2000년대	0	0	0	1	0	1	-	3	1	2	4	3	5	2
	0	3	0	6	0	2	-	4	6	4	2	2	2	4
자릿수 의미	년도		월		일			남 여	2000년 이전에 출생하면 남자 1, 여자는 2 2000년 이후에 출생하면 남자 3, 여자는 4					

1. 아래 그림과 같이 데이터를 입력하시오.

	A	B	C	D	E	F
1						
2		성명	주민번호	성별	주민번호 뒷자리 보이지 않기	
3		가나다	700301-2468024			
4		강태양	621123-1234567			
5		강감찬	850125-1357913			
6		이순신	651102-2345678			
7		아이야	030602-4864222			
8		나다라	010228-3693693			
9		우나라	520313-1666666			
10		마박사	621010-1456789			
11		이인용	880203-2987654			
12		최배달	880304-1357913			
13						

2. IF( ), MOD( ), MID( ) 함수에 대해서 알아보자.

=IF(

IF(**logical_test**, [value_if_true], [value_if_false])

logical 조건이 참이면 true를 아니면 false를 반환하는 함수

logical : 함수, 비교 연산자 등을 이용한 조건

true : logical이 맞을 경우 true 값 반환

false : logical이 틀릴 경우 false 값 반환

= IF(C3 >= 80 , "합격" , "불합격") ➔ C3셀의 값이 80이상이면 합격

조건 참 거짓 **➔ 80미만이면 불합격**

=MOD(

MOD(**number**, divisor)

나누어서 나머지를 정수로 반환하는 함수

number : 나눠는 수

divisor : 나누는 수

= MOD(2, 2) ➔ 2를 2로 나누면 나머지는 0

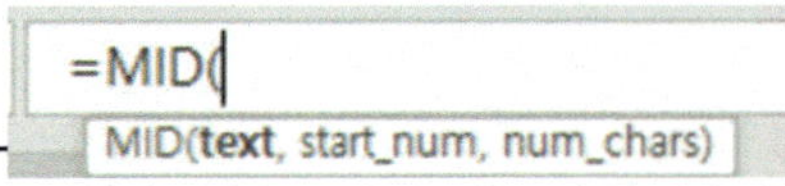

문자열에서 입력된 시작위치부터 입력된 위치까지의 글자를 반환하는 함수

text : 텍스트, 셀 주소

start_num : 시작 위치

num_chars : 가져올 숫자

= MID("ABCDEFG", 2, 4)

➔ ABCDEFG 문자열에서 2번째에서 시작하여 4개의 문자를 반환하면 BCDE

3. D3 셀을 클릭한 후에 =IF(MOD(MID(C3, 8, 1), 2) = 1, "남자", "여자")와 같이 입력하시오.

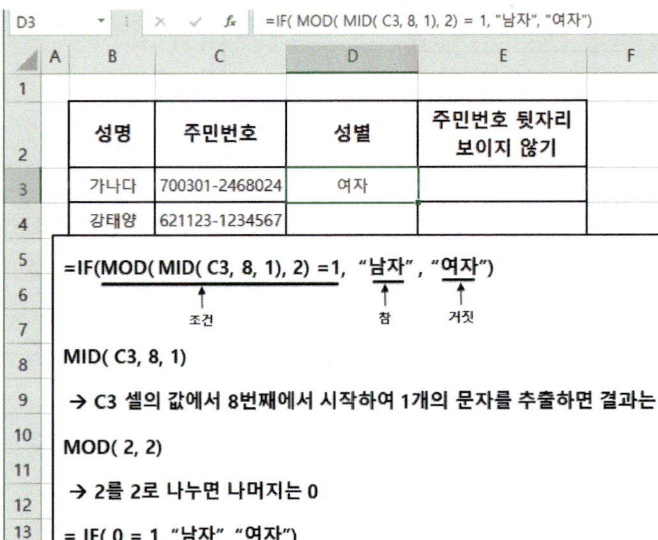

=IF(MOD(MID(C3, 8, 1), 2) =1, "남자", "여자")

(조건: MOD(MID(C3, 8, 1), 2) =1 / 참: "남자" / 거짓: "여자")

MID(C3, 8, 1)

→ C3 셀의 값에서 8번째에서 시작하여 1개의 문자를 추출하면 결과는 2

MOD(2, 2)

→ 2를 2로 나누면 나머지는 0

= IF(0 = 1, "남자", "여자")

→ 0과 1은 같지 않으므로 거짓에 해당하는 여자 반환

함수가 중첩되어있는 경우는 안쪽에 있는 함수부터 해석하면 좀 더 쉽게 이해할 수 있다. MID(C3,8,1) 함수는 C3 셀에 있는 700301-2468024 값에서 8번째 1개의 데이터를 추출하는 함수이다. 결과로 2가 추출되었다.

MOD(MID(C3,8,1), 2) 함수는 MOD(2, 2)함수와 같다. MOD(2, 2)함수는 2를 2로 나누어서 나머지를 구하는 함수이다. 결과값은 0이다.

=IF(0 = 1, “남자”, “여자”) 함수는 거짓이므로 여자를 돌려준다. 참고로 주민등록번호에서 남자는 1 아니면 3이므로 항상 2로 나누면 나머지가 1이 된다.

4. D4 셀을 클릭한 후에 =CHOOSE(MID(C4, 8, 1), “남자”, “여자”, “남자”, “여자”)와 같이 입력하시오.

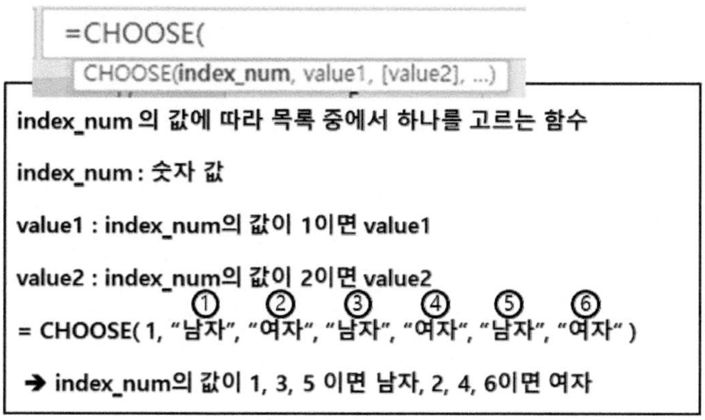

MID(C4,8,1) 함수는 C4 셀에 있는 821123-1234567 값에서 8번째 1개의 데이터를 추출하는 함수이다. 결과로 1이 추출되었다. CHOOSE() 함수는 인수 목록 중에서 하나를 고르는 함수이다. 즉, C4 셀의 데이터 왼쪽에서 8번째의 1개의 값이 1이면 남자로, 2이면 여자로, 3이면 남자로, 4이면 여자로 변환하는 함수이다. 여기서는 1이므로 남자로 변환된다.

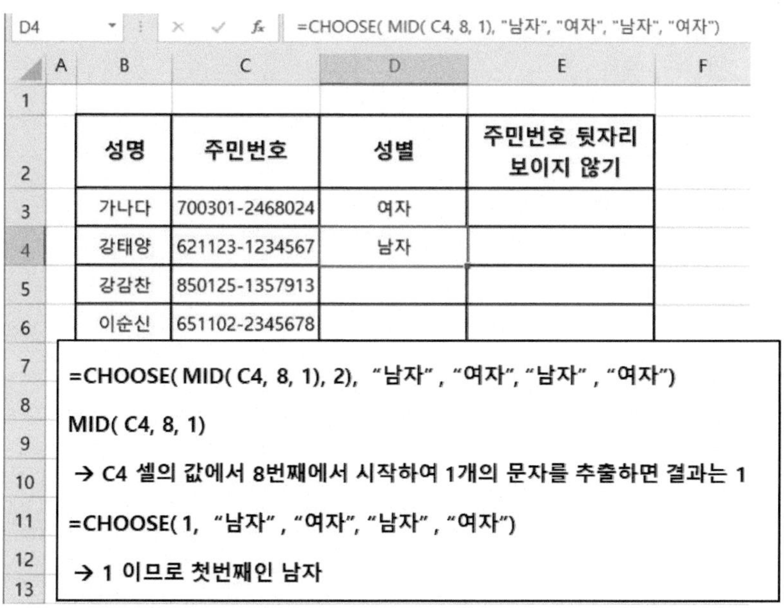

5. D5 셀을 클릭한 후에 =IF(ISEVEN(MID(C5, 8, 1)), "여자", "남자")와 같이 입력하시오.

=ISEVEN(

ISEVEN(**number**)

숫자가 짝수이면 TRUE를 반환하고 홀수이면 FALSE를 반환하는 함수

number : 숫자, 셀주소

= ISEVEN(1)

➔ 1은 홀수 이므로 결과값은 FALSE

MID(C5, 8, 1) 함수는 C5 셀에 있는 850125-1357913 값에서 8번째 1개의 데이터를 추출하는 함수이므로 결과로 1이 추출되었다. ISEVEN(1) 함수에 숫자 1이 홀수이므로 결과값은 FALSE이다. IF( )함수의 조건에서 FALSE이므로 거짓에 해당하는 남자가 출력된다.

D5 =IF(ISEVEN(MID(C5, 8, 1)), "여자", "남자")

성명	주민번호	성별	주민번호 뒷자리 보이지 않기
가나다	700301-2468024	여자	
강태양	621123-1234567	남자	
강감찬	850125-1357913	남자	
이순신	651102-2345678		

=IF(ISEVEN(MID(C5, 8, 1)), "여자" , "남자")

조건 / 참 / 거짓

MID(C5, 8, 1)

→ C5 셀의 값에서 8번째에서 시작하여 1개의 문자를 추출하면 결과는 1

ISEVEN(1)

→ 1은 홀수이므로 결과값은 FALSE

= IF(FALSE, "여자", "남자")

→ 거짓에 해당하는 남자 반환

6. D6 셀을 클릭한 후에 =IF(ISODD(MID(C6, 8, 1)), "남자", "여자")와 같이 입력하시오.

=ISODD(

ISODD(**number**)

숫자가 홀수이면 TRUE를 반환하고 짝수이면 FALSE를 반환하는 함수

number : 숫자, 셀주소

= ISODD(2)

➔ 2은 짝수 이므로 결과값은 FALSE

D6 =IF(ISODD(MID(C6, 8, 1)), "남자", "여자")

성명	주민번호	성별	주민번호 뒷자리 보이지 않기
가나다	700301-2468024	여자	700301-2******
강태양	621123-1234567	남자	621123-1******
강감찬	850125-1357913	남자	850125-1******
이순신	651102-2345678	여자	

=IF(ISODD(MID(C6, 8, 1)), "남자" , "여자")

조건 / 참 / 거짓

MID(C6, 8, 1)

→ C6 셀의 값에서 8번째에서 시작하여 1개의 문자를 추출하면 결과는 2

ISODD(2)

→ 2는 짝수이므로 결과값은 FALSE

= IF(FALSE, "남자", "여자")

→ 거짓에 해당하는 여자 반환

MID(C6, 8, 1) 함수는 C6 셀에 있는 651102-2345678 값에서 8번째 1개의 데이터를 추출하는 함수이므로 결과로 2가 추출되었다. ISODD(2) 함수에 숫자 2가 짝수이므로 결과값은 FALSE이다. IF( )함수의 조건에서 FALSE이므로 거짓에 해당하는 여자가 출력된다.

7. 민감한 개인정보는 보호할 필요가 있다. 이에 주민등록번호 뒷자리 6자리 정보를 보이지 않게 하고 싶다. E3 셀에 =LEFT(C3, 8) & "******"와 같이 입력하면 된다.

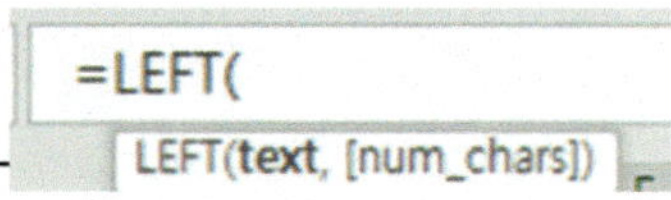

문자열에서 왼쪽부터 입력된 숫자만큼 글자를 반환하는 함수

text : 텍스트, 셀 주소

num_chars : 가져올 숫자

= LEFT("ABCDEFG", 4)

➔ ABCDEFG 문자열에서 왼쪽부터 4개의 문자를 반환하면 ABCD

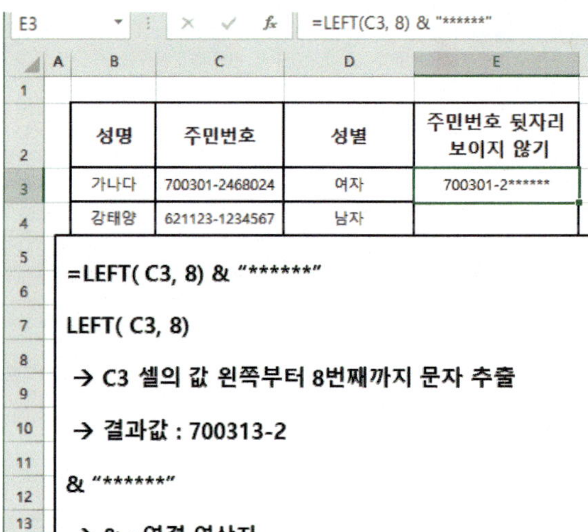

=LEFT(C3, 8) & "******"

LEFT(C3, 8)

→ C3 셀의 값 왼쪽부터 8번째까지 문자 추출

→ 결과값 : 700313-2

& "******"

→ & : 연결 연산자

→ "******"

=LEFT(C3, 8) & "******"

→ 700313-2******

LEFT(C3, 8) 함수는 C3 셀에 있는 700301-2468024 값에서 왼쪽부터 8개의 문자열을 추출하는 함수이다. 결과로 700301-2가 추출되었다. &의 의미는 연결연산자로 원하는 함수와 문자를 같이 사용하고자 할 때 사용할 수 있다. 문자일 경우는 " "로 감싸 준다.

8. 다른 방법으로는 E4 셀에 =LEFT(C3, 8) & REPT("*", 6)와 같이 입력하면 된다.

=REPT(

REPT(**text**, number_times)

특정 내용을 원하는 횟수만큼 반복하는 함수

text : 반복할 문자(열)

number_times : 반복할 숫자

= REPT("*", 6) → * 문자를 6번 반복

E4 =LEFT(C4,8) & REPT("*",6)

성명	주민번호	성별	주민번호 뒷자리 보이지 않기
가나다	700301-2468024	여자	700301-2******
강태양	621123-1234567	남자	621123-1******
강감찬	850125-1357913	남자	

=LEFT(C4, 8) & REPT("*", 6)

LEFT(C4, 8)

→ C4 셀의 값 왼쪽부터 8번째까지 문자 추출

→ 결과값 : 621123-1

& REPT("*", 6)

→ & : 연결 연산자

REPT("*", 6)

→ "****"**

=LEFT(C4, 8) & REPT("*", 6)

→ 621123-1****

C4 셀의 주민등록번호에서 8글자를 가져오고 이어서 "*"을 6번 반복해라 라는 의미이다.

9. 또 다른 방법으로는 E5 셀에 =REPLACE(C5, 9, 6, "******")와 같이 입력하면 된다.

=REPLACE(

REPLACE(**old_text**, start_num, num_chars, new_text)

특정 위치의 문자열을 다른 문자열로 바꾸는 함수

old_text : 문자를 바꿀 문자열

start_num : old_text에서 new_text로 바꿀 문자의 위치

num_chars : old_text에서 사라질 문자의 수

new_text : old_text에 바꿔 넣을 새 문자열

= REPLACE("ABCDEFG", 3, 2, "XYZ")

➔ ABCDEFG 문자열에서 3번째 문자부터 2개의 문자, 즘 "CD"를 "XYZ"로 바꾸면 ABXYZEFG

E5 =REPLACE(C5, 9, 6, "******")

성명	주민번호	성별	주민번호 뒷자리 보이지 않기
가나다	700301-2468024	여자	700301-2******
강태양	621123-1234567	남자	621123-1******
강감찬	850125-1357913	남자	850125-1******
이순신	651102-2345678	여자	
아이야	030602-4864222	여자	
나다라	010228-3693693	남자	

=REPLACE(C5, 9, 6, "****")**

→ C5 셀의 값 9번째 문자부터 6개의 문자를 "****"로 바꿔라**

→ 결과값 : 850125-1******

4.4 주민등록번호로 생년월일, 나이, 가입기간 등 구하기

LEFT(), DATA(), MID()

1. 아래 그림과 같은 회원명부 시트를 작성하시오.

회원 명부

성명	주민번호	가입일자	생년월일	나이	가입년수	가입개월수	가입일수	가입기간1	가입기간2
가나다	700301-2468024	2009-11-04							
강태양	621123-1234567	1987-10-02							
강감찬	850125-1357913	2013-06-23							
이순신	651102-2345678	2014-04-04							
아이야	030602-4864222	2014-03-04							
나다라	010228-3693693	2013-10-20							
우나라	520313-1666666	1980-10-20							
마박사	621010-1456789	2000-01-01							
이인용	880203-2987654	2007-01-15							
최배달	880304-1357913	2014-03-06							

2. 주민등록번호를 이용하여 생년월일을 만들어 보자. 먼저 DATE( )함수는 아래 그림과 같이 인수로 주어진 년, 월, 일 정보로 날짜를 생성하는 함수이다.

=DATE(

DATE(**year**, month, day)

인수로 주어진 year, month, day 인수로 날짜를 생성하는 함수

year : 년

year : 월

day : 일

= DATE(2018, 6, 20) → 2018 – 06 - 20

3. E4 셀에 =DATE(LEFT(C4, 2), MID(C4, 3, 2), MID(C4, 5, 2))와 같이 입력하시오.

=DATE(LEFT(C4, 2), MID(C4, 3, 2), MID(C4, 5, 2))

(LEFT(C4, 2) → 년, MID(C4, 3, 2) → 월, MID(C4, 5, 2) → 일)

LEFT(C4, 2) → 70

MID(C4, 3, 2) → 03

MID(C4, 5, 2) → 01

= DATE(70, 03, 01) → 1970-03-01

C4 셀의 주민등록번호에서 앞 2글자 년도는 LEFT()함수를 이용해서 추출하고, 다음 3번째부터 2글자 월은 MID()함수를 이용해서 추출한다. 이어서 오는 5번째부터 2글자 일은 MID() 함수를 이용하여 추출한다.

이렇게 추출한 70, 03, 01 값을 DATE() 함수의 인수로 이용하면 1970-03-01이 표시된다. 이를 [셀 서식] 대화상자를 이용하여 yyyy년 mm월 dd일 형태로 바꾼다.

이렇게 추출한 정보 중에 년도 정보인 70은 엑셀이 알아서 1900을 더해서 1970으로 만들어준다. 그러나 C8셀에 있는 2000년 이후 출생자는 주민번호 앞에 두 자리를 추출해서 1900을 더하면 1903년 되어 버린다. 어떻게 해야 할까? 추출한 두 자리에 2000을 더해주면 된다.

그럼 1900년대와 2000년대 구분은 어떻게 할까? 주민번호에서 앞에서 자리수(-포함)를 세면 8번째에 있는 1, 2는 1900년대이고 3, 4는 2000년대이다. 즉 주민번호 8번째에 있는 글자를 추출해서 2보다 크면 2000을 더해주면 된다. 이를 함수로 표현하면 아래와 같다. E4 셀에 다음과 같이 입력하자.

```
=IF( MID(C4, 8, 1) <= "2",
        조건
      DATE( LEFT(C4, 2), MID(C4, 3, 2), MID(C4, 5, 2)),
        참
      DATE( LEFT(C4, 2) + 2000, MID(C4, 3, 2), MID(C4, 5, 2)))
        거짓
```

E4 =IF(MID(C4,8,1)<="2", DATE(LEFT(C4,2),MID(C4,3,2),MID(C4,5,2)), DATE(LEFT(C4,2)+2000,MID(C4,3,2),MID(C4,5,2)))

	A	B	C	D	E	F	G	H	I	J	K
1											
2		회원 명부									
3		성명	주민번호	가입일자	생년월일	나이	가입년수	가입개월수	가입일수	가입기간1	가입기간2
4		가나다	700301-2468024	2009-11-04	1970년 3월 1일						
5		강태양	621123-1234567	1987-10-02							
6		강감찬	850125-1357913	2013-06-23							
7		이순신	651102-2345678	2014-04-04							
8		아이야	030602-4864222	2014-03-04							
9		나다라	010228-3693693	2013-10-20							
10		우나라	520313-1666666	1980-10-20							
11		마박사	621010-1456789	2000-01-01							
12		이인용	880203-2987654	2007-01-15							
13		최배달	880304-1357913	2014-03-06							
14											
15											

4. 주민등록번호로 나이 구하기

1. 년, 월, 일 구하기 위해서 DATE( )함수 사용

=DATE(LEFT(C4, 2), MID(C4, 3, 2), MID(C4, 5, 2))

2. 년도만 구하기 의해서 YEAR( )함수 사용

=YEAR(DATE(LEFT(C4, 2), MID(C4, 3, 2), MID(C4, 5, 2)))

3. 나이는 현재년도에서 출생년도를 빼면 됨

=YEAR(TODAY( )) - YEAR(DATE(LEFT(C4, 2), MID(C4, 3, 2), MID(C4, 5, 2)))

그러나 2000년도 이후에 출생한 사람은 오류가 생긴다. 앞에서 설명한대로 연도를 추출하면 1900이 자동으로 붙어서 2003년생은 주민등록번호에서 03으로 시작하고 03에다가 1900을 더해서 1903년생이 되어 버린다. 현재 연도가 2014년이라면 2014−1903이 되므로 나이 계산이 올바르지 않다. 즉, 여기에서 다시 100을 빼주어야만 된다.

다시 말하면 2000년도 이후에 출생한 사람은 결과에서 100만큼 빼 주어야 한다. 2000년 이후에 태어난 사람은 주민등록번호에서 여덟 번째 숫자가 3 또는 4에 해당한다.

그러므로 여덟 번째 숫자가 1 또는 2이면
=YEAR(TODAY())-YEAR(DATE(LEFT(C4,2),MID(C4,3,2),MID(C4,5,2)))

그렇지 않으면(즉, 여덟 번째 숫자가 3 또는 4이면)
=YEAR(TODAY())-YEAR(DATE(LEFT(C4,2),MID(C4,3,2),MID(C4,5,2)))-100

이를 함수로 만들면 아래 그림과 같다.

```
=IF( MID(C4, 8, 1) <= "2",                                                   ← 조건
     YEAR( TODAY( )) - YEAR( DATE( LEFT(C4, 2), MID(C4, 3, 2), MID(C4, 5, 2))),     ← 참
     YEAR( TODAY( )) - YEAR( DATE( LEFT(C4, 2), MID(C4, 3, 2), MID(C4, 5, 2)))-100) ← 거짓
```

그러나 생년월일을 구해 놓았으면 아주 쉽게 구할 수가 있다. 오늘 날짜에서 연도 정보만 추출하고 생년월일에서 연도만 추출해서 빼주면 된다.

F4 셀에 아래와 같이 입력하자.

=YEAR(TODAY()) - YEAR(E4)

F4 =YEAR(TODAY()) - YEAR(E4)

회원 명부									
성명	주민번호	가입일자	생년월일	나이	가입년수	가입개월수	가입일수	가입기간1	가입기간2
가나다	700301-2468024	2009-11-04	1970년 3월 1일	48					
강태양	621123-1234567	1987-10-02	1962년 11월 23일						
강감찬	850125-1357913	2013-06-23	1985년 1월 25일						
이순신	651102-2345678	2014-04-04	1965년 11월 2일						
아이야	030602-4864222	2014-03-04	2003년 6월 2일						
나다라	010228-3693693	2013-10-20	2001년 2월 28일						
우나라	520313-1666666	1980-10-20	1952년 3월 13일						
마박사	621010-1456789	2000-01-01	1962년 10월 10일						
이인용	880203-2987654	2007-01-15	1988년 2월 3일						
최배달	880304-1357913	2014-03-06	1988년 3월 4일						

5. 가입년수와 가입개월수, 가입일수는 DATEDIF() 함수로 쉽게 구할 수 있다.
G4 셀에 =DATEDIF(D4, TODAY(), "Y")
H4 셀에 =DATEDIF(D4, TODAY(), "M")
I4 셀에 =DATEDIF(D4, TODAY(), "D")와 같이 입력하자.

DATEDIF(시작날짜, 종료날짜, 옵션)

두 날짜의 차이 값을 구하는 함수

DATEDIF(D4, TODAY( ), "Y") → 총 년수

DATEDIF(D4, TODAY( ), "M") → 총 월수

DATEDIF(D4, TODAY( ), "D") → 총 일수

DATEDIF(D4, TODAY( ), "YM") → 1년내 월수

DATEDIF(D4, TODAY( ), "YD") → 1년내 일수

DATEDIF(D4, TODAY( ), "MD") → 1개월내 일수

이를 가지고 J4 셀에 입력할 수식은 다음과 같다.

```
=DATEDIF(D4, TODAY(), "Y") & " 년 "
  & DATEDIF(D4, TODAY(), "YM") & " 개월 "
  & DATEDIF(D4, TODAY(), "MD") & " 일 "
```

J4 =DATEDIF(D4, TODAY(), "Y") & " 년 " & DATEDIF(D4, TODAY(), "YM") & " 개월 " & DATEDIF(D4, TODAY(), "MD")

회원 명부									
성명	주민번호	가입일자	생년월일	나이	가입년수	가입개월수	가입일수	가입기간1	가입기간2
가나다	700301-2468024	2009-11-04	1970년 3월 1일	48	8	103	3152	8 년 7 개월 18 일	
강태양	621123-1234567	1987-10-02	1962년 11월 23일	56	30	368	11221		
강감찬	850125-1357913	2013-06-23	1985년 1월 25일	33	4	59	1825		
이순신	651102-2345678	2014-04-04	1965년 11월 2일	53	4	50	1540		
아이야	030602-4864222	2014-03-04	2003년 6월 2일	15	4	51	1571		
나다라	010228-3693693	2013-10-20	2001년 2월 28일	17	4	56	1706		
우나라	520313-1666666	1980-10-20	1952년 3월 13일	66	37	452	13759		
마박사	621010-1456789	2000-01-01	1962년 10월 10일	56	18	221	6747		
이인용	880203-2987654	2007-01-15	1988년 2월 3일	30	11	137	4176		
최배달	880304-1357913	2014-03-06	1988년 3월 4일	30	4	51	1569		

우선 DATEDIF(D4,TODAY( ),"Y") 함수를 사용해서 오늘 날짜의 연도와 가입일의 년도를 계산한다. &는 문자열을 연결하는 부호이다. 즉 계산된 년수와 "년"이라는 문자를 연결시킨다. 다음 DATEDIF(D4,TODAY(), "YM") 함수를 사용해서 1년 내의 월수를 계산한다. 그 뒤는 해석해 보기 바란다.

6. 만약에 가입 일자가 최근이어서 가입 기간 중에 "0년 1개월 7일"과 같이 보기가 썩 좋지 않다. K4 셀에 다음과 같이 입력하자. 만약에 구한 값이 0이면 공백으로 출력하면 문제가 해결될 수 있다.

```
=IF( DATEDIF(D4, TODAY( ), "Y") = 0, " ", DATEDIF(D4, TODAY( ), "Y") & "년")
     ↑ 조건                           ↑ 참  ↑ 거짓
 & IF( DATEDIF(D4, TODAY( ), "YM") = 0, " ", DATEDIF(D4, TODAY( ), "YM") & "월")
 & IF( DATEDIF(D4, TODAY( ), "MD") = 0, " ", DATEDIF(D4, TODAY( ), "MD") & "일")
```

K4 =IF(DATEDIF(D4,TODAY(),"Y")=0," ",DATEDIF(D4,TODAY(),"Y")&" 년")&IF(DATEDIF(D4,TODAY(),"YM")=0," ",DATEDIF(D4,TODAY(),

회원 명부									
성명	주민번호	가입일자	생년월일	나이	가입년수	가입개월수	가입일수	가입기간1	가입기간2
가나다	700301-2468024	2018-06-04	1970년 3월 1일	48	0	0	18	0 년 0 개월 18 일	18일
강태양	621123-1234567	1987-10-02	1962년 11월 23일	56	30	368	11221	30 년 8 개월 20 일	
강감찬	850125-1357913	2013-06-23	1985년 1월 25일	33	4	59	1825	4 년 11 개월 30 일	
이순신	651102-2345678	2014-04-04	1965년 11월 2일	53	4	50	1540	4 년 2 개월 18 일	
아이야	030602-4864222	2014-03-04	2003년 6월 2일	15	4	51	1571	4 년 3 개월 18 일	
나다라	010228-3693693	2013-10-20	2001년 2월 28일	17	4	56	1706	4 년 8 개월 2 일	
우나라	520313-1666666	1980-10-20	1952년 3월 13일	66	37	452	13759	37 년 8 개월 2 일	
마박사	621010-1456789	2000-01-01	1962년 10월 10일	56	18	221	6747	18 년 5 개월 21 일	
이인용	880203-2987654	2007-01-15	1988년 2월 3일	30	11	137	4176	11 년 5 개월 7 일	
최배달	880304-1357913	2014-03-06	1988년 3월 4일	30	4	51	1569	4 년 3 개월 16 일	

4.5 조건에 맞는 수량이나 합계, 평균

COUNTIF(), SUMIF(), AVERAGEIF()

1. 아래 그림과 같이 작성하고, 생년월일, 나이 부분은 함수를 사용하여 구하시오.

회 원 정 보							
성명	주소	주민번호	입사일자	생년월일	나이	신장	몸무게
가나다	서울	700301-2468024	2009-11-04			182	89
강태양	충북	621123-1234567	1987-10-02			176	76
강감찬	전남	850125-1357913	2013-06-23			165	74
이순신	강원	651102-2345678	2014-04-04			162	185
아이야	대구	030602-4864222	2014-03-04			156	54
나다라	충북	010228-3693693	2013-10-20			168	71
우나라	강원	520313-1666666	1980-10-20			188	95
마박사	충북	621010-1456789	2000-01-01			174	69
이인용	서울	880203-2987654	2007-01-15			157	77
최배달	대구	880304-1357913	2014-03-06			191	85

지역	인원	나이합계	평균나이	평균신장	평균몸무게

2. 지역의 데이터를 주소를 보고 하나하나 입력할 것인가? C4 셀에서 C13 셀까지 드래그하고 복사를 한 후에 B16 셀에 마우스를 클릭하고 붙여넣기를 한다.

	A	B	C	D	E	F	G	H	I
1									
2		회 원 정 보							
3		성명	주소	주민번호	입사일자	생년월일	나이	신장	몸무게
4		가나다	서울	700301-2468024	2009-11-04	1970년 3월 1일	53	182	89
5		강태양	충북	621123-1234567	1987-10-02	1962년 11월 23일	61	176	76
6		강감찬	전남	850125-1357913	2013-06-23	1985년 1월 25일	38	165	74
7		이순신	강원	651102-2345678	2014-04-04	1965년 11월 2일	58	162	185
8		아이야	대구	030602-4864222	2014-03-04	2003년 6월 2일	20	156	54
9		나다라	충북	010228-3693693	2013-10-20	2001년 2월 28일	22	168	71
10		우나라	강원	520313-1666666	1980-10-20	1952년 3월 13일	71	188	95
11		마박사	충북	621010-1456789	2000-01-01	1962년 10월 10일	61	174	69
12		이인용	서울	880203-2987654	2007-01-15	1988년 2월 3일	35	157	77
13		최배달	대구	880304-1357913	2014-03-06	1988년 3월 4일	35	191	85
14									
15		지역	인원	나이합계	평균나이	평균신장	평균몸무게		
16		서울							
17		충북							
18		전남							
19		강원							
20		대구							
21		충북							
22		강원							
23		충북							
24		서울							
25		대구	(Ctrl)						

3. 이제 중복된 데이터를 제거해 보자. 먼저 B16 셀에서 B25 셀까지 드래그해서 선택한 후에 [데이터] 탭 메뉴 → [데이터도구] 그룹 → [중복된 항목 제거]를 클릭한다.

4. 아래와 같은 [중복된 항목제거 경고]대화상자가 나타난다. [현재 선택 영역으로 정렬]을 클릭한 후에 [중복된 항목 제거] 버튼을 클릭한다. 이후 나타난 대화상자에서 확인 버튼을 누른다. 예제에서는 5개의 중복 항목을 제거하고 5개의 고유한 값을 유지한다는 메시지가 나온다.

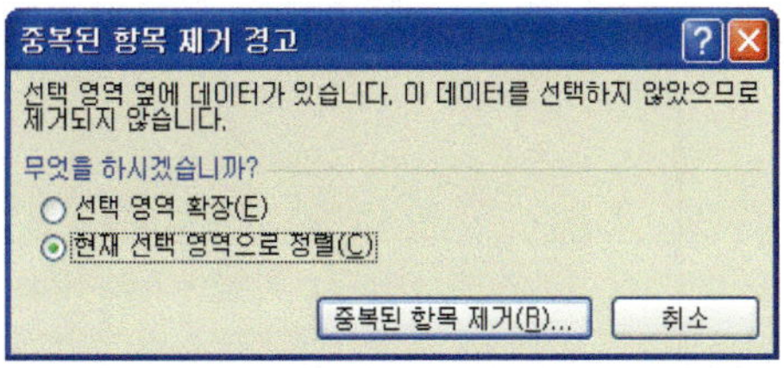

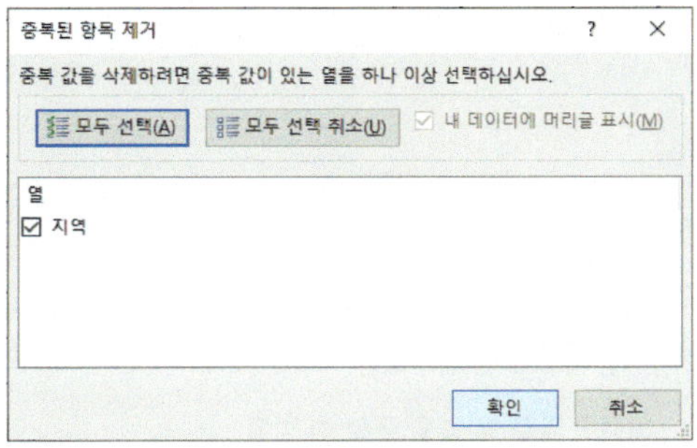

5. 이제 각 지역별 인원과 나이 합계 그리고 평균 신장과 평균 몸무게를 구하고자 하는데 이때 쓰이는 함수가 COUNTIF(), SUMIF(), AVERAGEIF() 함수가 된다. 우선 서울 사는 사람의 인원을 구하려면 C4 셀에서 C13 셀까지의 데이터 중에 B16 셀과 같은 것만 찾으면 될 것이다. C16 셀에 다음과 같이 입력한다. 나머지 지역의 인원도 구해보자.

=COUNTIF(

COUNTIF(**range**, criteria)

지정한 범위 내에서 조건에 맞는 셀의 개수 구하는 함수

range : 조건에 맞는지를 검사할 셀 범위

criteria : 숫자, 식, 텍스트 형태의 조건

= COUNTIF(C4:C13, B16)

➔ C4:C13 범위에서 B16셀에 있는 값과 같은 셀의 개수 즉, 2

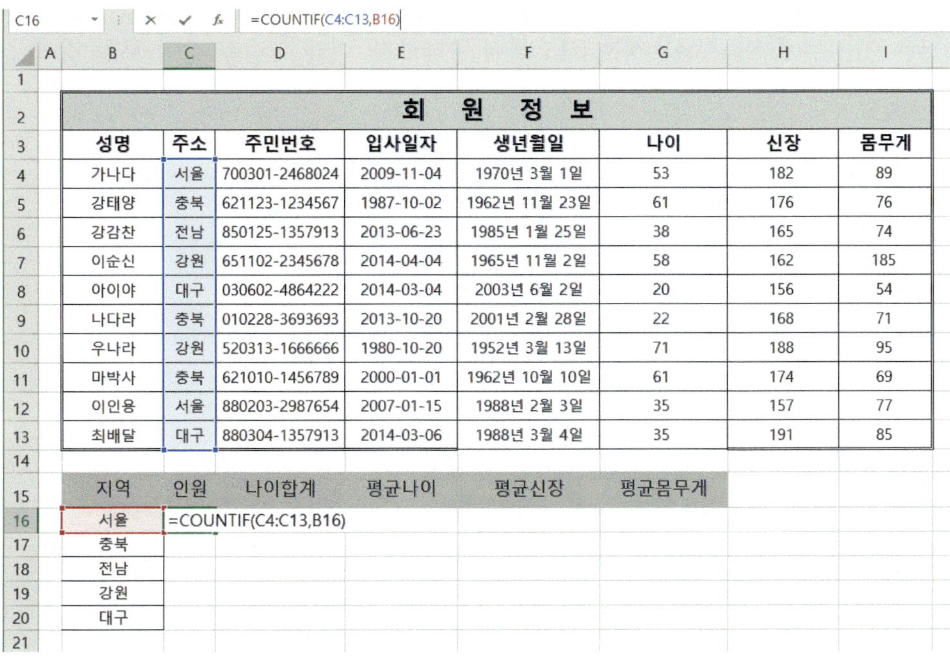
C16 =COUNTIF(C4:C13,B16)

회 원 정 보							
성명	주소	주민번호	입사일자	생년월일	나이	신장	몸무게
가나다	서울	700301-2468024	2009-11-04	1970년 3월 1일	53	182	89
강태양	충북	621123-1234567	1987-10-02	1962년 11월 23일	61	176	76
강감찬	전남	850125-1357913	2013-06-23	1985년 1월 25일	38	165	74
이순신	강원	651102-2345678	2014-04-04	1965년 11월 2일	58	162	185
아이야	대구	030602-4864222	2014-03-04	2003년 6월 2일	20	156	54
나다라	충북	010228-3693693	2013-10-20	2001년 2월 28일	22	168	71
우나라	강원	520313-1666666	1980-10-20	1952년 3월 13일	71	188	95
마박사	충북	621010-1456789	2000-01-01	1962년 10월 10일	61	174	69
이인용	서울	880203-2987654	2007-01-15	1988년 2월 3일	35	157	77
최배달	대구	880304-1357913	2014-03-06	1988년 3월 4일	35	191	85

지역	인원	나이합계	평균나이	평균신장	평균몸무게
서울	=COUNTIF(C4:C13,B16)				
충북					
전남					
강원					
대구					

6. 이번에는 나이 합계를 구해보자. C16 셀에 다음과 같이 입력한다.

=SUMIF(

SUMIF(**range**, criteria, [sum_range])

주어진 조건에 의해 지정된 셀들의 합을 구하는 함수

range : 조건에 맞는지를 검사할 셀 범위

criteria : 숫자, 식, 텍스트 형태의 조건

sum_range : 조건이 맞을 때 합을 구할 셀 범위

= SUMIF(C4:C13, B16, G4:G16)

➔ C4:C13 범위에서 B16셀에 있는 값과 같으면 G4:G13 셀에서 합을 구함

7. 평균나이를 구하기 위해서 D16 셀에 다음과 같이 입력한다.

=AVERAGEIF(

AVERAGEIF(**range**, criteria, [average_range])

주어진 조건에 의해 지정된 셀들의 평균을 구하는 함수

range : 조건에 맞는지를 검사할 셀 범위

criteria : 숫자, 식, 텍스트 형태의 조건

average_range : 조건이 맞을 때 평균을 구할 셀 범위

= AVERAGEIF(C4:C13, B16, G4:G16)

➔ C4:C13 범위에서 B16셀에 있는 값과 같으면 G4:G13 셀에서 평균을 구함

8. 평균 신장은 E16 셀에, 평균 몸무게는 F16 셀에 구해보자. 아래 그림과 같이 보일 것이다.

	A	B	C	D	E	F	G	H	I
1									
2		회 원 정 보							
3		성명	주소	주민번호	입사일자	생년월일	나이	신장	몸무게
4		가나다	서울	700301-2468024	2009-11-04	1970년 3월 1일	53	182	89
5		강태양	충북	621123-1234567	1987-10-02	1962년 11월 23일	61	176	76
6		강감찬	전남	850125-1357913	2013-06-23	1985년 1월 25일	38	165	74
7		이순신	강원	651102-2345678	2014-04-04	1965년 11월 2일	58	162	185
8		아이야	대구	030602-4864222	2014-03-04	2003년 6월 2일	20	156	54
9		나다라	충북	010228-3693693	2013-10-20	2001년 2월 28일	22	168	71
10		우나라	강원	520313-1666666	1980-10-20	1952년 3월 13일	71	188	95
11		마박사	충북	621010-1456789	2000-01-01	1962년 10월 10일	61	174	69
12		이인용	서울	880203-2987654	2007-01-15	1988년 2월 3일	35	157	77
13		최배달	대구	880304-1357913	2014-03-06	1988년 3월 4일	35	191	85
14									
15		지역	인원	나이합계	평균나이	평균신장	평균몸무게		
16		서울	2	88	44	169.5	83		
17		충북	3	144	48	172.6666667	72		
18		전남	1	38	38	165	74		
19		강원	2	129	64.5	175	140		
20		대구	2	55	27.5	173.5	69.5		
21									

9. 아래 그림과 같이 K3 셀부터 L9 셀까지 내용을 작성하자.

회 원 정 보

성명	주소	주민번호	입사일자	생년월일	나이	신장	몸무게
가나다	서울	700301-2468024	2009-11-04	1970년 3월 1일	48	182	89
강태양	충북	621123-1234567	1987-10-02	1962년 11월 23일	56	176	76
강감찬	전남	850125-1357913	2013-06-23	1985년 1월 25일	33	165	74
이순신	강원	651102-2345678	2014-04-04	1965년 11월 2일	53	162	185
아이야	대구	030602-4864222	2014-03-04	2003년 6월 2일	15	156	54
나다라	충북	010228-3693693	2013-10-20	2001년 2월 28일	17	168	71
우나라	강원	520313-1666666	1980-10-20	1952년 3월 13일	66	188	95
마박사	충북	621010-1456789	2000-01-01	1962년 10월 10일	56	174	69
이인용	서울	880203-2987654	2007-01-15	1988년 2월 3일	30	157	77
최배달	대구	880304-1357913	2014-03-06	1988년 3월 4일	30	191	85

연령대	빈도
19	
30	
40	
50	
60	
70	

지역	인원	나이합계	평균나이	평균신장	평균몸무게
서울	2	78	39	169.5	83
충북	3	129	43	172.6666667	72
전남	1	33	33	165	74
강원	2	119	59.5	175	140
대구	2	45	22.5	173.5	69.5

10. FREQUENCY() 함수는 셀 범위에 대한 빈도를 계산해주는 함수이다.

=FREQUENCY(

FREQUENCY(**data_array**, bins_array)

구간별 포함되는 자료의 개수 구하기 함수

data_array에서 bins_array의 간격에 해당하는 개수가 몇 개인지 구할 수 있음

data_array : 값이 입력되어 있는 범위

예제에서는 연령대를 구하기 때문에 나이에 해당하는 G4 ~ G13 셀에 해당

bins_array : 각 구간의 최댓값이 입력되어 있는 범위, 반드시 세로로 배열되어 있어야 함.

FREQUENCY 함수 작성 순서

1. **결과값을 구할 범위를 미리 드래그한다.**
2. **수식 입력줄에 함수식을 작성한다.**
3. **배열 함수이므로 반드시 입력한 뒤 [Ctrl] + [Shift] + [Enter] 키를 누른다.**

= FREQUENCY(G4:G13, K4:K9)

먼저 함수 작성 순서에 의해 결과값을 나타낼 L4 셀에서 L9 셀까지 드래그하고 나서 수식 입력줄에 =FREQUENCY(G4:G13, K4:K9)와 같이 입력하고 [Ctrl] + [Shift] + [Enter] 키를 누른다. 연령대 시작 구간을 19로 하면 19보다 적은 수와 19까지 포함한다.

L4 {=FREQUENCY(G4:G13,K4:K9)}

회 원 정 보

성명	주소	주민번호	입사일자	생년월일	나이	신장	몸무게
가나다	서울	700301-2468024	2009-11-04	1970년 3월 1일	53	182	89
강태양	충북	621123-1234567	1987-10-02	1962년 11월 23일	61	176	76
강감찬	전남	850125-1357913	2013-06-23	1985년 1월 25일	38	165	74
이순신	강원	651102-2345678	2014-04-04	1965년 11월 2일	58	162	185
아이야	대구	030602-4864222	2014-03-04	2003년 6월 2일	20	156	54
나다라	충북	010228-3693693	2013-10-20	2001년 2월 28일	22	168	71
우나라	강원	520313-1666666	1980-10-20	1952년 3월 13일	71	188	95
마박사	충북	621010-1456789	2000-01-01	1962년 10월 10일	61	174	69
이인용	서울	880203-2987654	2007-01-15	1988년 2월 3일	35	157	77
최배달	대구	880304-1357913	2014-03-06	1988년 3월 4일	35	191	85

연령대	빈도
19	0
29	2
39	3
49	0
59	2
69	2

지역	인원	나이합계	평균나이	평균신장	평균몸무게
서울	2	88	44	169.5	83
충북	3	144	48	172.6666667	72
전남	1	38	38	165	74
강원	2	129	64.5	175	140
대구	2	55	27.5	173.5	69.5

4.6 문자와 함수를 같이 사용하기

내가 원하는 문자와 함수를 같이 사용하고 싶을 때는 문자는 쌍따옴표("해당문자")로 감싸준다. 그리고 반드시 엠퍼센트(&) 기호를 사용하여 함수와 문자가 같이 사용될 수 있도록 연결시켜 준다. " "와 &를 사용하지 않으면 오류가 발생한다.

1. 아래 그림과 같이 문서를 작성하시오. 총점, 평균, 석차는 함수를 이용하여 구하시오.

성적표

성명	반	반도체	학점	엑셀	학점	영어	학점	총점	평균	석차
가나다	A반	78		75		85		238	79.33	
강태양	A반	95		92		90		277	92.33	1
강감찬	A반	80		결석		87		227	75.67	
이순신	B반	75		85		78		238	79.33	
아이야	B반	85		90		70		245	81.67	
나다라	B반	98		80		80		258	86.00	2
우나라	C반	82		90		76		248	82.67	
마박사	C반	60		77		67		204	68.00	
이인용	C반	결석		70		65		185	61.67	
최배달	C반	95		75		85		255	85.00	3

2. B2 ~ D2 셀까지 드래그한 후에 셀 병합을 하고 다음과 같이 입력한다.

```
= YEAR(TODAY( ))
  & "년도  "
  & WEEKNUM(TODAY( ), 1)
  & " 주차"
```

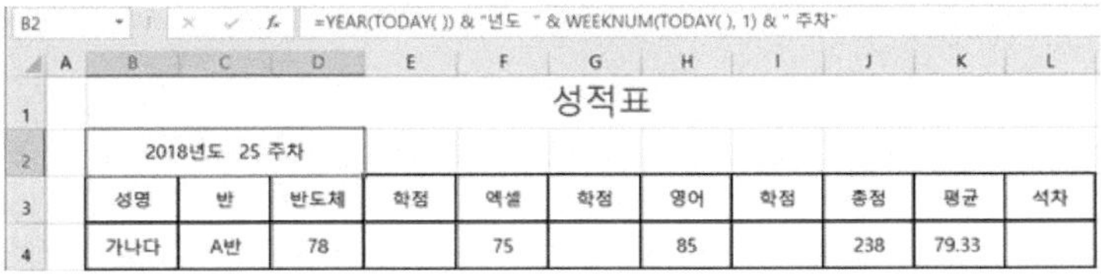

중첩된 함수에서 해석은 안쪽에 있는 함수부터 하면 된다. TODAY( )는 오늘 날짜를 추출하는 함수이고, YEAR( ) 함수는 오늘 날짜에서 년도만을 추출하는 함수다. & 연산자는 문자와 함수를 연결한다.

WEEKNUM(TODAY( ), 1)의 의미는 TODAY( ) 함수를 통해 추출한 오늘 날짜가 WEEKNUM( ) 함수를 통해 1년 중 몇 번째 주인가를 알아내는 것이다. 뒤에 있는 숫자는 옵션 번호로 1은 요일을 일요일부터 주를 시작하고, 2는 월요일부터 주를 시작한다는 것을 의미한다. &의 의미와 "주차"의 의미는 알겠죠?

=WEEKNUM(

WEEKNUM(**serial_number**, [return_type])

serial_number의 값으로 주는 날짜가 그해의 몇 번째 주인지 알려주는 함수

serial_number : 날짜 값

return_type : 생략 가능, 1이면 일요일에 시작, 2이면 월요일부터 시작

= WEEKNUM(TODAY( ), 1)

3. J2에서 L2 셀까지 드래그한 후에 셀 병합하고 다음과 같이 입력하자.

```
= " 작성일 : "
  & TEXT(TODAY( ), "YYYY년 M월 D일")
  & " ( "
  & CHOOSE(WEEKDAY(TODAY( ), 1), "일", "월", "화", "수, "목", "금", "토")
  & " ) "
```

= "작성일 : " 의 의미는 작성일이란 글자가 오게 쌍따옴표로 문자를 감싸줬다. 여백이 필요하면 [스페이스] 키를 누르고 따옴표를 닫아준다. & 연산자로 문자와 함수를 연결한다.

TEXT(TODAY( ), "YYYY년 M월 D일")의 의미는 TODAY( ) 함수만 쓰면 숫자로 나오기 때문에 TEXT( ) 함수를 사용해서 오늘 날짜를 어떤 방식으로 설정할지 정해준다. 결과값은 오늘 날짜인 2018년 6월 23일로 나온다. 여러분은 컴퓨터 작업을 하는 날짜가 나올 것이다.

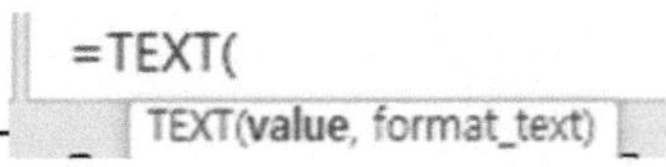

자신이 직접 지정한 서식을 적용하는 함수

value : 서식 변경을 원하는 대상이 되는 값

format_text : 사용자 서식을 지정하는 부분, 서식 값은 쌍따옴표(" ")사이에 넣음

= TEXT(TODAY( ), "YYYY년 M월 D일")

CHOOSE(WEEKDAY(TODAY( ),1), "일", "월", "화", "수", "목", "금", "토")의 의미는 TODAY( ) 함수를 사용하여 오늘 날짜를 추출한 다음 WEEKDAY( )로 오늘 날짜의 요일의 번호를 나타내게 한다. 뒤에 있는 숫자는 옵션 번호로 1은 요일을 일요일로 시작해서 추출하는 것이고 2는 요일을 월요일로 시작해서 추출한다는 것을 의미한다.

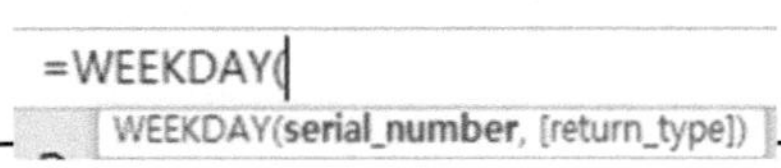

serial_number의 값으로 주는 날짜가 무슨 요일인지 판단하여 숫자로 알려주는 함수

serial_number : 날짜 값

return_type : 생략 가능, 1이면 일요일(1) ~ 토요일(7)

= WEEKDAY(TODAY( ), 1)

만일 오늘 날짜가 2018년 6월 23일은 토요일이므로 숫자 7이 결과값이 된다. 마지막으로 CHOOSE()함수가 추출된 이제 방금 추출된 숫자 7은 그 번호자리에 해당하는 문자가 나온다. 즉 7번째 문자이므로 "토"가 출력이 된다. 나머지는 각자 해석하자.

4. 데이터 유효성 검사에서 데이터 유효성 조건을 설정하는 걸 배워보자. 아래 그림과 같은 시트를 작성하자.

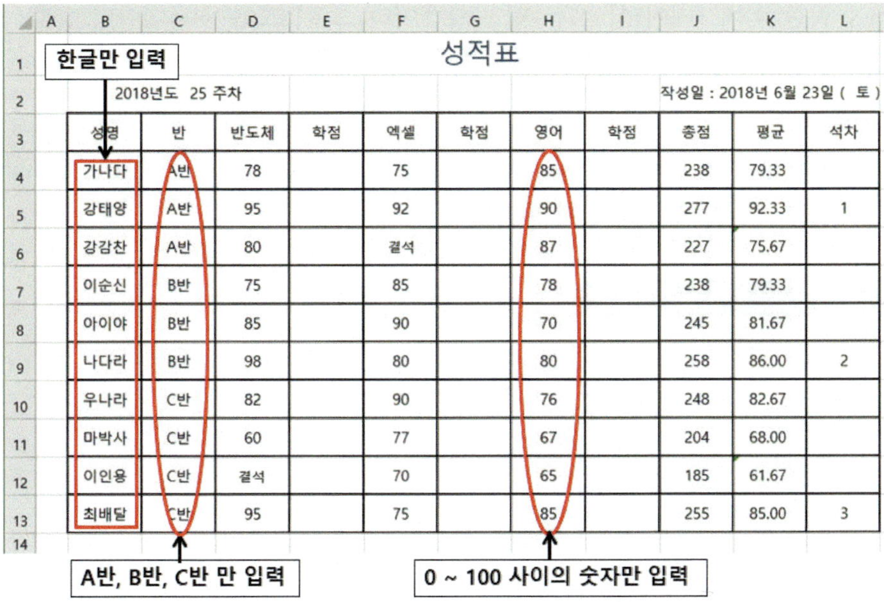

성적표

2018년도 25 주차 / 작성일 : 2018년 6월 23일 (토)

성명	반	반도체	학점	엑셀	학점	영어	학점	총점	평균	석차
가나다	A반	78		75		85		238	79.33	
강태양	A반	95		92		90		277	92.33	1
강감찬	A반	80		결석		87		227	75.67	
이순신	B반	75		85		78		238	79.33	
아이야	B반	85		90		70		245	81.67	
나다라	B반	98		80		80		258	86.00	2
우나라	C반	82		90		76		248	82.67	
마박사	C반	60		77		67		204	68.00	
이인용	C반	결석		70		65		185	61.67	
최배달	C반	95		75		85		255	85.00	3

5. B열 머리글을 클릭한 후에 [데이터] 메뉴 탭 → [데이터 도구] 그룹 → [데이터 유효성 검사]를 클릭한다. 아래 그림과 같은 [데이터 유효성] 대화상자에서 [IME 모드] → [한글]로 설정하고 확인 버튼을 클릭한다.

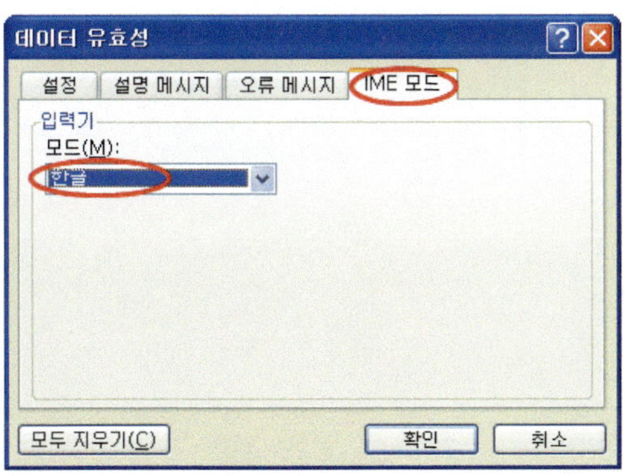

우리나라는 기본이 한글을 사용하면서 영문도 사용하고 있다. 엑셀에서 문서를 작성하다 보면 한글과 영어를 번갈아 사용하는 경우가 있다. 이때 [한/영]키를 번갈아 사용하면서 문서를 작성해야 하는데 여간 불편한 것이 아니다. 엑셀에서는 셀을 선택할 때 자동으로 한/영을 바꿔주는 기능이 바로 IME모드이다. 설정을 한 뒤 B14셀에 마우스를 클릭하면 컴퓨터의 작업표시줄에 한/영 모드가 “가”로 바뀔 것이다.

6. C열 머리글을 클릭한 후에 [데이터] 메뉴 탭 → [데이터 도구] 그룹 → [데이터 유효성 검사]를 클릭한다. 아래 그림과 같은 [데이터 유효성] 대화상자에서 [설정] → [제한대상]을 “목록”으로 → [원본]을 “A반, B반, C반”으로 설정하고 확인 버튼을 클릭한다. 적용을 취소하고 싶다면 C열을 클릭한 후에 [데이터] 메뉴 탭 → [데이터 도구] 그룹 → [데이터 유효성 검사]를 클릭하고 [모두 지우기]를 클릭하면 된다.

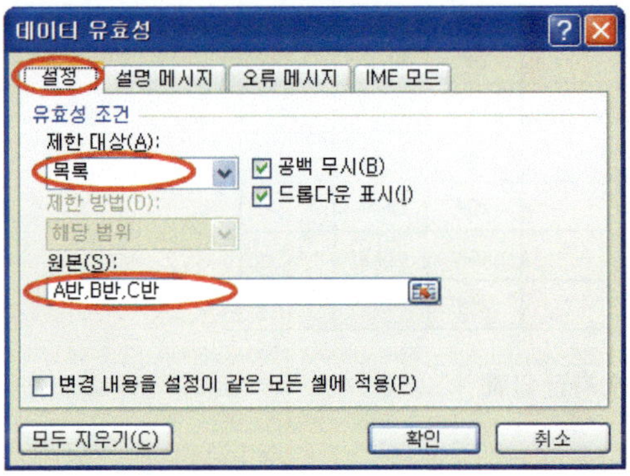

7. H 열 머리글을 클릭한 후에 [데이터] 메뉴 탭 → [데이터 도구] 그룹 → [데이터 유효성 검사]를 클릭한다. 아래 그림과 같은 [데이터 유효성] 대화상자에서 [설정] → [제한대상]을 “정수”로 → [제한 방법]을 “해당범위”로 → [최소값]을 “0”으로 → [최대값]을 “100” 설정하고 확인 버튼을 클릭한다.

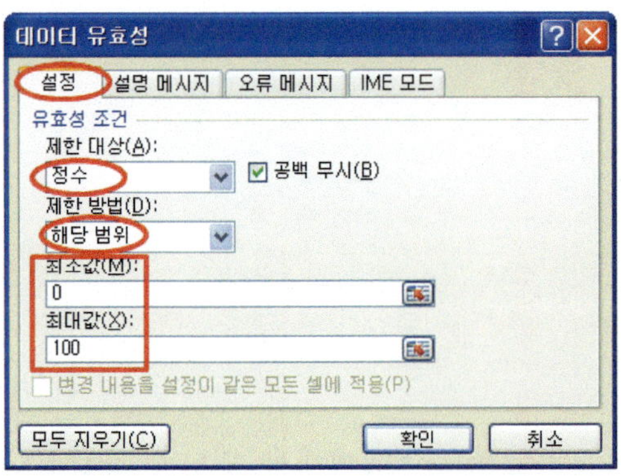

8. 아래 그림과 같이 제한 대상 범위를 넘어선 120을 입력하면 "입력한 값이 잘못되었습니다."란 경고 메시지가 뜬다.

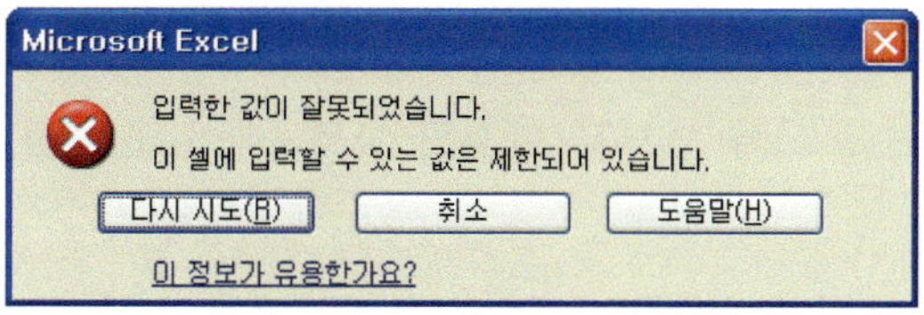

9. 위와 같이 해당 열에 입력되는 값이 잘못되었을 때는 항상 "입력한 값이 잘못되었습니다."란 오류 메시지가 뜬다.

이번에는 이 오류 메시지를 좀 더 명확하게 지정하는 방법을 알아본다. H 열 머리글을 클릭한 후에 [데이터] 메뉴 탭 → [데이터 도구] 그룹 → [데이터 유효성 검사]를 클릭한다. 아래 그림과 같은 [데이터 유효성] 대화상자에서 [오류 메시지] → [스타일]을 "경고"로 → [제목]을 "과목 점수 입력 오류"로 → [오류 메시지]을 "과목점수는 0에서 100점 사이의 값을 입력하시기 바랍니다."로 설정하고 확인 버튼을 클릭한다.

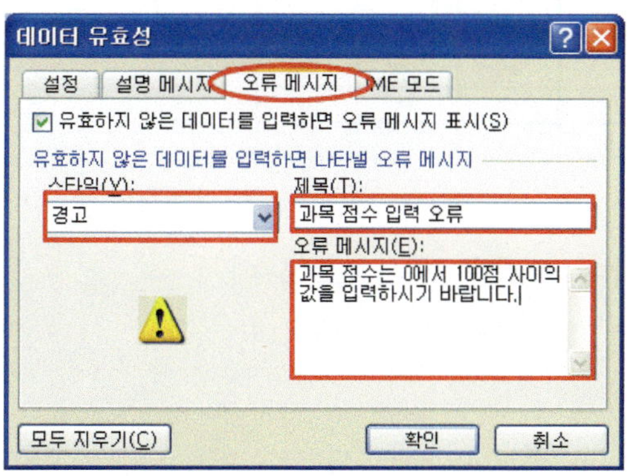

10. 아래 그림처럼 셀 범위에 벗어난 값을 입력하면 오류 메시지에 입력한 대로 나타난다.

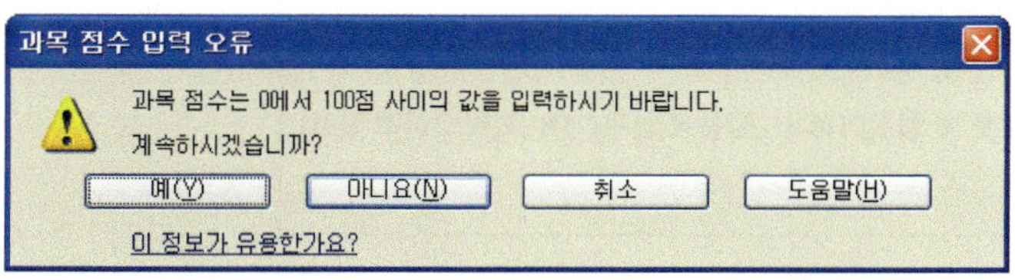

4.7 찾기/참조 함수

HLOOKUP() 함수

1. 아래 그림과 같이 문서를 작성하시오. 총점, 평균 석차 부분은 함수를 사용하여 구하세요.

성적표

성명	반	반도체	학점	엑셀	학점	영어	학점	총점	평균	석차
가나다	A반	78		75		85		238	79.33	
강태양	A반	95		92		90		277	92.33	1
강감찬	A반	80		결석		87		167	55.67	
이순신	B반	75		85		78		238	79.33	
아이야	B반	85		90		70		245	81.67	
나다라	B반	98		80		80		258	86.00	2
우나라	C반	82		90		76		248	82.67	
마박사	C반	60		77		67		204	68.00	
이인용	C반	결석		70		65		135	45.00	
최배달	C반	95		75		85		255	85.00	3

부터	0	60	65	70	75	80	85	90	95
까지	59	64	69	74	79	84	89	94	100
학점	F	D	D+	C	C+	B	B+	A	A+

2. B14 셀에서 K16 셀까지 있는 내용을 참조하여 학점을 표시하도록 하자. E3 셀에 =HLOOKUP(D3, $B$14:$K$16, 3, TRUE)와 같이 입력한다.

=HLOOKUP(

HLOOKUP(**lookup_value**, table_array, row_index_num, [range_lookup])

조건에 맞는 특정 값을 찾아주는 함수, H는 horizontal(가로)

look_value : 찾는 값

table_array : 찾을 범위

row_index_num : 범위에서 찾을 경우 이 값과 관련된 몇 번째 행의 값을 보여줄지 지정하는 번호

range_lookup : look_value에서 지정한 값을 찾을 때 옵션. FALSE(정확히 일치), TRUE(비슷하게 일치)

= HLOOKUP(D3, $B$14:$K$16, 3, TRUE)

성적표

성명	반	반도체	학점	엑셀	학점	영어	학점	총점	평균	석차
가나다	A반	78		75		85		238	79.33	
강태양	A반	95		92		90		277	92.33	1
강감찬	A반	80		결석		87		167	55.67	
이순신	B반	75		85		78		238	79.33	
아이야	B반	85		90		70		245	81.67	
나다라	B반	98		80		80		258	86.00	2
우나라	C반	82		90		76		248	82.67	
마박사	C반	60		77		67		204	68.00	
이인용	C반	결석		70		65		135	45.00	
최배달	C반	95		75		85		255	85.00	3

부터	0	60	65	70	75	80	85	90	95
까지	59	64	69	74	79	84	89	94	100
학점	F	D	D+	C	C+	B	B+	A	A+

의미는 지정 범위($B$14:$K$16) 내에서 가나다 학생의 반도체 성적 78점에 가장 유사한 75~79점의 3번째 행에 값, 즉 C+를 찾아서 반환한다.

3. 그러나 이인용 학생의 경우는 결석으로 인하여 학점 부분에 #N/A로 표시된다. 이를 위해 다음과 같이 E4 셀에 입력한다.

```
=IF( D4="결석", "미응시", HLOOKUP(D4, $B$14:$B:$16, 3, TRUE))
      조건        참              거짓
```

의미는 "D4 셀의 값이 "결석"이면 "미응시"로 그렇지 않으면 D4 셀에 있는 78점을 지정 범위($B$14:K$16)에서 유사한 값을 찾아서 3번째 행에 있는 값을 반환한다.

4. 나머지 학점도 채워 넣어 보자.

성적표

성명	반	반도체	학점	엑셀	학점	영어	학점	총점	평균	석차
가나다	A반	78	C+	75	C+	85	B+	238	79.33	
강태양	A반	95	A+	92	A	90	A	277	92.33	1
강감찬	A반	80	B	결석	미응시	87	B+	167	33.40	
이순신	B반	75	C+	85	B+	78	C+	238	79.33	
아이야	B반	85	B+	90	A	70	C	245	81.67	
나다라	B반	98	A+	80	B	80	B	258	86.00	2
우나라	C반	82	B	90	A	76	C+	248	82.67	
마박사	C반	60	D	77	C+	67	D+	204	68.00	
이인용	C반	결석	미응시	70	C	65	D+	135	27.00	
최배달	C반	95	A+	75	C+	85	B+	255	85.00	3

부터	0	60	65	70	75	80	85	90	95
까지	59	64	69	74	79	84	89	94	100
학점	F	D	D+	C	C+	B	B+	A	A+

4.8 찾기/참조 함수

VLOOKUP() 함수

1. 아래 그림과 같은 내용을 작성한 후에 총점, 평균, 석차 부분을 다양한 함수를 사용하여 작성하시오.

성적표

성명	반	반도체	학점	엑셀	학점	영어	학점	총점	평균	석차
가나다	A반	78		75		85		238	79.33	
강태양	A반	95		92		90		277	92.33	1
강감찬	A반	80		결석		87		167	55.67	
이순신	B반	75		85		78		238	79.33	
아이야	B반	85		90		70		245	81.67	
나다라	B반	98		80		80		258	86.00	2
우나라	C반	82		90		76		248	82.67	
마박사	C반	60		77		67		204	68.00	
이인용	C반	결석		70		65		135	45.00	
최배달	C반	95		75		85		255	85.00	3

부터	까지	학점
0	59	F
60	64	D
65	69	D+
70	74	C
75	79	C+
80	84	B
85	89	B+
90	94	A
95	100	A+

2. N2 셀에서 P11 셀까지 있는 내용을 참조하여 학점을 표시하도록 하자. 이번에는 VLOOKUP() 함수를 사용한다.

E4 셀에 =VLOOKUP(D3, $N$2:$P$11, 3, TRUE)과 같이 입력한다.

```
=VLOOKUP(
VLOOKUP(lookup_value, table_array, col_index_num, [range_lookup])
```

조건에 맞는 특정 값을 찾아주는 함수, V는 vertical(세로)

look_value : 찾는 값

table_array : 찾을 범위

col_index_num : 범위에서 찾을 경우 이 값과 관련된 몇 번째 열의 값을 보여줄지 지정하는 번호

range_lookup : look_value에서 지정한 값을 찾을 때 옵션. FALSE(정확히 일치), TRUE(비슷하게 일치)

= VLOOKUP(D3, $N$2:$P$11, 3, TRUE)

의미는 가나다 학생의 반도체 성적 78점을 지정 범위($M$3:$O$12)에서 유사한 값을 찾아서 3번째 열에 있는 값을 반환한다.

찾는 값 → 성적표 　 범위 → col_index_num 1 2 3

성명	반	반도체	학점	엑셀	학점	영어	학점	총점	평균	석차		부터	까지	학점
가나다	A반	78		75		85		238	79.33			0	59	F
강태양	A반	95		92		90		277	92.33	1		60	64	D
강감찬	A반	80		결석		87		167	55.67			65	69	D+
이순신	B반	75		85		78		238	79.33			70	74	C
아이야	B반	85		90		70		245	81.67			75	79	C+
나다라	B반	98		80		80		258	86.00	2		80	84	B
우나라	C반	82		90		76		248	82.67			85	89	B+
마박사	C반	60		77		67		204	68.00			90	94	A
이인용	C반	결석		70		65		135	45.00			95	100	A+
최배달	C반	95		75		85		255	85.00	3				

3. 그러나 이인용 학생의 경우 결석으로 인하여 학점 부분에 #N/A로 표시된다. 이를 위해 다음과 같이 E3 셀에 입력한다.

```
=IF( D3="결석", "미응시", VLOOKUP(D3, $N$2:$P:$11, 3, TRUE))
      조건        참            거짓
```

의미는 D3 셀의 값이 "결석"이면 "미응시"로 그렇지 않으면 D3 셀의 값 78점을 지정 범위($N$2:$P$11)에서 유사한 값을 찾아서 3번째 열에 있는 값으로 반환한다. 나머지 부분도 채워 넣어 보자.

성적표

성명	반	반도체	학점	엑셀	학점	영어	학점	총점	평균	석차		부터	까지	학점
가나다	A반	78	C+	75	C+	85	B+	238	79.33			0	59	F
강태양	A반	95	A+	92	A	90	A	277	92.33	1		60	64	D
강감찬	A반	80	B	결석	미응시	87	B+	167	33.40			65	69	D+
이순신	B반	75	C+	85	B+	78	C+	238	79.33			70	74	C
아이야	B반	85	B+	90	A	70	C	245	81.67			75	79	C+
나다라	B반	98	A+	80	B	80	B	258	86.00	2		80	84	B
우나라	C반	82	B	90	A	76	C+	248	82.67			85	89	B+
마박사	C반	60	D	77	C+	67	D+	204	68.00			90	94	A
이인용	C반	결석	미응시	70	C	65	D+	135	27.00			95	100	A+
최배달	C반	95	A+	75	C+	85	B+	255	85.00	3				

문제 3 재직증명서 만들기

1. 아래 그림과 같은 [사원명부] 시트를 만드시오.

작성일 : 2018.6.23(토)

사원 명부								
성명	주소	전화번호	주민번호	입사일자	생년월일	나이	재직기간	직급
가나다	서울시 종로구	010-2222-8888	700301-2468024	2009-11-04				대리
강태양	충청북도 흥덕구	010-3429-8889	621123-1234567	1987-10-02				전무
강감찬	전라남도 목포시	010-2672-8490	850125-1357913	2013-06-23				사원
이순신	강원도 태백시	010-8877-7891	651102-2345678	2014-04-04				사원
아이야	대구광역시 수성구	010-3344-9992	030602-4864222	2014-03-04				사원
나다라	충청북도 청원구	010-5566-4393	010228-3693693	2013-10-20				사원
우나라	경상북도 상주시	010-9876-2344	520313-1666666	1980-10-20				사장
마박사	충청북도 충주시	010-3456-6543	621010-1456789	2000-01-01				부장
이인용	서울시 동대문구	010-6543-9096	880203-2987654	2007-01-15				과장
최배달	충청남도 보령시	010-1234-6997	880304-1357913	2014-03-06				사원

2. 아래 그림과 같이 생년월일, 나이, 재직기간을 함수를 사용하여 구하시오.

작성일 : 2018.6.23(토)

사원 명부								
성명	주소	전화번호	주민번호	입사일자	생년월일	나이	재직기간	직급
가나다	서울시 종로구	010-2222-8888	700301-2468024	2009-11-04	1970년 3월 1일	48	8년7개월19일	대리
강태양	충청북도 흥덕구	010-3429-8889	621123-1234567	1987-10-02	1962년 11월 23일	56	30년8개월21일	전무
강감찬	전라남도 목포시	010-2672-8490	850125-1357913	2013-06-23	1985년 1월 25일	33	5년	사원
이순신	강원도 태백시	010-8877-7891	651102-2345678	2014-04-04	1965년 11월 2일	53	4년2개월19일	사원
아이야	대구광역시 수성구	010-3344-9992	030602-4864222	2014-03-04	2003년 6월 2일	15	4년3개월19일	사원
나다라	충청북도 청원구	010-5566-4393	010228-3693693	2013-10-20	2001년 2월 28일	17	4년8개월3일	사원
우나라	경상북도 상주시	010-9876-2344	520313-1666666	1980-10-20	1952년 3월 13일	66	37년8개월3일	사장
마박사	충청북도 충주시	010-3456-6543	621010-1456789	2000-01-01	1962년 10월 10일	56	18년5개월22일	부장
이인용	서울시 동대문구	010-6543-9096	880203-2987654	2007-01-15	1988년 2월 3일	30	11년5개월8일	과장
최배달	충청남도 보령시	010-1234-6997	880304-1357913	2014-03-06	1988년 3월 4일	30	4년3개월17일	사원

3. [증명서] 시트를 만들어서 아래 그림과 같은 재직증명서를 작성하시오. 사원 이름을 적어 넣으면 주소, 주민등록번호, 전화번호 등 사각형으로 되어 있는 정보가 [사원명부] 시트에 있는 내용으로 자동 적용되도록 하시오.

9번째 행에 있는 ="상기인은" & TEXT(C9, "yyyy년 m월 d일") & " 당사에 입사하여 현재 재직 중에 있음을 증명합니다." 이 부분은 앞에서 배운 문자와 함수를 같이 사용하기에서 배운 내용을 적용하시오. TEXT() 함수를 같이 쓰면 될 것이다. 현재 날짜가 나오는 부분은 TODAY() 함수를 쓰면 된다.

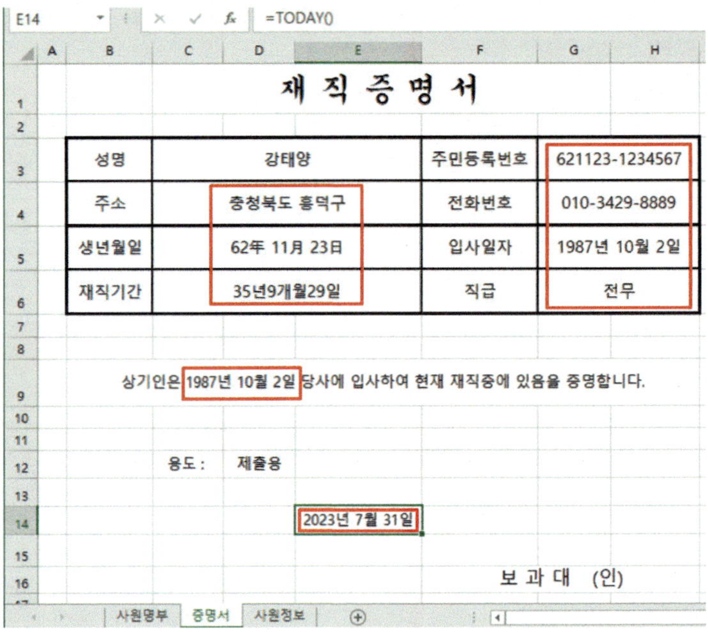

주민등록번호가 나올 셀에 다음과 같이 입력한다. 만약에 증명서 시트에서 C3 셀이 아무런 값도 없으면 공백을 그렇지 않으면 사원명부 시트의 범위 내에서 C3 셀에 있는 값과 정확히 일치하는 값 중에 4열에 해당하는 값을 찾아온다.

```
=IF(ISBLANK($C$3), " " , VLOOKUP($C$3, 사원명부!$B$4:$J$13, 4))
```

- ISBLANK($C$3) → 조건
- " " → 참
- VLOOKUP($C$3, 사원명부!$B$4:$J$13, 4) → 거짓

입사일이나 근무기간에 날짜가 나와야 하는데 혹시나 숫자가 나왔다면 [셀서식]에서 [표시형식]을 날짜로 바꾸어 준다. 엑셀에서 날짜간의 차이를 구하는 방법은 기본적으로 뺄셈이고 엑셀은 1900년 1월 1일을 숫자 1로 시작해서 그 이후의 날짜를 숫자로 기억하고 있다.

4.9 찾기/참조 함수

INDEX(), MATCH()

이번에는 찾기/참조 함수 중에 INDEX( ), MATCH() 함수에 대해 알아보자. INDEX() 함수, MATCH() 함수는 단독으로 사용하기에는 큰 의미가 없다. 대부분 두 함수를 중첩해서 사용한다.

1. 아래 그림과 같이 작성하시오.

배달유형/지불방식별 요금표

배달유형	배달유형-상대위치	지불방식	지불방식-상대위치	요금
택배		선불		
택배		착불		
퀵서비스		선불		
퀵서비스		착불		

배달요금

지불방식 / 배달유형	선불	착불
택배	5000	7000
퀵서비스	15000	20000

2. 배달유형/지불방식별 요금표의 요금은 배달요금 테이블을 참조해서 가져오려고 한다. 먼저 MATCH() 함수를 사용하여 테이블에서 특정 값의 위치를 찾아보자. C4 셀에 =MATCH(B4, $B$11:$B$12, 0)와 같이 입력하자.

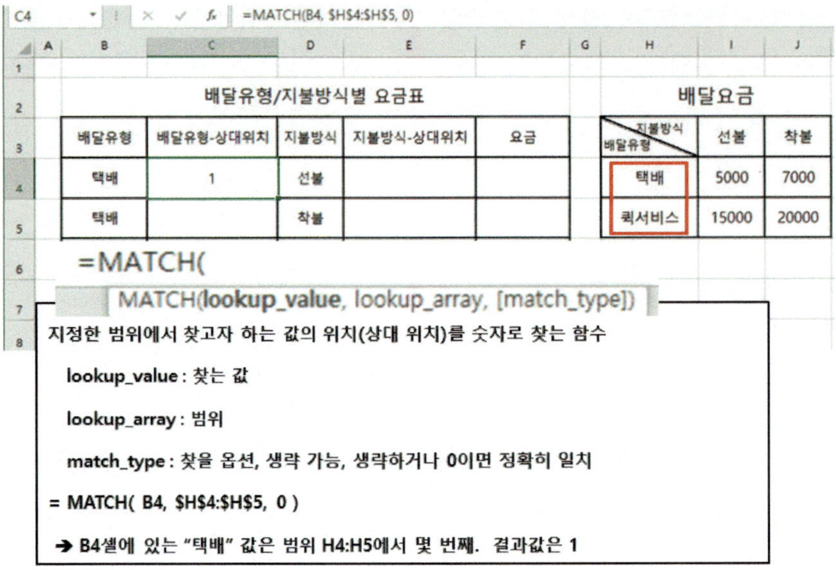

B4 셀에 있는 값을 범위(H4:H5) 내에서 정확히 일치하는 값이 몇 번째 있는지 찾고 찾을 위치 값을 반환한다. 첫 번째에 "택배"가 있으므로 결과값은 1이다.

3. E4 셀에는 =MATCH(D4, $C$10:$D$10, 0)와 같이 입력하자.

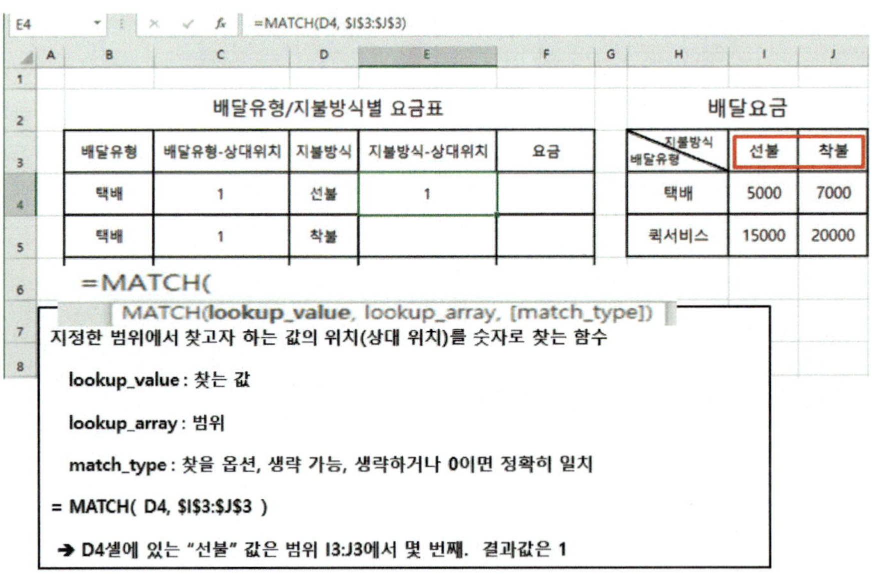

4. 이제 배달요금 테이블에서 배달요금을 찾아보자.
F4 셀에 =INDEX($C$11:$D$12, C4, E4)와 같이 입력하자.

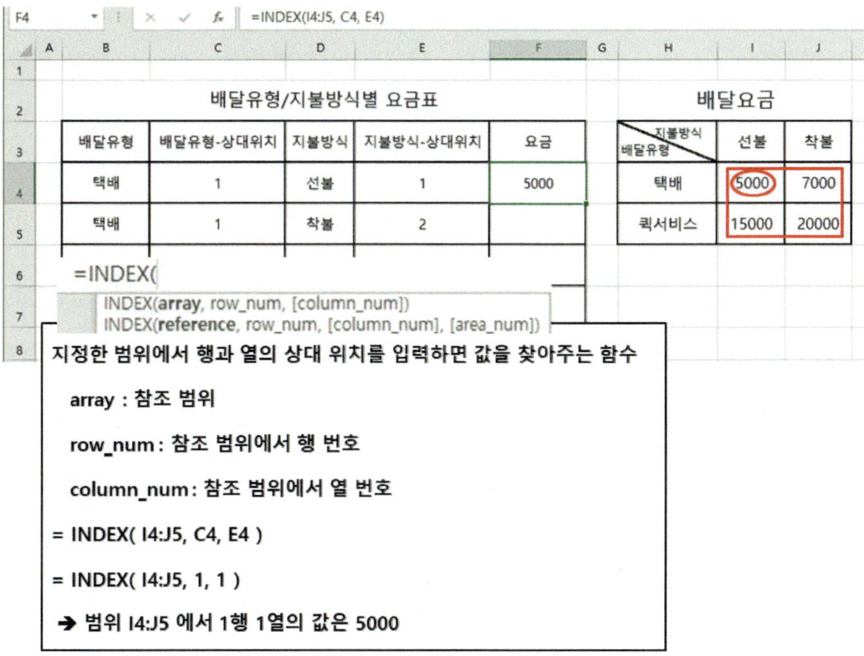

5. 이제 INDEX()와 MATCH() 함수를 중첩해서 바로 작성 하겠다. F5 셀에 다음과 같이 입력하자.

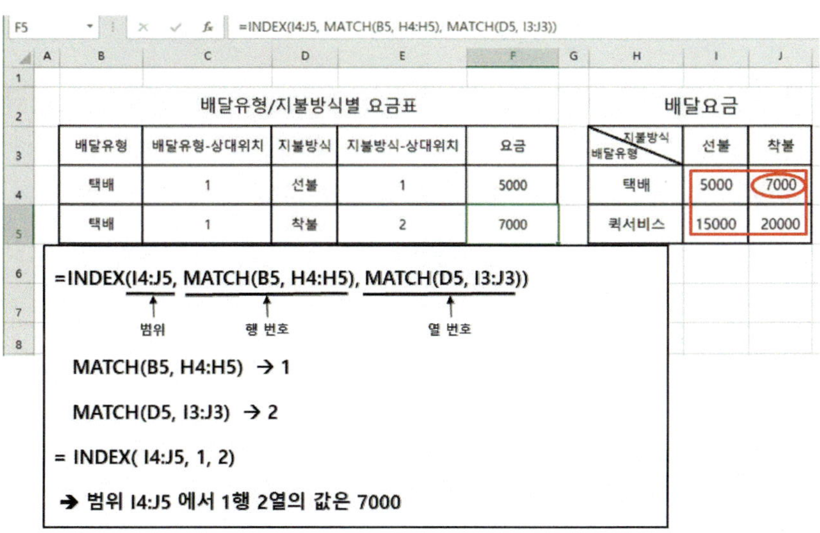

4.10 찾기/참조 함수

VLOOKUP()과 INDEX(), MATCH() 함수 비교

찾기/참조 함수에 해당하는 VLOOKUP(), INDEX(), MATCH() 함수는 모두 특정값 또는 조건에 맞는 데이터를 범위 영역에서 찾아오는 함수이다. 하지만 어떤 경우에 VLOOKUP() 함수를 사용하고 또는 INDEX(), MATCH() 함수를 사용해야 하는지 구분이 안 되는 경우가 있다.

1. 아래 그림과 같이 작성하시오.

	A	B	C	D	E	F	G	H	I	J
1										
2		사원 명부								
3		성명	주소	전화번호	주민번호	입사일자	생년월일	나이	재직기간	직급
4		가나다	서울시 종로구	010-2222-8888	700301-2468024	2009-11-04	1970년 3월 1일	48	8년7개월22일	대리
5		강태양	충청북도 흥덕구	010-3429-8889	621123-1234567	1987-10-02	1962년 11월 23일	56	30년8개월24일	전무
6		강감찬	전라남도 목포시	010-2672-8490	850125-1357913	2013-06-23	1985년 1월 25일	33	5년3일	사원
7		이인용	서울시 동대문구	010-6543-9096	880203-2987654	2007-01-15	1988년 2월 3일	30	11년5개월11일	과장
8		최배달	충청남도 보령시	010-1234-6997	880304-1357913	2014-03-06	1988년 3월 4일	30	4년3개월20일	사원
9										
10		VLOOKUP 함수								
11										
12		INDEX, MATCH함수								
13										

2. 먼저 VLOOKUP() 함수를 이용하여 주민번호로 입사일자, 생년월일, 나이 재직기간, 직급을 찾아보자. VLOOKUP() 함수를 이용하면 성명, 주소, 전화번호는 구할 수 없다. VLOOKUP() 함수는 범위의 첫 열에서 값을 검색하여 지정한 열의 값을 찾기 때문이다. 즉, 범위에서 일치하는 주민번호를 찾았다면 그 오른쪽에 있는 열의 값을 찾아오는 함수가 VLOOKUP() 함수이다.

D10 셀에 =VLOOKUP(E4, E4:J8, 2, FALSE)과 같이 입력하자.
의미는 E4셀~J8셀 범위 내에서 E4셀의 주민번호 값과 정확히 일치하는 값을 찾아서 그 위치로부터 오른쪽으로 2번째 열의 값을 읽어온다.

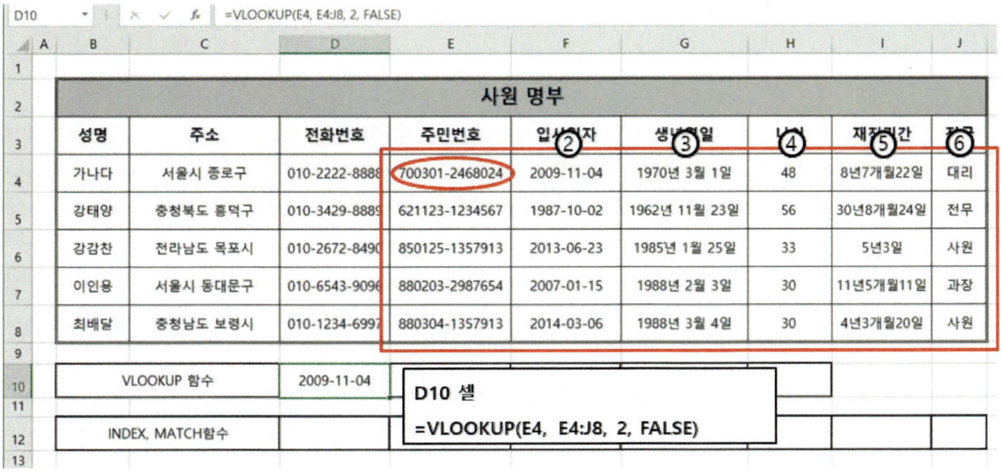

D10 =VLOOKUP(E4, E4:J8, 2, FALSE)

사원 명부								
성명	주소	전화번호	주민번호	입사일자 ②	생년월일 ③	나이 ④	재직기간 ⑤	직급 ⑥
가나다	서울시 종로구	010-2222-8888	700301-2468024	2009-11-04	1970년 3월 1일	48	8년7개월22일	대리
강태양	충청북도 흥덕구	010-3429-8889	621123-1234567	1987-10-02	1962년 11월 23일	56	30년8개월24일	전무
강감찬	전라남도 목포시	010-2672-8490	850125-1357913	2013-06-23	1985년 1월 25일	33	5년3일	사원
이인용	서울시 동대문구	010-6543-9096	880203-2987654	2007-01-15	1988년 2월 3일	30	11년5개월11일	과장
최배달	충청남도 보령시	010-1234-6997	880304-1357913	2014-03-06	1988년 3월 4일	30	4년3개월20일	사원
VLOOKUP 함수		2009-11-04						
INDEX, MATCH함수								

D10 셀
=VLOOKUP(E4, E4:J8, 2, FALSE)

E10, F10, G10, H10 셀에 아래 그림과 같이 입력하자.

E10 셀
=VLOOKUP(E4, E4:J8, 3, FALSE)
F10 셀
=VLOOKUP(E4, E4:J8, 4, FALSE)
G10 셀
=VLOOKUP(E4, E4:J8, 5, FALSE)
H10 셀
=VLOOKUP(E4, E4:J8, 6, FALSE)

3. INDEX(), MATCH() 함수는 주민번호에 맞는 행과 열이 일치하는 값을 구하기 때문에 주민번호의 왼쪽이든 오른쪽이든 방향에 구애받지 않고 값을 찾아올 수 있다.

D12 셀에 =INDEX(B4:J8, MATCH(E4, E4:E8), 1)과 같이 입력하자.
의미는 E4셀~J8셀 범위 내에서 E4셀의 주민번호 값과 정확히 일치하는 값을 찾아서 1행 1열에 있는 값을 읽어온다.

E12, F12, G12, H12, I12, J12 셀에 아래 그림과 같이 입력하자.

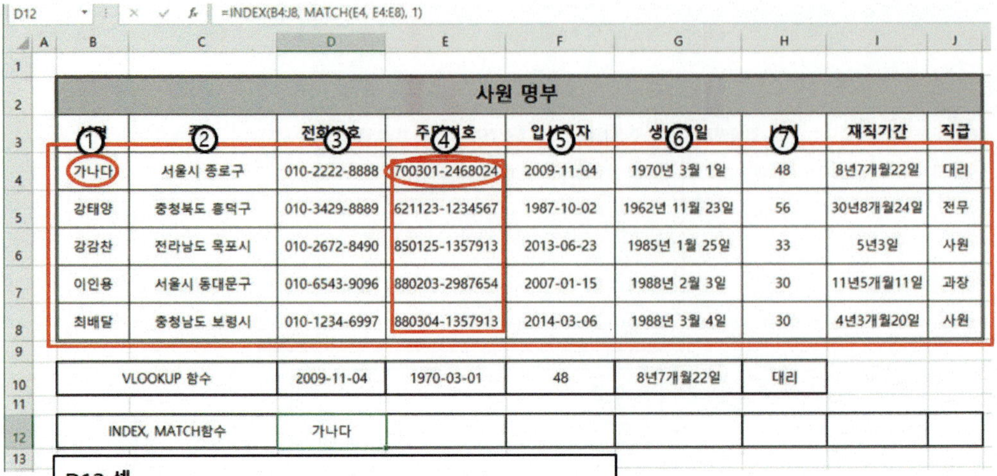

D12 | =INDEX(B4:J8, MATCH(E4, E4:E8), 1)

사원 명부								
① 성명	② 주소	③ 전화번호	④ 주민번호	⑤ 입사일자	⑥ 생년월일	⑦ 나이	재직기간	직급
가나다	서울시 종로구	010-2222-8888	700301-2468024	2009-11-04	1970년 3월 1일	48	8년7개월22일	대리
강태양	충청북도 흥덕구	010-3429-8889	621123-1234567	1987-10-02	1962년 11월 23일	56	30년8개월24일	전무
강감찬	전라남도 목포시	010-2672-8490	850125-1357913	2013-06-23	1985년 1월 25일	33	5년3일	사원
이인용	서울시 동대문구	010-6543-9096	880203-2987654	2007-01-15	1988년 2월 3일	30	11년5개월11일	과장
최배달	충청남도 보령시	010-1234-6997	880304-1357913	2014-03-06	1988년 3월 4일	30	4년3개월20일	사원

VLOOKUP 함수	2009-11-04	1970-03-01	48	8년7개월22일	대리		
INDEX, MATCH함수	가나다						

D12 셀

=INDEX(B4:J8, MATCH(E4, E4:E8), 1)

MATCH(E4, E4:E8)

→ E4셀에 있는 값은 범위 E4:E8에서 몇 번째. 결과값은 1

=INDEX(B4:J8, 1, 1)

→ 범위 B4:J8에서 1행 1열의 값은 가나다

E12 셀

=INDEX(B4:J8, MATCH(E4, E4:E8), 2)

F12 셀

=INDEX(B4:J8, MATCH(E4, E4:E8), 3)

G12 셀

=INDEX(B4:J8, MATCH(E4, E4:E8), 4)

H12 셀

=INDEX(B4:J8, MATCH(E4, E4:E8), 5)

I12 셀

=INDEX(B4:J8, MATCH(E4, E4:E8), 6)

J12 셀

=INDEX(B4:J8, MATCH(E4, E4:E8), 7)

4.11 주문서(견적서) 만들기

데이터 유효성 검사

위에 배운 VLOOKUP(), MATCH(), INDEX() 함수를 응용한 만든 참조하여 주문계산을 할 수 있도록 만들어보자. 또한 상품명을 직접 입력하는 것보다 정해진 상품명에서 바로 선택할 수 있게 해보자. 이를 위해 엑셀에서 제공하는 기능이 데이터 유효성 검사 기능이다. 데이터 유효성 검사란 데이터를 입력할 때 정확한 데이터만 입력할 수 있도록 입력을 제한하는 기능이다.

1. 아래 그림과 같이 주문서 시트를 작성하시오.

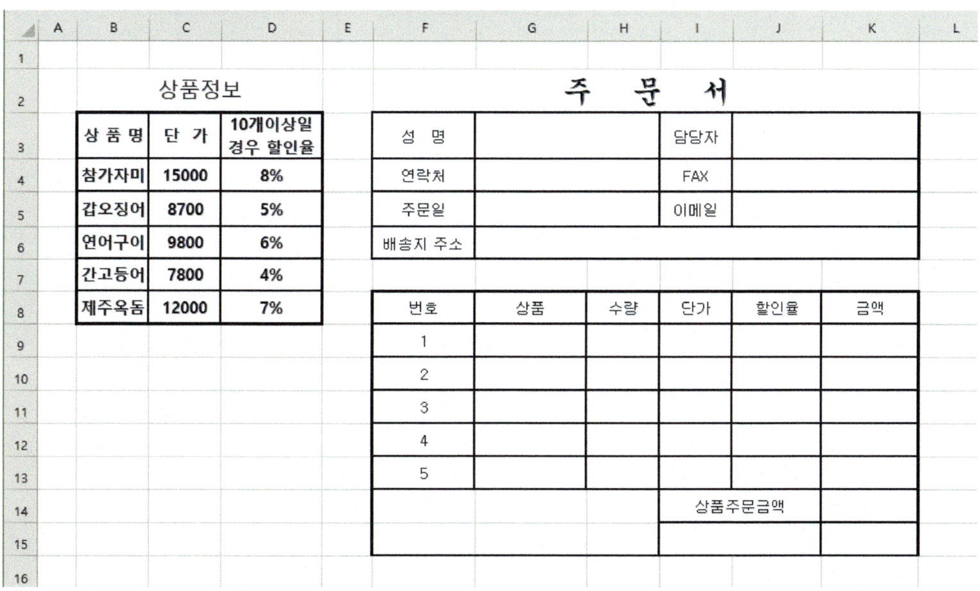

2. G9 셀에 마우스를 클릭하고 [데이터] 메뉴 탭 → [데이터 도구] 그룹 → [데이터 유효성 검사]를 클릭한다. 오른쪽 그림과 같은 [데이터 유효성] 대화상자에서 [설정] → [제한대상(A):]을 [목록]으로 설정하고 [원본(S):]은 B4셀~B8셀까지 드래그하고 확인 버튼을 클릭한다.

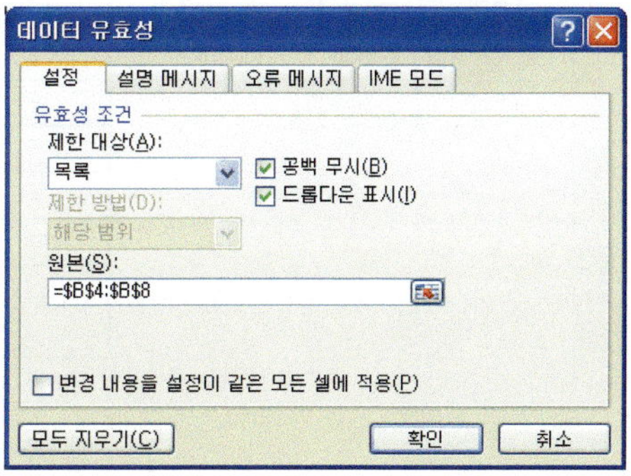

3. 상품명을 입력하기 위해서 G9 셀을 클릭하면 드롭다운 버튼이 생성되어서 항목이 나타날 것이다. 이젠 상품을 선택하기만 하면 된다.

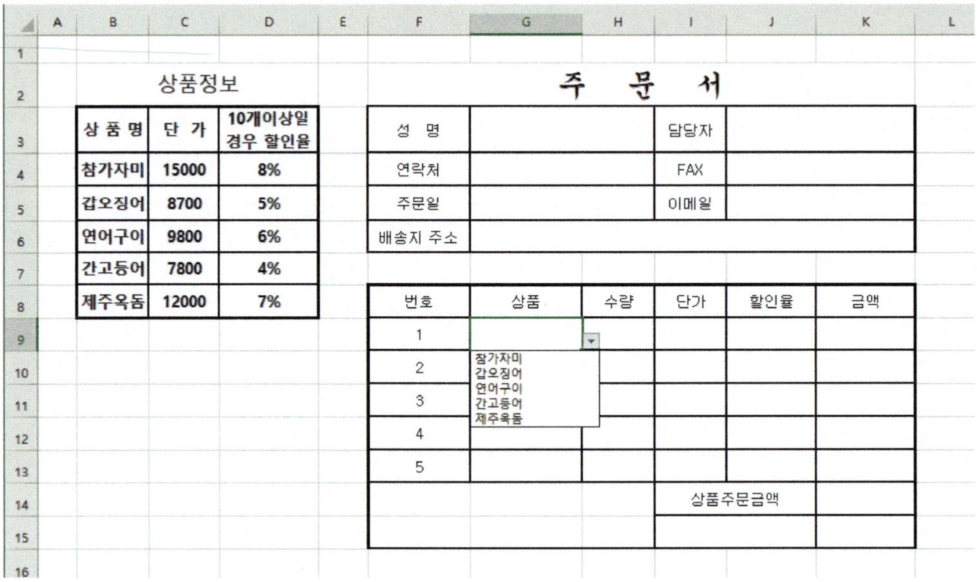

4. 상품정보 테이블에서 "흑산홍어" 상품을 새롭게 추가한 후에 주문서에서 상품의 드롭다운 목록을 클릭하면 자동으로 추가생성이 되지 않는다.

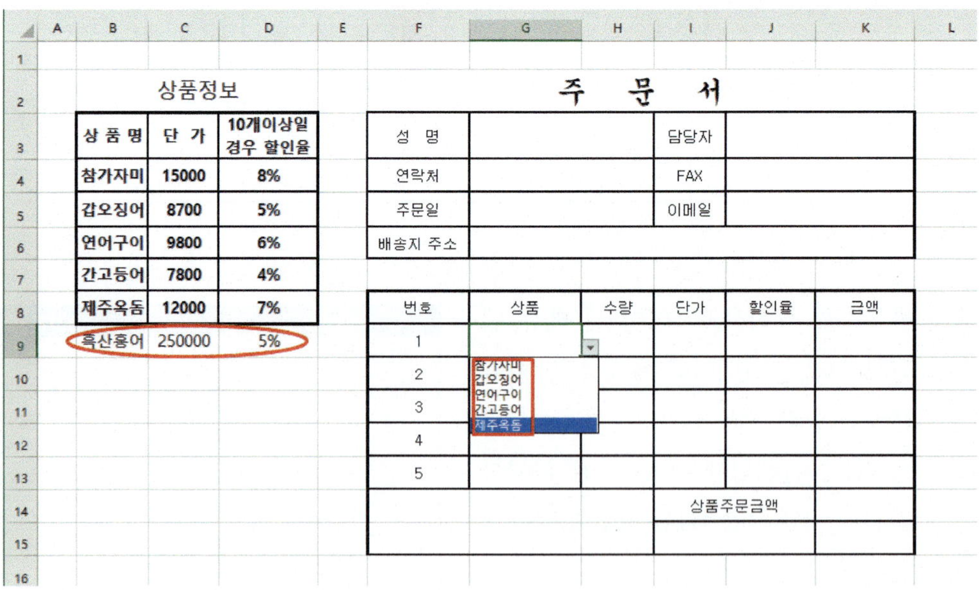

5. 상품정보가 변동될 때 드롭다운 목록도 자동으로 생성되게 하는 방법을 알아보자. OFFSET( ) 함수를 사용해 보자. 주문서 시트의 G9 셀에서 [데이터 유효성 검사]를 클릭하고 [원본(S):]에 =OFFSET($B$1, 3, 0, COUNTA($B:$B) - 2, 1)와 같이 입력한다. 의미는 아래 그림과 같다.

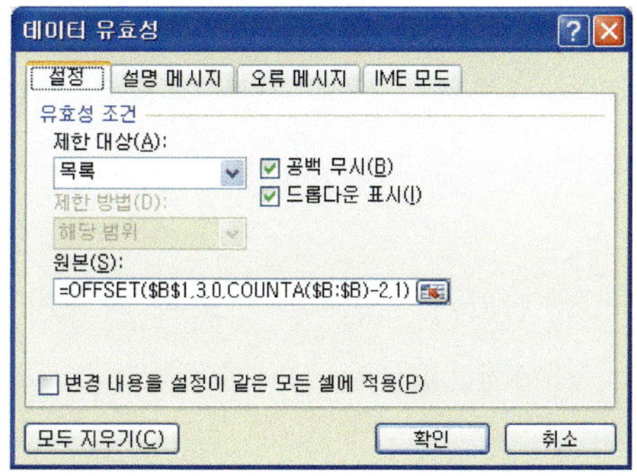

=OFFSET(

OFFSET(**reference**, rows, cols, [height], [width])

특정 기준을 정하고 어느 거리만큼 떨어진 셀의 데이터값을 구하는 함수

reference : 기준 셀(시작점)
rows : 아래로 이동할 칸수
cols : 오른쪽으로 이동할 칸수
height : 현재 위치에서 아래로 포함할 행의 수
width : 현재 위치에서 오른쪽으로 포함할 행의 수

=OFFSET($B$1, 3, 0, COUNTA($B:$B) - 2, 1)

COUNTA($B:$B) → B열에서 공백이 없는 셀의 개수 8

=OFFSET($B$1, 3, 0, 8 - 2, 1)

=OFFSET($B$1, 3, 0, 6, 1)

→ B1셀을 기준으로 아래로 3행, 오른쪽으로 이동하지 않고 6행, 1열을 가져옴

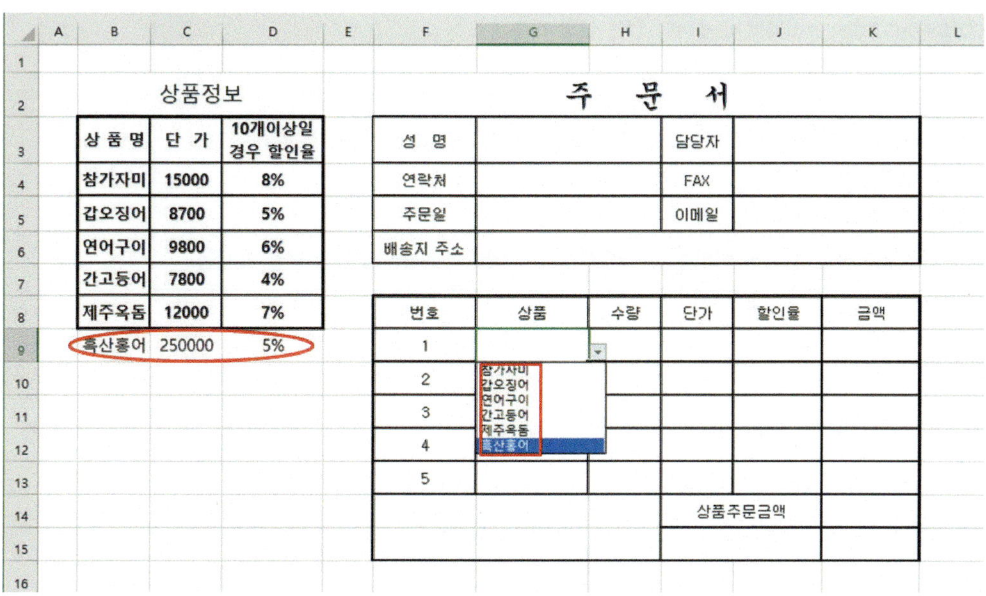

6. 드롭다운 목록에 새롭게 추가되는 상품이 등록되었다. 그러나 아직까지는 드롭다운 목록에서 새롭게 추가된 상품 목록을 선택했을 때 그 상품에 맞는 단가와 할인율이 나오지는 않는다.

먼저 단가가 나올 수 있도록 해보자. I9 셀을 클릭하고
=VLOOKUP(G9, OFFSET($B$1, 3, 0, COUNTA($B:$B) - 2, 2), 2, FALSE)과 같이 입력하자.

이때 VLOOKUP() 함수에서 사용한 범위가 고정적이지 않고 유동적이기 때문에 상품정보가 추가될 때마다 바뀌주어야 한다. 여기서는 OFFSET() 함수를 사용하였다. 아래 그림을 보면서 잘 해석해 보자.

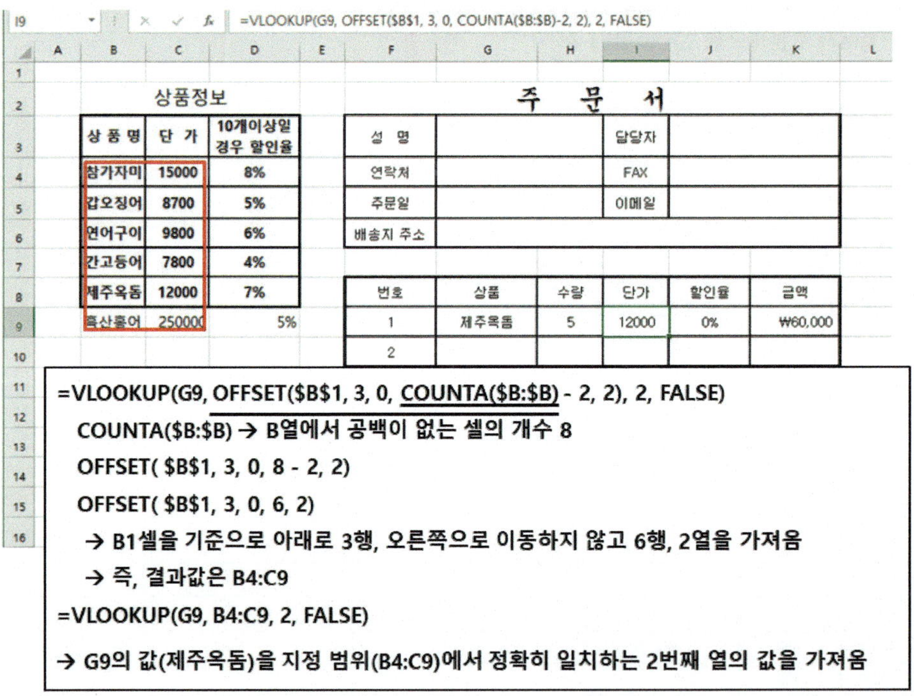

7. 드롭다운 목록에서 새롭게 추가된 상품 목록을 선택했을 때 그 상품에 맞는 단가는 나오지만 아직까지 할인율이 나오지는 않는다.

이제 할인율이 나올 수 있도록 J9 셀을 클릭하고 다음과 같이 입력하자.
=IF(H9>=10, VLOOKUP(G9,OFFSET($B$1,3,0,COUNTA($B:$B)-2,3),3,FALSE), 0)

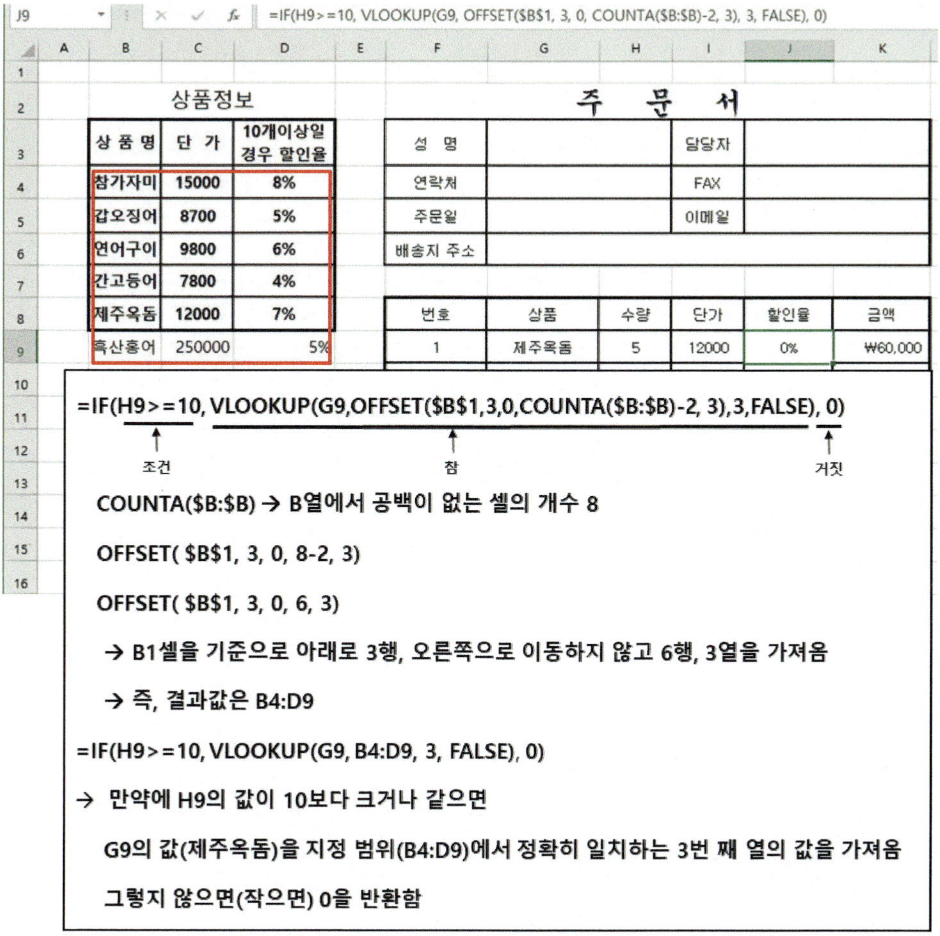

8. K9 셀에 금액을 계산하는 수식을 작성한다. 주문요금은 단가*수량*(할인율)인데 이를 수식으로 표현하면 다음과 같다.

=H9 * I9 * (1-J9)

9. K14 셀에 상품주문 금액을 구해보자.

10. 아래 그림과 같이 옵션 단추를 사용하여 주문서를 만들어보자. 옵션단추는 [개발도구] 메뉴 탭이 있어야 한다. 혹시 [개발도구] 메뉴 탭이 존재하지 않으면 엑셀 메뉴에서 [파일]메뉴 클릭 후 왼쪽 하단에 [옵션]을 클릭하고 [리본 사용자 지정] 클릭 후 [개발도구]를 체크하고 확인 버튼을 클릭한다.

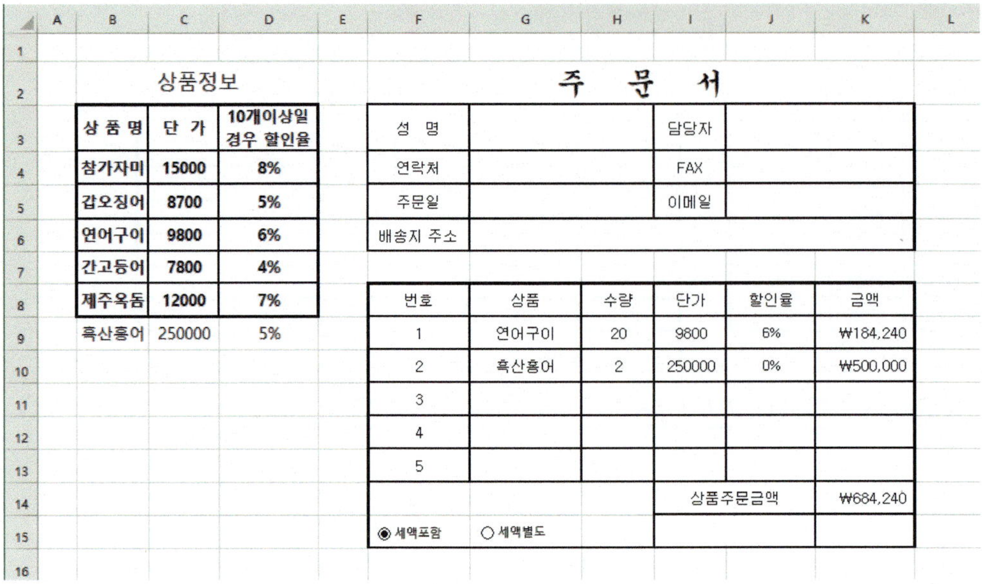

11. [개발도구] 메뉴 탭 → [컨트롤] 그룹 → [삽입]을 클릭하고 옵션단추를 드래그해서 원하는 위치에 만들어주고 오른쪽 마우스를 클릭하고 [컨트롤 서식]을 클릭하여라. 아래 그림과 같은 [컨트롤 서식] 대화상자가 나타난다.

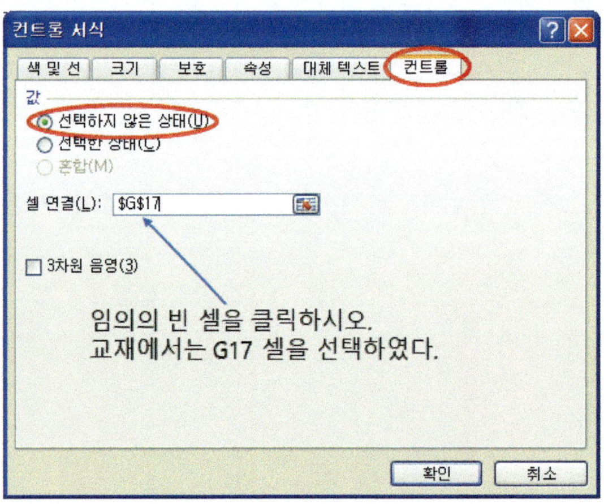

12. 옵션단추를 선택한 후에 복사([Ctrl] + C)를 하고 붙여넣기([Ctrl] + V)를 해서 하나를 더 만들자. 옵션단추를 선택한 후에 오른쪽 마우스를 클릭하여 [텍스트 편집]을 선택하고 그림과 같이 "세액포함", "세액별도"로 수정하자.

13. 세액포함을 클릭하면 위에서 셀 연결에 설정한 G17 셀의 값이 1이 되고, 세액별도를 클릭하면 2가 된다.

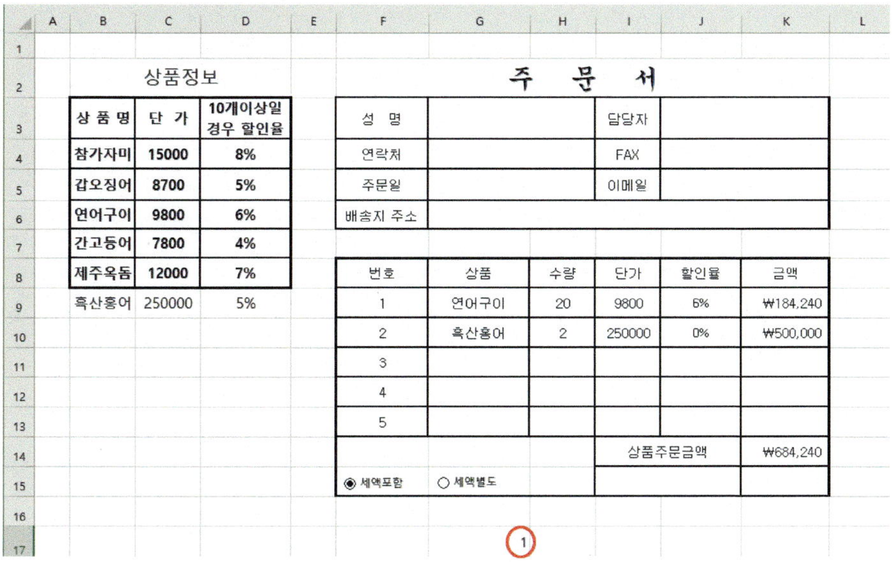

14. I15 셀에 다음과 같이 입력하자. 만약에 세액포함 옵션단추를 클릭하여 G17 셀의 값이 1이 되면 "합계금액(세액포함)"이 나타나고 아니면 "합계금액(세액별도)"가 나타난다.

=IF(G17=1, "합계금액(세액포함)", "합계금액(세액별도)")

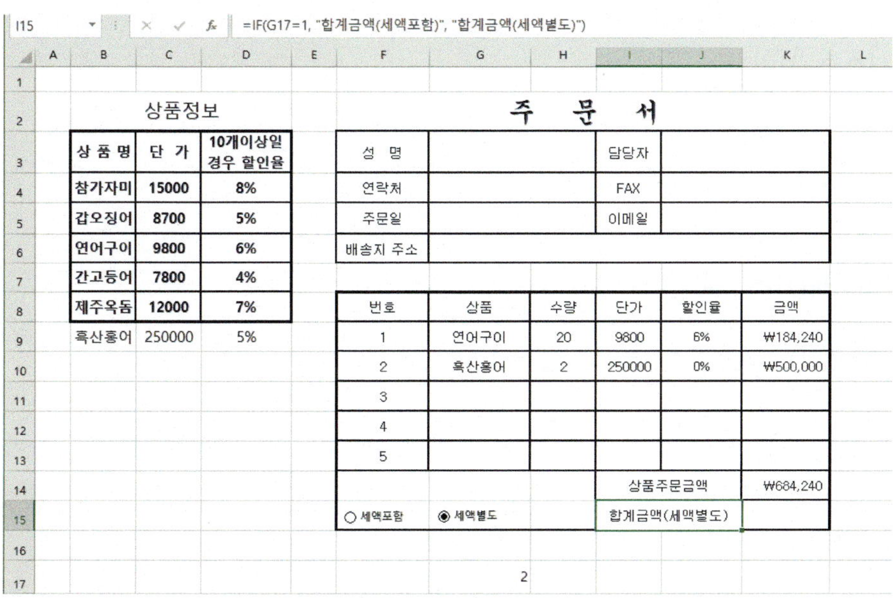

15. K15 셀에 다음과 같이 입력하자. 만약에 세액별도 옵션단추를 클릭하여 G17 셀의 값이 2가 되면 상품주문금액이 그대로 나타나고, 아니면 상품주문금액 + 세액을 하면 된다. 세액은 상품주문금액의 10%를 적용하였다.

=IF(G17=2, K14, K14+(K14/10))

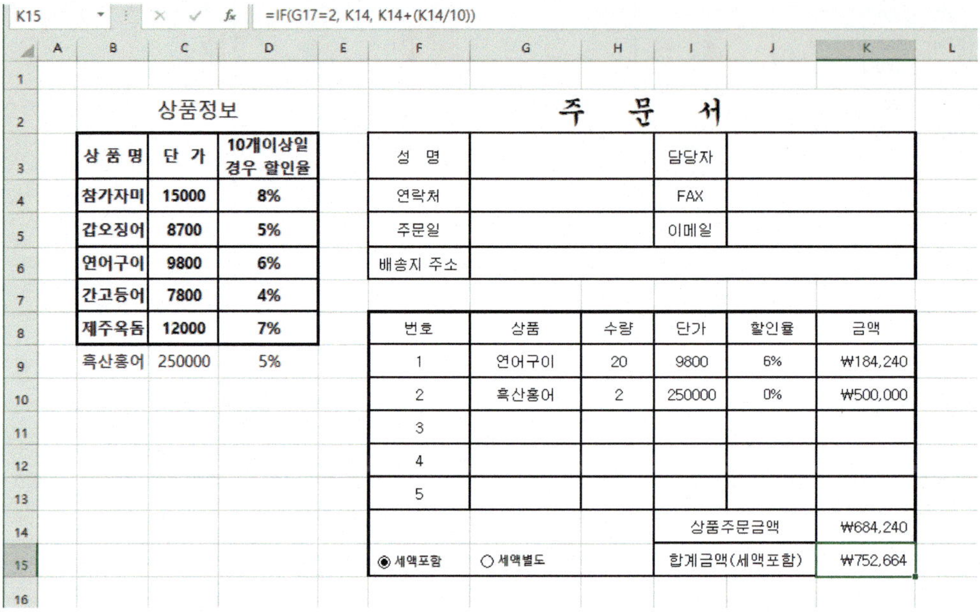

K15 =IF(G17=2, K14, K14+(K14/10))

상품정보

상 품 명	단 가	10개이상일 경우 할인율
참가자미	15000	8%
갑오징어	8700	5%
연어구이	9800	6%
간고등어	7800	4%
제주옥돔	12000	7%
흑산홍어	250000	5%

주 문 서

성 명		담당자	
연락처		FAX	
주문일		이메일	
배송지 주소			

번호	상품	수량	단가	할인율	금액
1	연어구이	20	9800	6%	₩184,240
2	흑산홍어	2	250000	0%	₩500,000
3					
4					
5					
			상품주문금액		₩684,240
◉ 세액포함	○ 세액별도		합계금액(세액포함)		₩752,664

16. 이제 G17 셀의 선택번호가 안보이게 하자. 셀을 선택하고 [셀 서식] 대화상자에서 [글꼴]의 색을 흰색으로 설정하자.

4.12 데이터베이스 함수

DSUM(), DAVERAGE(), DMAX(), DMIN() 등

데이터베이스 함수들은 데이터 요건에 적합한 데이터베이스로부터 각각의 함수를 사용하여 조건에 맞는 결과를 구할 때 사용한다. 데이터베이스는 레코드, 필드, 필드이름으로 구성되며 레코드와 필드의 값들은 같은 형식의 값이어야 한다.

엑셀에서 제공하는 데이터베이스의 기본 구성요소와 개념을 알기 위해 아래 그림으로 설명하겠다. 먼저 데이터베이스는 구성요소인 필드, 필드이름, 레코드로 구성된다.

> 데이터베이스 구성요소
>
> 필드 이름(Field Name)
>
> : 각 필드를 구분할 수 있는 필드의 이름을 의미
>
> 데이터베이스의 첫 행에는 반드시 필드 이름이 있어야 함
>
> 레코드(Record)
>
> : 하나 이상의 필드로 구성된 데이터 행을 의미
>
> 필드(Field)
>
> : 레코드를 구성하는 데이터의 열을 의미
>
> 필드가 데이터로서 의미를 가지기 위해서는 같은 형식의 데이터들이 입력되어야 함
>
> 예) 점수가 입력되어야 하는데 날짜가 입력되면 데이터로써 의미가 없음

아래 그림과 같이 데이터베이스(원본데이터)가 존재하고 시트 아래에 조건에 적합한 데이터를 구하기 위해서 반드시 조건범위가 있어야 한다.

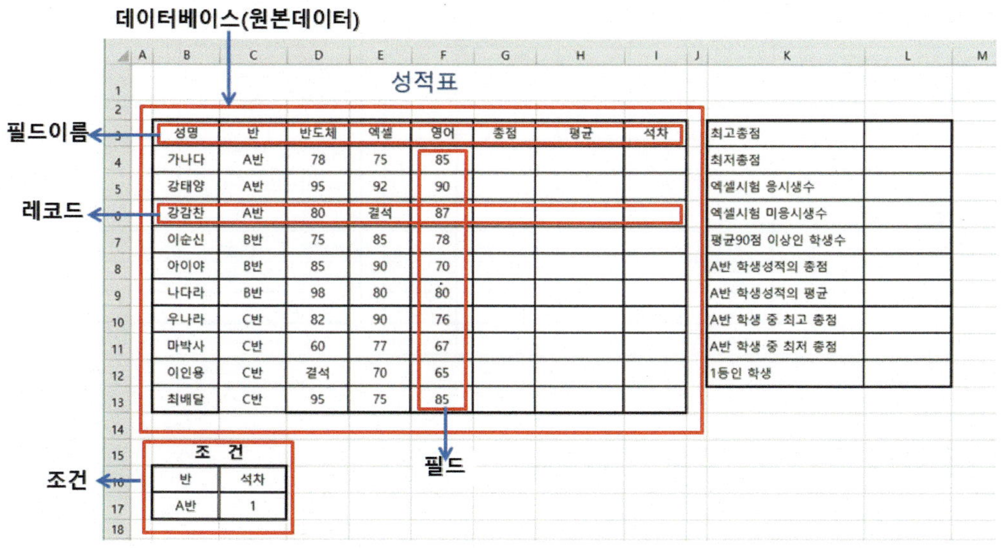

엑셀에서 제공하는 데이터베이스 함수들을 정리하면 다음과 같다.

=데이터베이스함수이름(database, field, criteria)

database : 필드 이름과 데이터로 구성되어 있는 셀 범위를 지정

field : 계산을 수행하고자 하는 필드(열)의 번호, database 범위에서 몇 번째 열)

criteria : 필드 이름과 조건으로 구성되어 있는 범위

DSUM : 합계　DAVERAGE : 평균　DCOUNT : 숫자의 개수

DCOUNTA : 비어있지 않은 셀의 개수　DGET : 레코드 하나를 추출해서 필드값을 구함

DMAX : 최대값　DMIN : 최소값　DPRODUCT : 곱

DSTDEV : 표본 집단의 표준편차　DSTDEVP : 전체 모집단의 표준편차

DVAR : 표본 집단의 분산　DVARP : 전체 모집단의 분산

1. 아래 그림과 같이 데이터를 입력하시오.

성적표

성명	반	반도체	엑셀	영어	총점	평균	석차
가나다	A반	78	75	85			
강태양	A반	95	92	90			
강감찬	A반	80	결석	87			
이순신	B반	75	85	78			
아이야	B반	85	90	70			
나다라	B반	98	80	80			
우나라	C반	82	90	76			
마박사	C반	60	77	67			
이인용	C반	결석	70	65			
최배달	C반	95	75	85			

최고총점	
최저총점	
엑셀시험 응시생수	
엑셀시험 미응시생수	
평균90점 이상인 학생수	
A반 학생성적의 총점	
A반 학생성적의 평균	
A반 학생 중 최고 총점	
A반 학생 중 최저 총점	
1등인 학생	

조 건

반	석차
A반	1

2. 4.1절에서 배운 다양한 함수를 사용하여 아래 그림과 같이 작성하시오.

성적표

성명	반	반도체	엑셀	영어	총점	평균	석차
가나다	A반	78	75	85	238	79.33	
강태양	A반	95	92	90	277	92.33	1
강감찬	A반	80	결석	87	167	55.67	
이순신	B반	75	85	78	238	79.33	
아이야	B반	85	90	70	245	81.67	
나다라	B반	98	80	80	258	86.00	2
우나라	C반	82	90	76	248	82.67	
마박사	C반	60	77	67	204	68.00	
이인용	C반	결석	70	65	135	45.00	
최배달	C반	95	75	85	255	85.00	3

최고총점	277
최저총점	135
엑셀시험 응시생수	9
엑셀시험 미응시생수	1
평균90점 이상인 학생수	1
A반 학생성적의 총점	
A반 학생성적의 평균	
A반 학생 중 최고 총점	
A반 학생 중 최저 총점	
1등인 학생	

조 건

반	석차
A반	1

3. DSUM() 함수는 데이터베이스 영역 내의 특정 필드의 합계를 구하되 주어진 조건에 일치하는 데이터만 찾아서 합계를 계산한다. 주어진 데이터베이스 영역은 반드시 각 열의 제목을 포함하여야 하고 주어진 조건도 열 제목을 포함시켜야 한다.

L8 셀에 A반 학생 성적의 총점을 구하기 위해 DSUM() 함수를 사용하며, L8 셀에 =DSUM(B3:I13, 6, B16:B17)과 같이 입력한다. 입력된 데이터 중에 '6' 대신에 'G3'을 입력해도 된다.

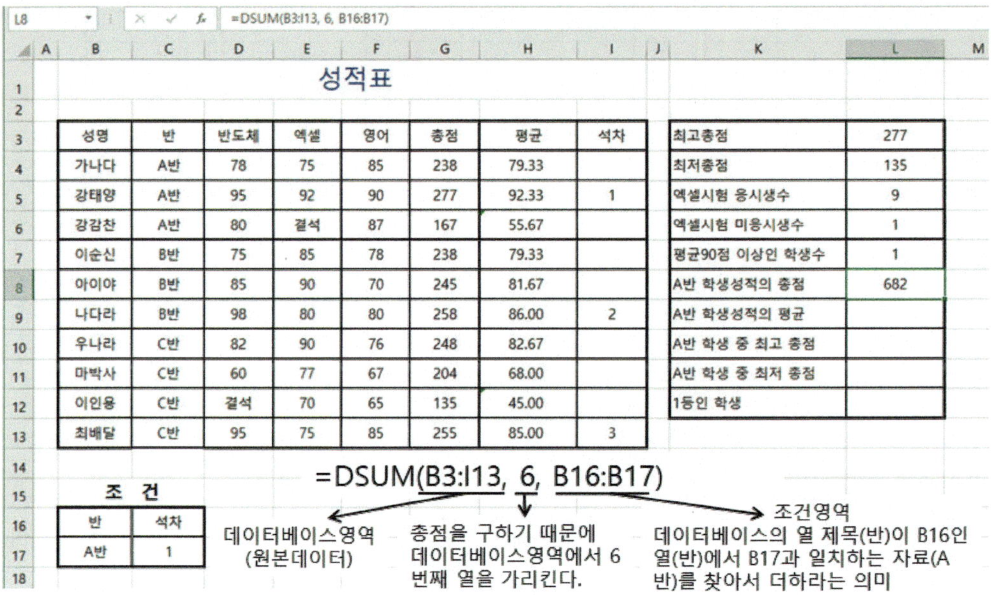

성적표

성명	반	반도체	엑셀	영어	총점	평균	석차
가나다	A반	78	75	85	238	79.33	
강태양	A반	95	92	90	277	92.33	1
강감찬	A반	80	결석	87	167	55.67	
이순신	B반	75	85	78	238	79.33	
아이야	B반	85	90	70	245	81.67	
나다라	B반	98	80	80	258	86.00	2
우나라	C반	82	90	76	248	82.67	
마박사	C반	60	77	67	204	68.00	
이인용	C반	결석	70	65	135	45.00	
최배달	C반	95	75	85	255	85.00	3

최고총점	277
최저총점	135
엑셀시험 응시생수	9
엑셀시험 미응시생수	1
평균90점 이상인 학생수	1
A반 학생성적의 총점	682
A반 학생성적의 평균	
A반 학생 중 최고 총점	
A반 학생 중 최저 총점	
1등인 학생	

조 건

반	석차
A반	1

4. DAVERAGE() 함수는 데이터베이스 영역내의 특정 필드의 평균을 구하되 주어진 조건에 일치하는 데이터만 찾아서 계산한다. 주어진 데이터베이스 영역은 반드시 각 열의 제목을 포함하여야 하고 주어진 조건도 열 제목을 포함시켜야 한다.

L9 셀에 A반 학생 성적의 평균을 구하기 위해 DAVERAGE() 함수를 사용하며, L9 셀에 다음과 같이 입력한다.

=DAVERAGE(B3:I13, 7, B16:B17)

L9 =DAVERAGE(B3:I13, 7, B16:B17)

성적표

성명	반	반도체	엑셀	영어	총점	평균	석차
가나다	A반	78	75	85	238	79.33	
강태양	A반	95	92	90	277	92.33	1
강감찬	A반	80	결석	87	167	55.67	
이순신	B반	75	85	78	238	79.33	
아이야	B반	85	90	70	245	81.67	
나다라	B반	98	80	80	258	86.00	2
우나라	C반	82	90	76	248	82.67	
마박사	C반	60	77	67	204	68.00	
이인용	C반	결석	70	65	135	45.00	
최배달	C반	95	75	85	255	85.00	3

최고총점	277
최저총점	135
엑셀시험 응시생수	9
엑셀시험 미응시생수	1
평균90점 이상인 학생수	1
A반 학생성적의 총점	682
A반 학생성적의 평균	75.77777778
A반 학생 중 최고 총점	
A반 학생 중 최저 총점	
1등인 학생	

조 건

반	석차
A반	1

5. DMAX() 함수는 데이터베이스 영역 내의 특정 필드의 최댓값을 구하되 주어진 조건에 일치하는 데이터만 찾는다. 주어진 데이터베이스 영역은 반드시 각 열의 제목을 포함하여야 하고 주어진 조건도 열 제목을 포함시켜야 한다.

L10 셀에 A반 학생 중 최고 총점을 구하기 위해 DMAX() 함수를 사용하며, L10 셀에 다음과 같이 입력한다.

=DMAX(B3:I13, 6, B16:B17)

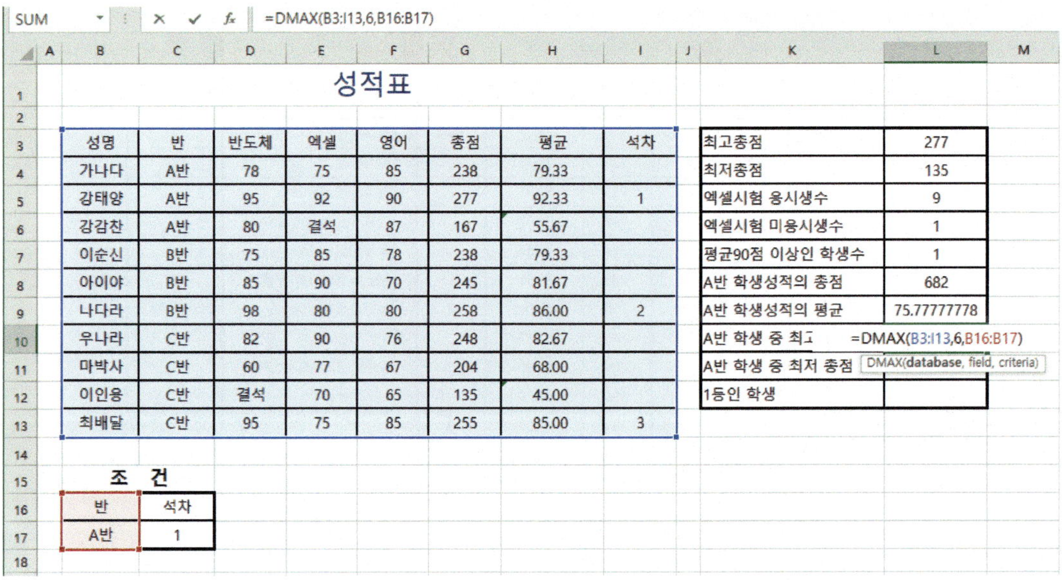

6. DMIN() 함수는 데이터베이스 영역 내의 특정 필드의 최소값을 구하되 주어진 조건에 일치하는 데이터만 찾는다. 주어진 데이터베이스 영역은 반드시 각 열의 제목을 포함하여야 하고 주어진 조건도 열 제목을 포함시켜야 한다.

L11 셀에 A반 학생 중 최저 총점을 구하기 위해 DMIN() 함수를 사용하며, L11 셀에 다음과 같이 입력한다.

=DMIN(B3:I13, 6, B16:B17)

SUM | =DMIN(B3:I13,6,B16:B17)

성적표

성명	반	반도체	엑셀	영어	총점	평균	석차
가나다	A반	78	75	85	238	79.33	
강태양	A반	95	92	90	277	92.33	1
강감찬	A반	80	결석	87	167	55.67	
이순신	B반	75	85	78	238	79.33	
아이야	B반	85	90	70	245	81.67	
나다라	B반	98	80	80	258	86.00	2
우나라	C반	82	90	76	248	82.67	
마박사	C반	60	77	67	204	68.00	
이인용	C반	결석	70	65	135	45.00	
최배달	C반	95	75	85	255	85.00	3

최고총점	277
최저총점	135
엑셀시험 응시생수	9
엑셀시험 미응시생수	1
평균90점 이상인 학생수	1
A반 학생성적의 총점	682
A반 학생성적의 평균	75.77777778
A반 학생 중 최고 총점	277
A반 학생 중 최자	=DMIN(B3:I13,6,B16:B17)
1등인 학생	DMIN(database, field, criteria)

조 건

반	석차
A반	1

7. DGET() 함수는 데이터베이스 영역 내에서 특정 필드의 값이 주어진 조건과 일치하는 행을 찾아서 그 행의 원하는 값을 가져오는 함수이다. 주어진 데이터베이스 영역은 반드시 각 열의 제목을 포함하여야 하고 주어진 조건도 열 제목을 포함시켜야 한다.

L12 셀에 1등인 학생 이름을 구하기 위해 DGET() 함수를 사용하며, L11 셀에 다음과 같이 입력한다.

=DGET(B3:I13, 1, C16:C17)

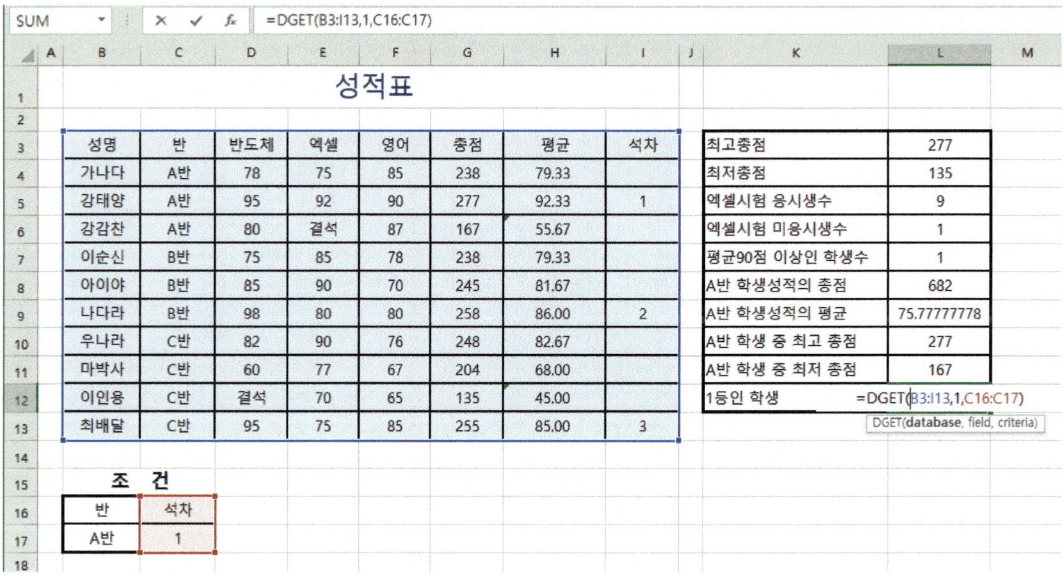

SUM | =DGET(B3:I13,1,C16:C17)

성적표

성명	반	반도체	엑셀	영어	총점	평균	석차
가나다	A반	78	75	85	238	79.33	
강태양	A반	95	92	90	277	92.33	1
강감찬	A반	80	결석	87	167	55.67	
이순신	B반	75	85	78	238	79.33	
아이야	B반	85	90	70	245	81.67	
나다라	B반	98	80	80	258	86.00	2
우나라	C반	82	90	76	248	82.67	
마박사	C반	60	77	67	204	68.00	
이인용	C반	결석	70	65	135	45.00	
최배달	C반	95	75	85	255	85.00	3

최고총점	277
최저총점	135
엑셀시험 응시생수	9
엑셀시험 미응시생수	1
평균90점 이상인 학생수	1
A반 학생성적의 총점	682
A반 학생성적의 평균	75.77777778
A반 학생 중 최고 총점	277
A반 학생 중 최저 총점	167
1등인 학생	=DGET(B3:I13,1,C16:C17)

DGET(database, field, criteria)

조 건

반	석차
A반	1

4.13 자동필터 및 SUBTOTAL() 함수

1. 아래 그림과 같이 데이터를 입력하시오.

성적표

성명	반	반도체	엑셀	영어	총점	평균	석차
가나다	A반	78	75	85			
강태양	A반	95	92	90			
강감찬	A반	80	결석	87			
이순신	B반	75	85	78			
아이야	B반	85	90	70			
나다라	B반	98	80	80			
우나라	C반	82	90	76			
마박사	C반	60	77	67			
이인용	C반	결석	70	65			
최배달	C반	95	75	85			

2. 이전에 배운 다양한 함수를 사용하여 아래 그림과 같이 구하시오.

성적표

성명	반	반도체	엑셀	영어	총점	평균	석차
가나다	A반	78	75	85	238	79.33	6
강태양	A반	95	92	90	277	92.33	1
강감찬	A반	80	결석	87	167	55.67	9
이순신	B반	75	85	78	238	79.33	6
아이야	B반	85	90	70	245	81.67	5
나다라	B반	98	80	80	258	86.00	2
우나라	C반	82	90	76	248	82.67	4
마박사	C반	60	77	67	204	68.00	8
이인용	C반	결석	70	65	135	45.00	10
최배달	C반	95	75	85	255	85.00	3

3. 이제 필터를 적용해 보자. 필터란 걸러내는 것으로 내가 원하는 자료만 뽑아내는 것이다. 자동필터를 사용할 범위(B3~I13)를 마우스로 드래그하고 [데이터] 메뉴 탭 → [정렬 및 필터] 그룹 → [필터]를 클릭한다.

아래 그림과 같이 자동으로 필터가 설정된다.

성적표

성명	반	반도체	엑셀	영어	총점	평균	석차
가나다	A반	78	75	85	238	79.33	6
강태양	A반	95	92	90	277	92.33	1
강감찬	A반	80	결석	87	167	55.67	9
이순신	B반	75	85	78	238	79.33	6
아이야	B반	85	90	70	245	81.67	5
나다라	B반	98	80	80	258	86.00	2
우나라	C반	82	90	76	248	82.67	4
마박사	C반	60	77	67	204	68.00	8
이인용	C반	결석	70	65	135	45.00	10
최배달	C반	95	75	85	255	85.00	3

4. 자동필터로 [반]에서 [A반]에 해당하는 데이터만 검색하기 위해 아래 그림과 같이 C3 셀의 아래로 삼각형 버튼을 클릭한 후에 [모두선택]을 해제하고 [A반]만 확인 버튼을 클릭한다. A반 학생들만 보일 것이다.

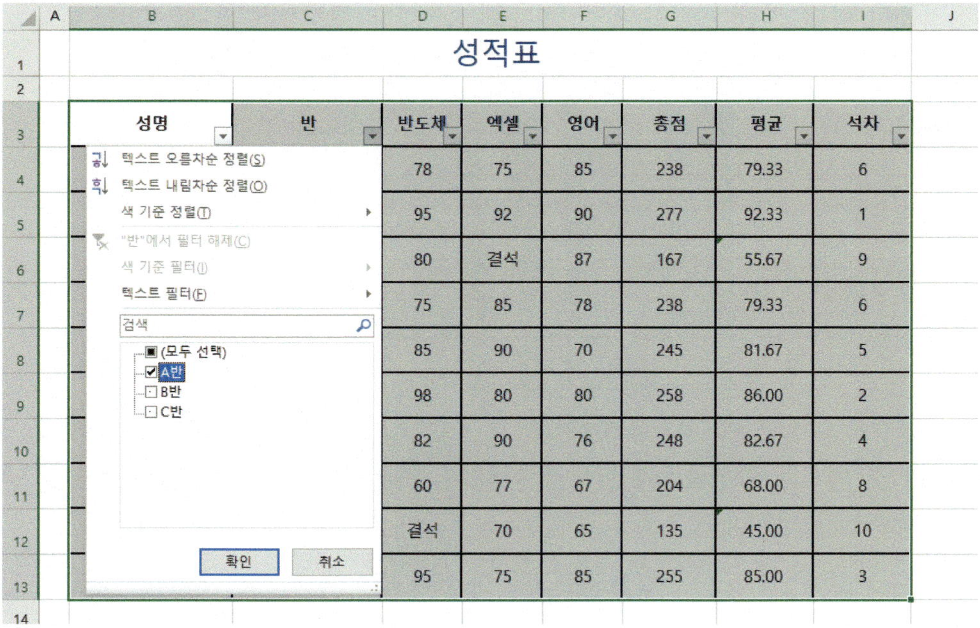

5. 이제 총점이 240점 이상인 학생들만 보고 싶다면 아래 그림과 같이 G3셀의 아래로 삼각형 버튼을 클릭한 후에 [숫자필터] → [사용자 지정 필터]를 클릭하면 [사용자 지정 자동 필터] 대화상자가 나온다.

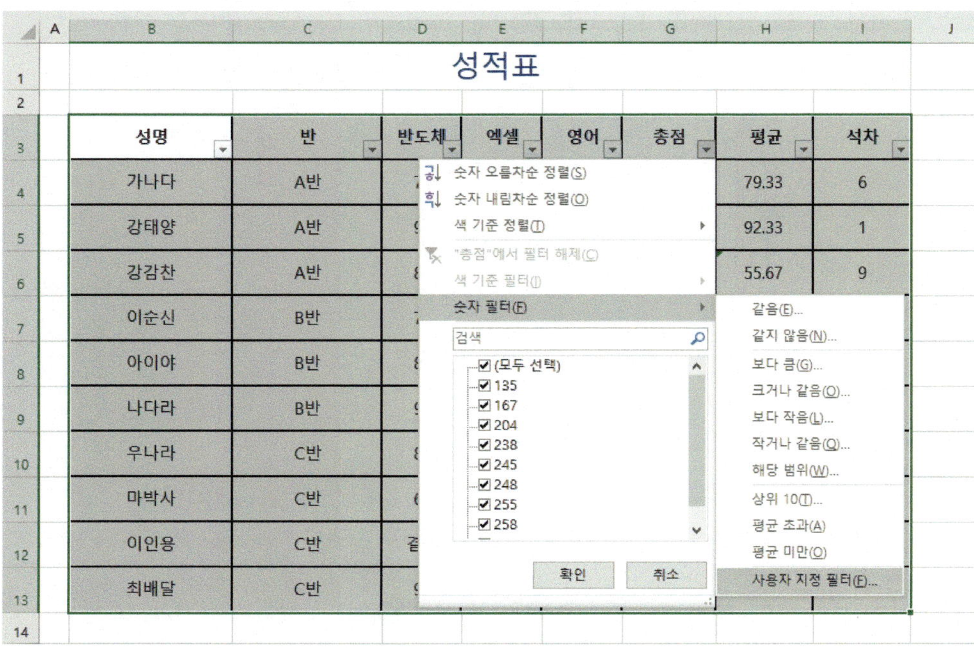

6. 대화상자에서 아래 그림과 같이 찾을 조건을 지정하고 확인 버튼을 클릭한다.

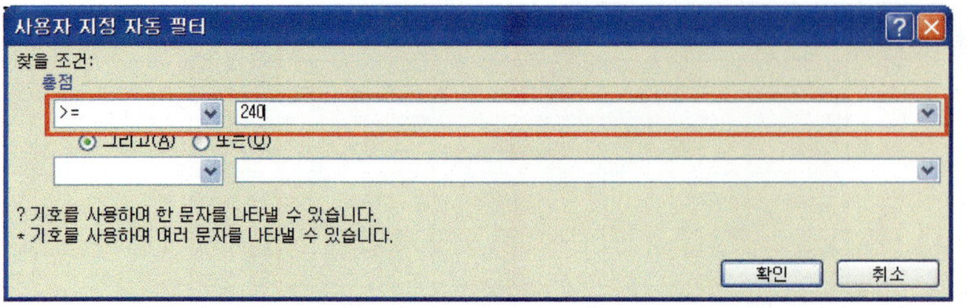

7. 총점이 240점 이상인 학생들만 나타나게 된다. 오른쪽 행 머리글을 보면 필터링된 행 주소는 붉은색으로 표시된다.

성적표

행	성명	반	반도체	엑셀	영어	총점	평균	석차
5	강태양	A반	95	92	90	277	92.33	1
8	아이야	B반	85	90	70	245	81.67	5
9	나다라	B반	98	80	80	258	86.00	2
10	우나라	C반	82	90	76	248	82.67	4
13	최배달	C반	95	75	85	255	85.00	3

8. 아래 그림과 같이 작성하시오. 과목합계와 과목 평균을 구하기 위해 D15셀에 SUM() 함수와 D16셀에 AVERAGE() 함수를 사용하여 구하시오.

성적표

성명	반	반도체	엑셀	영어	총점	평균	석차
가나다	A반	78	75	85	238	79.33	6
강태양	A반	95	92	90	277	92.33	1
강감찬	A반	80	결석	87	167	55.67	9
이순신	B반	75	85	78	238	79.33	6
아이야	B반	85	90	70	245	81.67	5
나다라	B반	98	80	80	258	86.00	2
우나라	C반	82	90	76	248	82.67	4
마박사	C반	60	77	67	204	68.00	8
이인용	C반	결석	70	65	135	45.00	10
최배달	C반	95	75	85	255	85.00	3

과목합계 - SUM함수 이용	748	734	783
과목평균 - AVERAGE함수 이용	83.11	81.56	78.30
과목합계 - SUBTOTAL함수 이용			
과목평균 - SUBTOTAL함수 이용			

9. 이제 SUBTOTAL() 함수를 사용해 보자. SUBTOTAL() 함수는 필터나 행 숨기기 명령으로 숨겨진 데이터를 계산에 포함시키거나 제외 할 수 있도록 지정할 수 있다. 형식은 다음과 같다.

=SUBTOTAL(함수번호, 범위)

함 수 번 호		함수이름	함수의미
숨겨진 행 계산	숨겨진 행 제외		
1	101	AVERAGE()	평균
2	102	COUNT()	셀의 개수
3	103	COUNTA()	셀의 개수
4	104	MAX()	최대값
5	105	MIN()	최소값
6	106	PRODUCT()	인수들의 곱
7	107	STDEV()	표준편차
8	108	STDEVP()	표준편차
9	109	SUM()	합계
10	110	VAR()	분산
11	111	VARP()	분산

10. D17 셀에 총점을 구하되 숨겨지는 셀들은 계산에서 제외시키기 위해서 함수번호 '109'를 입력하였다.

=SUBTOTAL(109, D4:D13)

D17 =SUBTOTAL(109, D4:D13)

성적표

성명	반	반도체	엑셀	영어	총점	평균	석차
가나다	A반	78	75	85	238	79.33	6
강태양	A반	95	92	90	277	92.33	1
강감찬	A반	80	결석	87	167	55.67	9
이순신	B반	75	85	78	238	79.33	6
아이야	B반	85	90	70	245	81.67	5
나다라	B반	98	80	80	258	86.00	2
우나라	C반	82	90	76	248	82.67	4
마박사	C반	60	77	67	204	68.00	8
이인용	C반	결석	70	65	135	45.00	10
최배달	C반	95	75	85	255	85.00	3

구분	반도체	엑셀	영어
과목합계 - SUM함수 이용	748	734	783
과목평균 - AVERAGE함수 이용	83.11	81.56	78.30
과목합계 - SUBTOTAL함수 이용	748		
과목평균 - SUBTOTAL함수 이용			

11. D18 셀에 평균을 구하기 위해 다음과 같이 입력해보자. 숨겨지는 셀들은 계산에서 제외시키기 위해서 함수번호 '101'을 입력하였다.

D18 =SUBTOTAL(101,D4:D13)

성적표

성명	반	반도체	엑셀	영어	총점	평균	석차
가나다	A반	78	75	85	238	79.33	6
강태양	A반	95	92	90	277	92.33	1
강감찬	A반	80	결석	87	167	55.67	9
이순신	B반	75	85	78	238	79.33	6
아이야	B반	85	90	70	245	81.67	5
나다라	B반	98	80	80	258	86.00	2
우나라	C반	82	90	76	248	82.67	4
마박사	C반	60	77	67	204	68.00	8
이인용	C반	결석	70	65	135	45.00	10
최배달	C반	95	75	85	255	85.00	3

과목합계 - SUM함수 이용	748	734	783
과목평균 - AVERAGE함수 이용	83.11	81.56	78.30
과목합계 - SUBTOTAL함수 이용	748		
과목평균 - SUBTOTAL함수 이용	83.11111		

12. B반만 선택한 결과는 아래 그림과 같다. SUBTOTAL() 함수를 사용한 결과와 SUM() 함수를 사용한 결과가 다르다는 걸 알 수 있다. SUBTOTAL() 함수에서 보이지 않는 셀들은 총점 계산에서 제외했기 때문에 B반 학생들의 총점만 결과로 나왔다.

성적표

성명	반	반도체	엑셀	영어	총점	평균	석차
이순신	B반	75	85	78	238	79.33	6
아이야	B반	85	90	70	245	81.67	5
나다라	B반	98	80	80	258	86.00	2

과목합계 - SUM함수 이용	748	734	783
과목평균 - AVERAGE함수 이용	83.11	81.56	78.30
과목합계 - SUBTOTAL함수 이용	258	255	228
과목평균 - SUBTOTAL함수 이용	86	85	76

CHAPTER 5

차트를 이용한 데이터 시각화

데이터 시각화와 관련하여 Excel 차트는 가장 인기 있는 선택 중 하나이다.

1. 엑셀에서 차트를 만들기 위해서는 우선 표 형식의 데이터가 있어야 한다.
2. 표 모양의 자료가 존재하고 이 자료를 기반으로 x, y축 엑셀 차트를 만든다.
3. 일반적으로 표 모양의 데이터는 숫자, 텍스트 등으로 구성되어 있어 쉽게 분석하기 어려울 수 있다.
4. 엑셀 차트를 이용하면 시각적으로 쉽게 분석할 수 있도록 도와준다.

아래 그림은 차트 구성요소들이다. 각각의 명칭을 잘 알아두자.

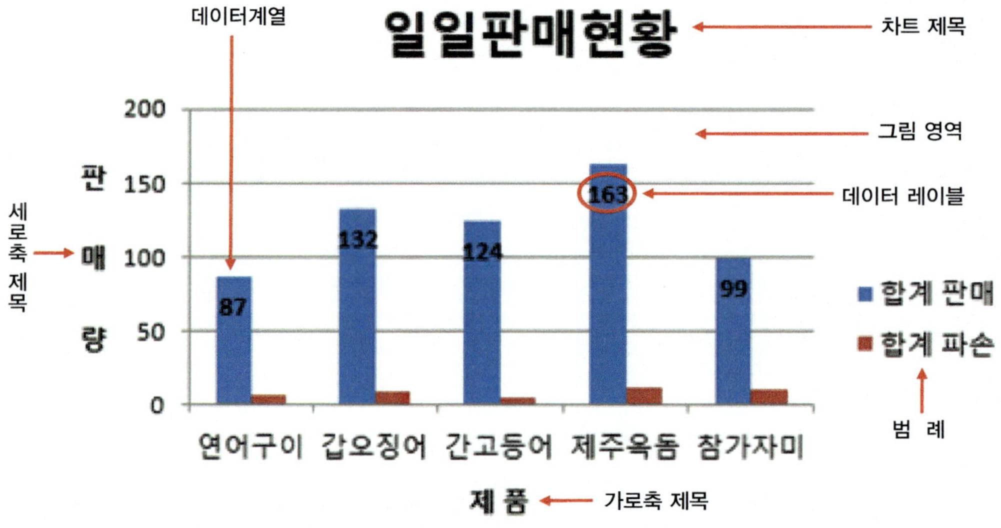

Excel에서는 막대형, 꺽은 선형, 원형, 방사형, 히스토그램 등 다양한 유형의 차트가 있다. 그러나 데이터에 적합한 차트를 선택하는 것은 어려울 수 있으며 적절한 차트를 선택하지 못하면 오히려 혼란스러울 수 있다. 이에 정답은 아니지만 데이터에 적합한 차트 종류는 대체로 아래와 같다.

1. 세로 막대형

서로 다른 항목별 값을 비교할 때
시간 경과에 따른 값의 변화를 보여줄 때

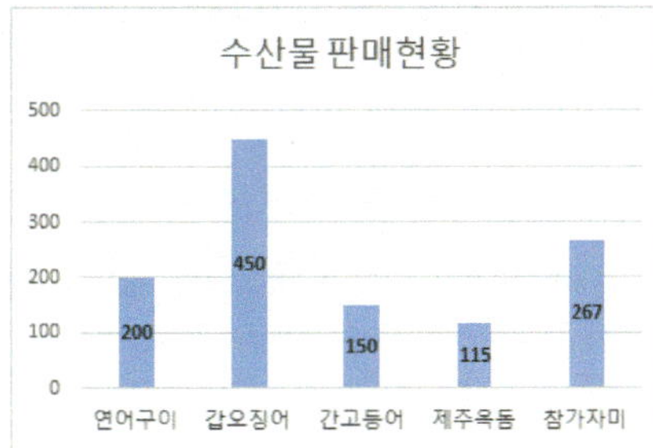

2. 가로 막대형

세로 막대형과 비슷하나 항목 수가 많을 때

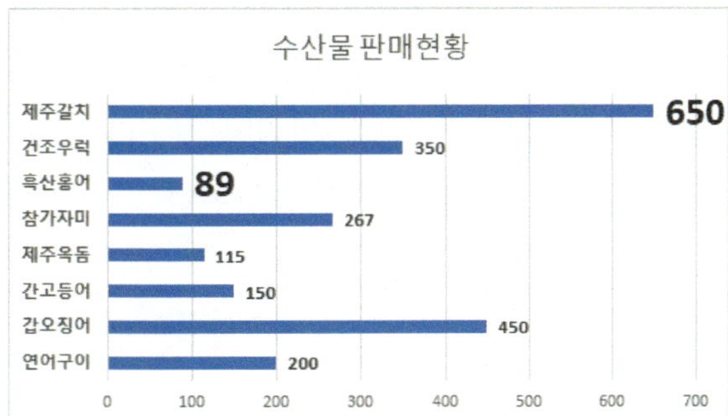

3. 꺾은 선형

시간 경과에 따른 데이터 추이를 표시할 때

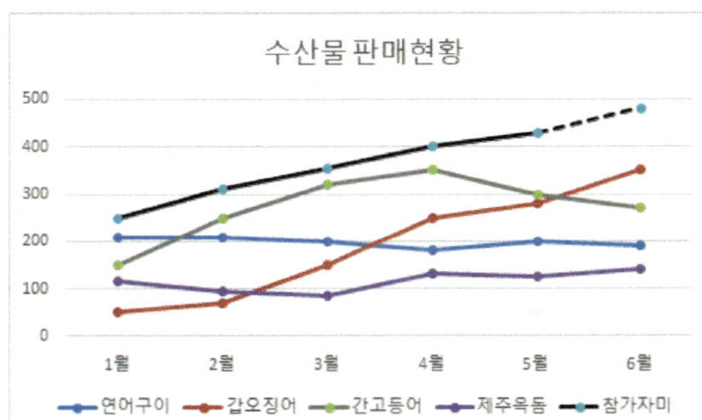

4. 원형

전체에서 차지하는 항목별 비율을 표현할 때

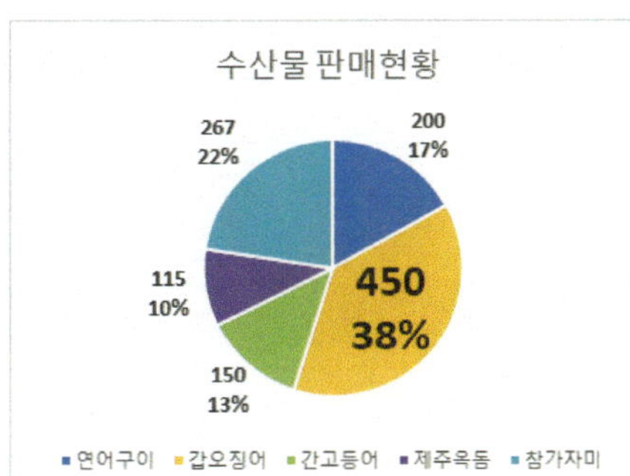

5.1 여러 시트에 같은 내용 입력 및 서식파일 만들기

1. 일일판매보고 형식은 항상 일정한 양식을 가지고 있으며 판매나 파손된 숫자만 다르다. 이에 7일간의 일일판매보고 양식을 한 번에 작성하고 싶다면 다음과 같이 하면 된다.

2. 아래 그림과 같이 시트 이름을 "4월1일"부터 "4월7일"까지 시트를 추가해서 작성하자. 작성을 하였다면 "4월1일" 시트를 클릭한 후에 [Shift]키를 누르고 "4월7일" 시트를 클릭하면 제목 표시줄에 [그룹] 이라고 표시가 된다. 이후에 아래 그림과 같이 입력하자. 7개의 시트에 같은 셀에 똑같은 내용이 입력될 것이다. 그룹해제는 시트 탭에서 오른쪽 마우스를 클릭 후에 시트 그룹해제를 선택하면 된다.

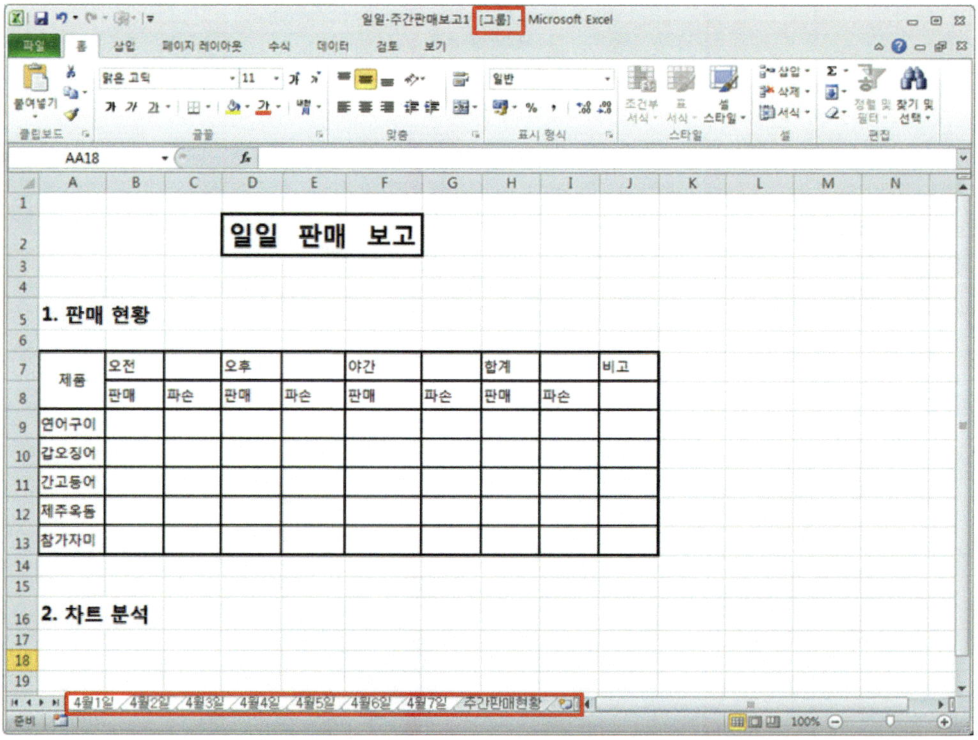

3. 저장은 아래 그림과 같이 서식파일로 저장하면 된다. 이후에는 서식파일을 불러와서 매주 내용을 작성하면 된다.

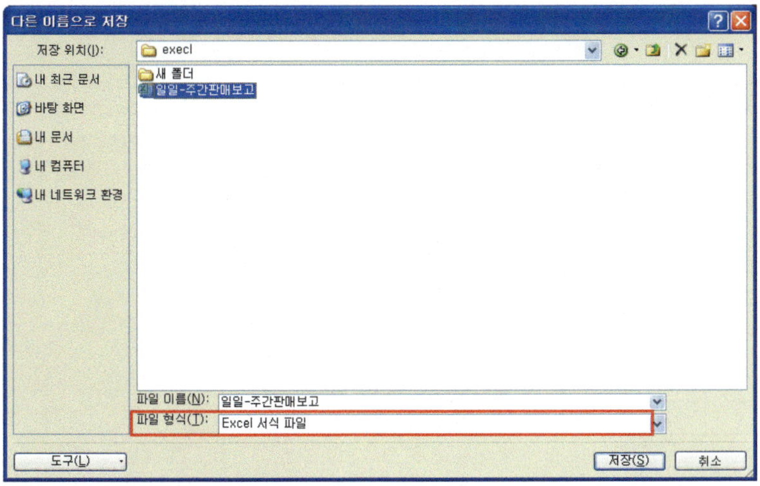

5.2 일일 판매 현황을 이용하여 차트 만들기

1. 이제 일일-주간판매보고 서식파일을 불러와서 아래 그림과 "4월1주차판매보고" 엑셀 파일로 저장하고 4월1일 시트에 판매 및 파손 내용을 입력하시오.

일일 판매 보고

1. 판매 현황

제품	오전		오후		야간		합계		비고
	판매	파손	판매	파손	판매	파손	판매	파손	
연어구이	23	2	30	2	34	3			
갑오징어	34	1	42	4	56	5			
간고등어	12	1	36	0	76	4			
제주옥돔	32	3	76	2	55	7			
참가자미	22	0	43	2	34	9			

2. 차트 분석

2. H9 셀에 판매 합계를 구하기 위해 =SUM(B9, D9, F9)를 입력하여 판매 합계를 계산한다. I9 셀에는 파손 합계를 구하기 위해 =SUM(C9, E9, G9)를 입력하여 파손 합계를 구하자.

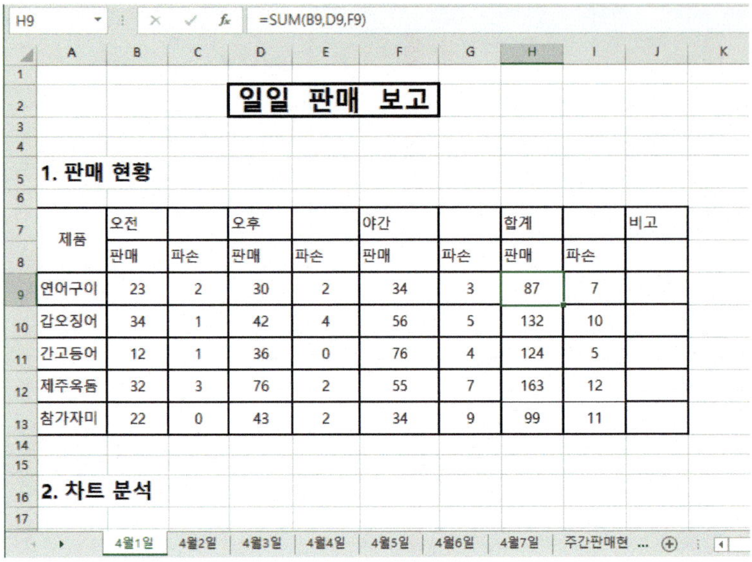

3. 차트를 생성하기 위해 A7~I13을 선택하고 [삽입] 메뉴 탭 → [차트] 그룹에 대화상자를 호출하는 아이콘을 클릭한다.

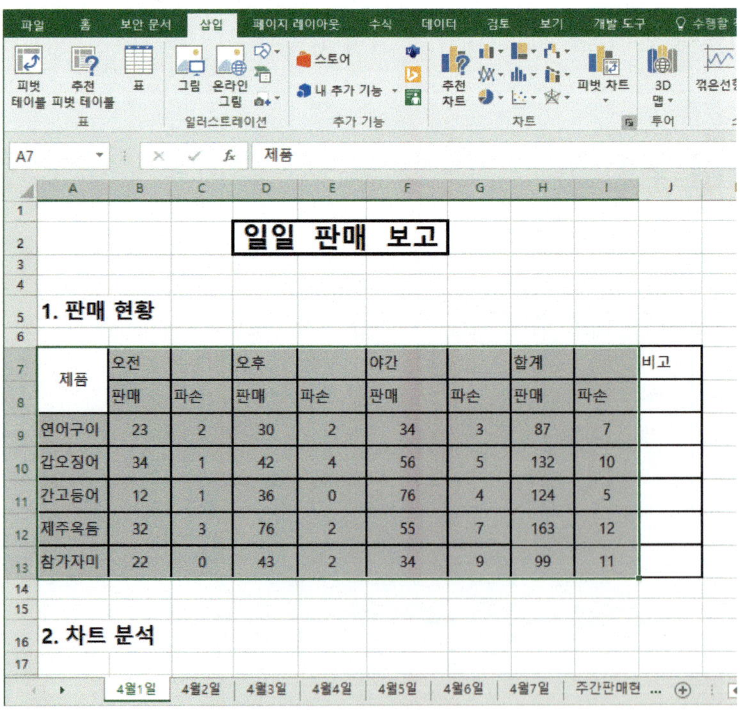

4. 아래와 같은 [차트 삽입] 대화상자가 나타난다. 여기에서 추천차트를 선택하거나 [모든 차트] 탭을 클릭한 후에 원하는 차트를 선택하면 된다.

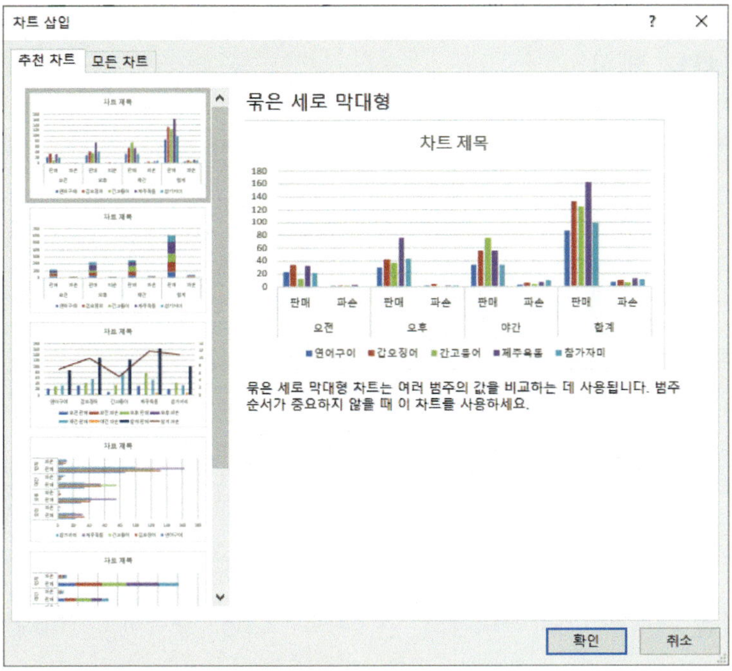

5. 교재에서는 엑셀에서 추천하는 [묶은 세로 막대형]차트를 생성하였다.

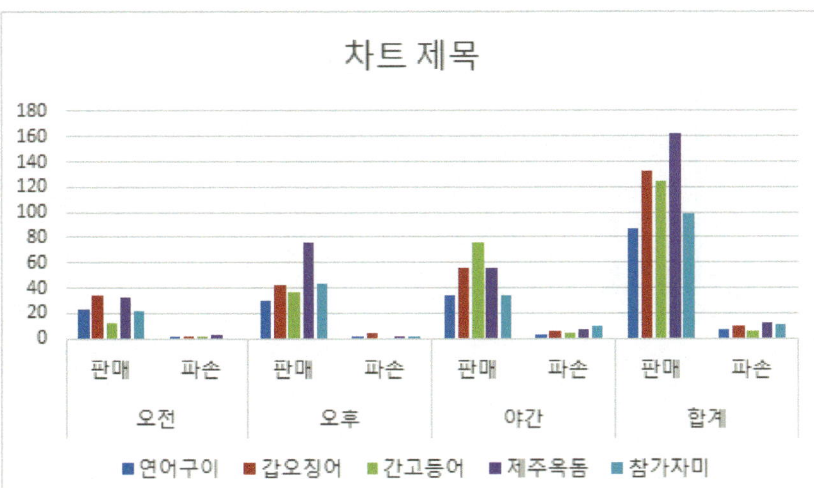

6. 차트를 선택하고 차트도구에서 [디자인] 메뉴 탭 → [[데이터] 그룹 → [행/열 전환]을 클릭한다.

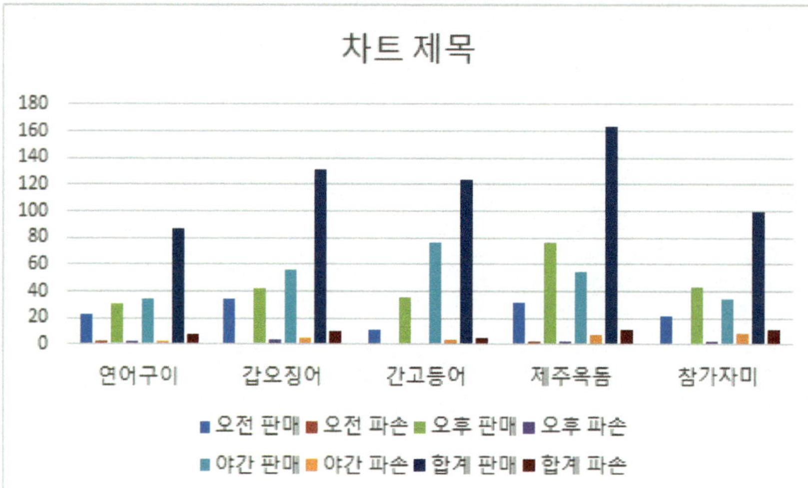

7. 범례 위치를 바꿔보자. 엑셀 차트를 한번 클릭하고 차트 요소를 클릭하고 [범례] → [오른쪽]을 선택하면 된다. 또는 차트를 선택하고 차트도구에서 [디자인] 메뉴 탭 → [차트 레이아웃] 그룹 → [차트요소추가] → [범례] → [오른쪽에 범례 표시]를 클릭한다.

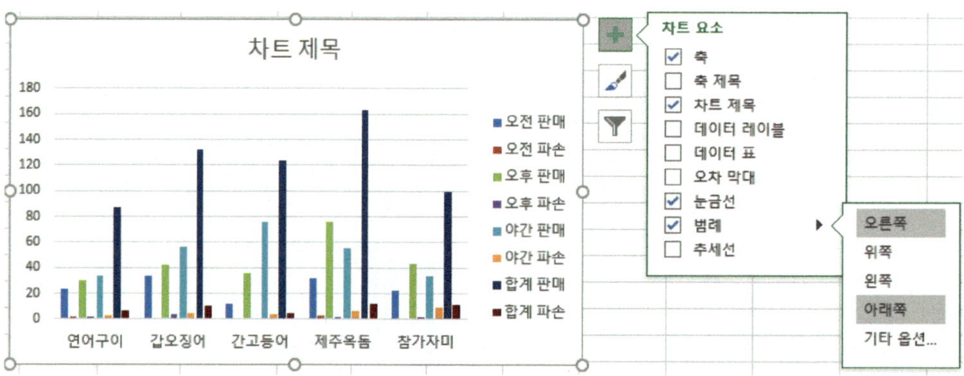

차트를 선택하고 나타나는 각 아이콘의 의미는 다음과 같다.

아이콘	이 름	내 용
	차트 요소	제목, 범례, 눈금선, 데이터 레이블 같은 차트 요소를 제거, 추가 또는 변경
	차트 스타일	차트에 대한 스타일 및 색 구성표를 설정
	차트 필터	차트에 표시할 데이터 요소 및 이름을 편집

8. 차트 제목을 바꾸기 위해 차트 제목을 클릭하고 "일일 판매 현황"으로 수정하였다. 세로 제목을 삽입하기 위해 차트를 클릭하고 [차트 요소] → [축 제목] → [기본 세로]를 체크한다. 세로 제목을 클릭하고 "판매량"을 입력한다.

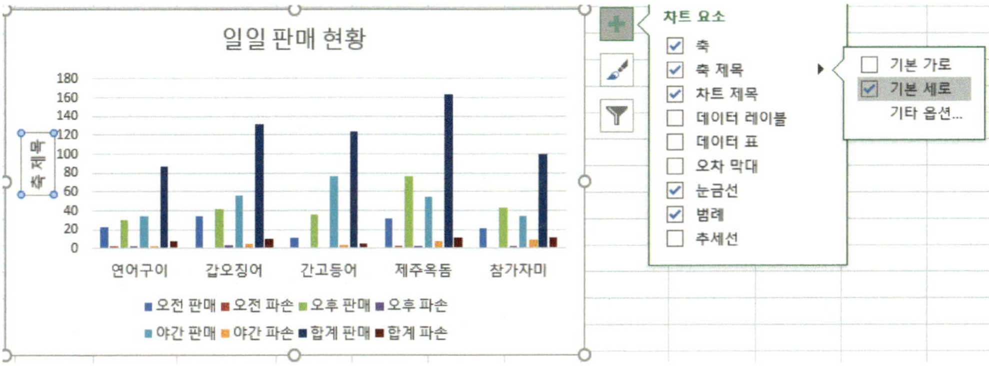

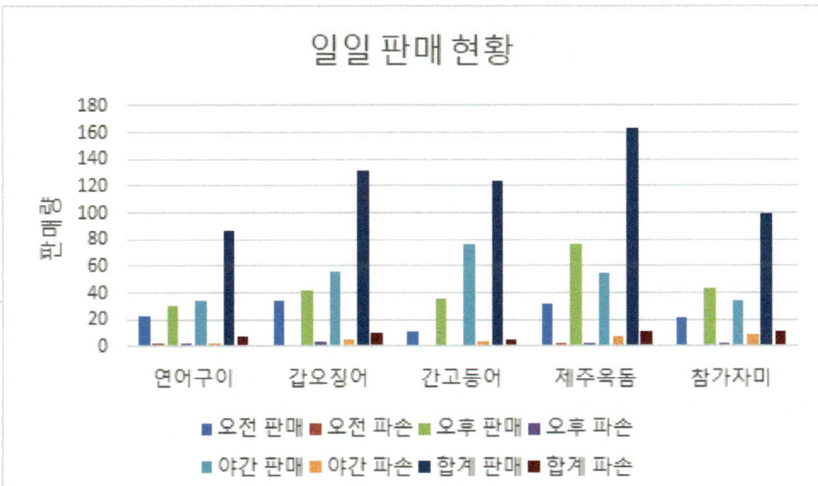

9. 세로 제목의 텍스트 방향을 바꿔보자. 차트를 더블 클릭하면 [차트 영역 서식] 대화상자가 나타난다. 세로 제목을 선택하고 [텍스트 옵션] → [텍스트 상자] → [텍스트 방향]의 값을 [세로]로 선택하면 된다.

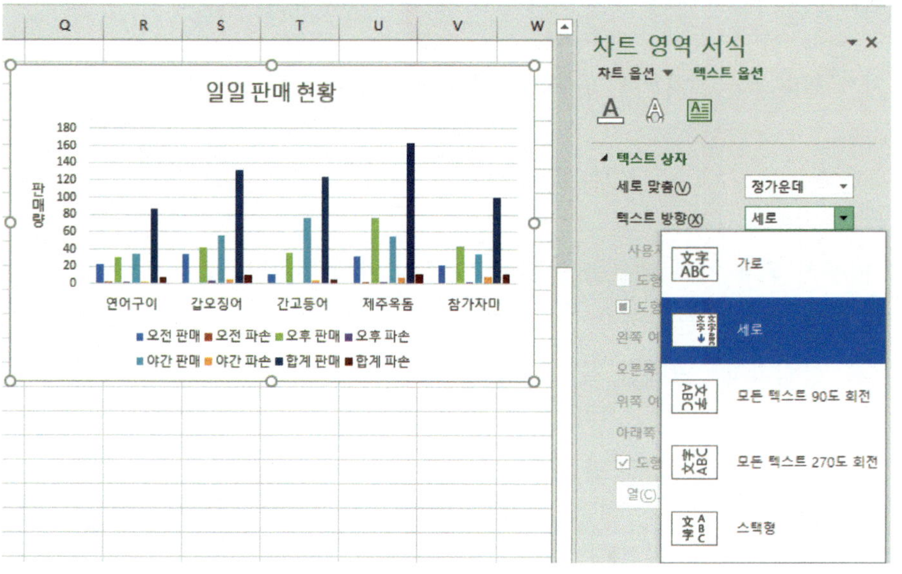

10. 그런데 차트 내용이 오전, 오후, 야간에 판매한 양과 파손된 양까지 표기되다 보니 차트로 표시되어도 분석하기가 쉽지 않다. 그냥 총 판매량과 총 파손양만 보여주고 싶다면 차트를 선택한 후에 [차트 필터 아이콘] 차트 필터를 클릭하고 [값] → [계열]에서 [합계 판매]와 [합계 파손]만 선택하면 된다.

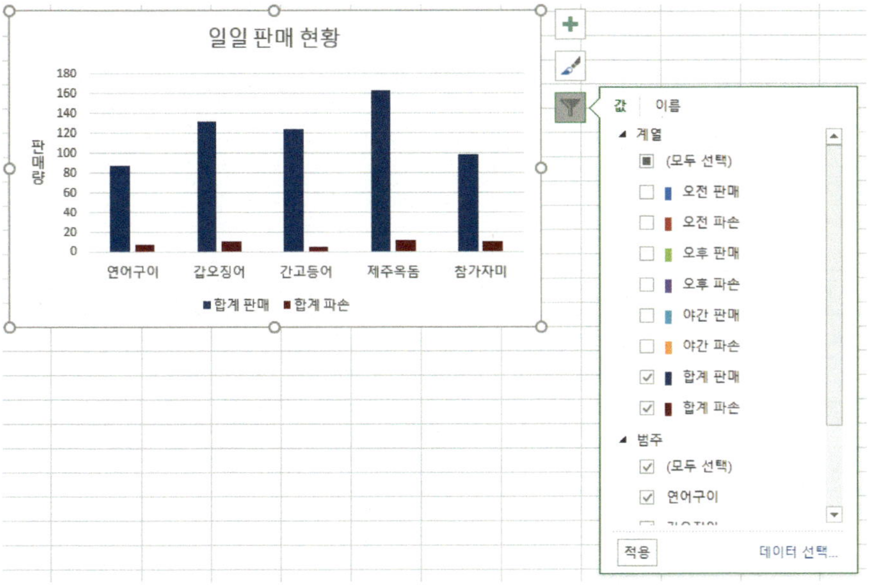

11. 4월7일 시트까지 내용을 입력하고 다양한 차트를 생성해 보자.

5.3 주간 판매 현황 만들기

다른 시트에 있는 값 가져오기

1. 앞 장에서 만든 파일에서 마지막 시트를 "주간판매현황"으로 이름을 변경하고 다음 그림과 같이 작성하시오.

주간 판매 보고

1. 판매 현황

날짜	연어구이		갑오징어		간고등어		제주옥돔		참가자미		총판매량	
	판매	파손	판매	파손	판매	파손	판매	파손	판매	파손	판매	파손
4월1일												
4월2일												
4월3일												
4월4일												
4월5일												
4월6일												
4월7일												

2. 주간판매량

총판매량	
총파손량	

2. C9셀에 4월1일 시트에 연어구이 총판매량이 있는 셀을 입력하면 된다. 교재에서는 H9 셀에 있으므로 다음과 같이 입력한다. 또는 “=”를 입력한 후에 4월1일 시트를 클릭하고 해당 셀을 클릭하여도 된다.

=4월1일!$H$9

4월1일!　　4월1일 시트를 참조한다는 의미

$H$9　　H9셀 참조를 절대 참조로 한다는 의미

C9 　='4월1일'!$H$9

주간 판매 보고

1. 판매 현황

날짜	연어구이		갑오징어		간고등어		제주옥돔		참가자미		총판매량	
	판매	파손	판매	파손	판매	파손	판매	파손	판매	파손	판매	파손
4월1일	87	7	132	10	124	5	163	12	99	11		
4월2일	87	10	110	18	142	12	132	16	88	11		
4월3일	78	6	89	13	92	8	97	11	87	2		
4월4일	99	7	100	10	89	15	99	16	107	10		
4월5일	142	7	132	17	56	5	151	12	68	11		
4월6일	87	20	120	42	56	14	151	22	68	18		
4월7일	124	7	155	19	100	7	97	12	89	11		

4. 나머지 셀들도 각 시트를 참조해서 작성하시오.

5. M9셀에 4월1일자 연어구이, 갑오징어, 간고등어, 제주옥돔, 참가자미 판매량을 입력하면 된다. N9셀에는 파손량을 입력하면 된다.

=SUM(C9, E9, G9, I9, K9)

1주일간 판매한 총판매량과 파손량은 C19 셀과 C20 셀에 입력한다.

=SUM(M19:M15)
=SUM(N19:N15)

M9 =SUM(C9,E9,G9,I9,K9)

주간 판매 보고

1. 판매 현황

날짜	연어구이		갑오징어		간고등어		제주옥돔		참가자미		총판매량	
	판매	파손	판매	파손	판매	파손	판매	파손	판매	파손	판매	파손
4월1일	87	7	132	10	124	5	163	12	99	11	605	45
4월2일	87	10	110	18	142	12	132	16	88	11	559	67
4월3일	78	6	89	13	92	8	97	11	87	2	443	40
4월4일	99	7	100	10	89	15	99	16	107	10	494	58
4월5일	142	7	132	17	56	5	151	12	68	11	549	52
4월6일	87	20	120	42	56	14	151	22	68	18	482	116
4월7일	124	7	155	19	100	7	97	12	89	11	565	56

2. 주간판매량

총판매량	3697
총파손량	434

6. 1주일간 판매 및 파손에 대한 차트를 생성하기 위해 B7~L15셀을 선택하고 [삽입] 메뉴 탭 → [모든 차트] → [세로 막대형] → [누적 세로 막대형]을 선택하였다.

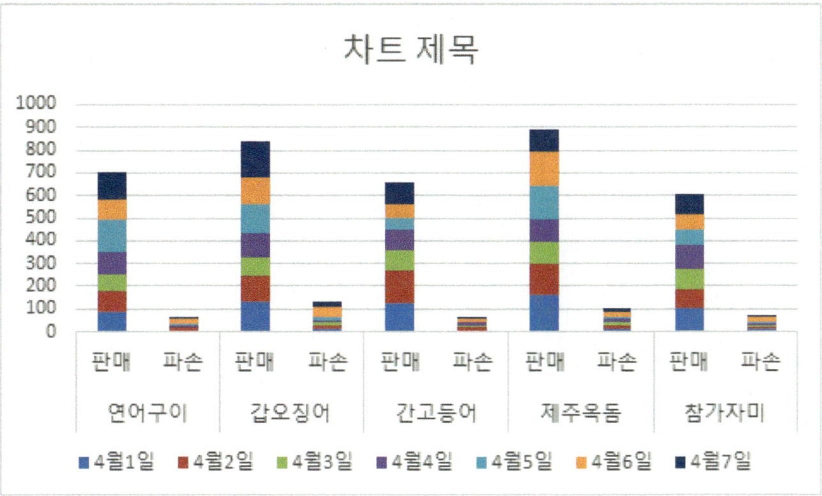

7. 차트를 선택하고 차트도구에서 [디자인] 메뉴 탭 → [[데이터] 그룹 → [행/열 전환]을 클릭한다.

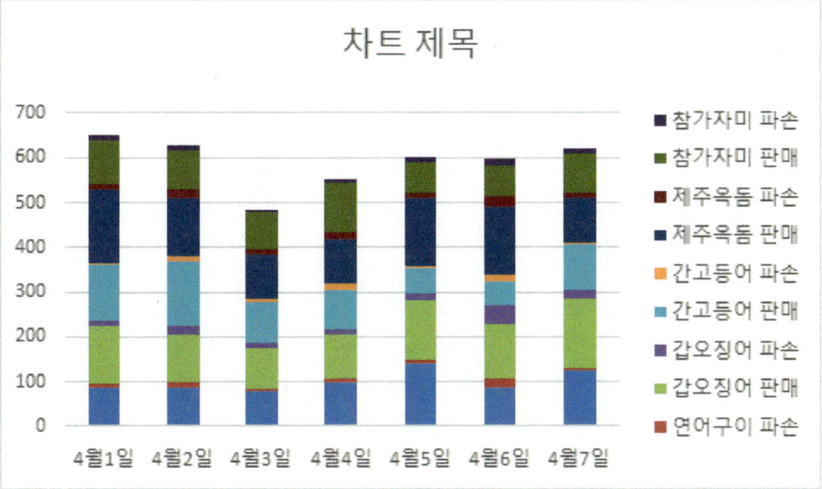

8. 판매 데이터에 대한 차트를 만들기 위해 차트를 선택한 후에  차트 필터를 클릭하고 [계열] → [값]에서 각 상품의 [판매]만 선택한다.

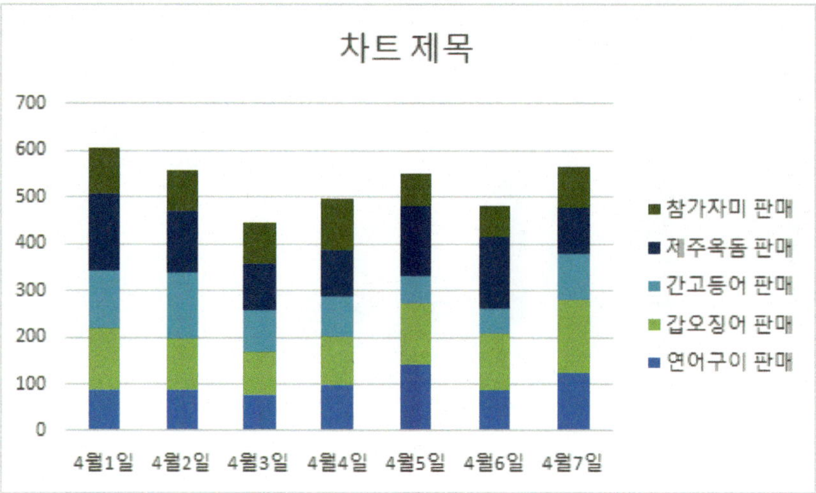

9. 차트를 선택하고 왼쪽 축을 클릭하면 [축 서식] 대화상자가 나온다. 마지막에 있는 [축 옵션]에서 아래 그림과 같이 값을 수정해보자.

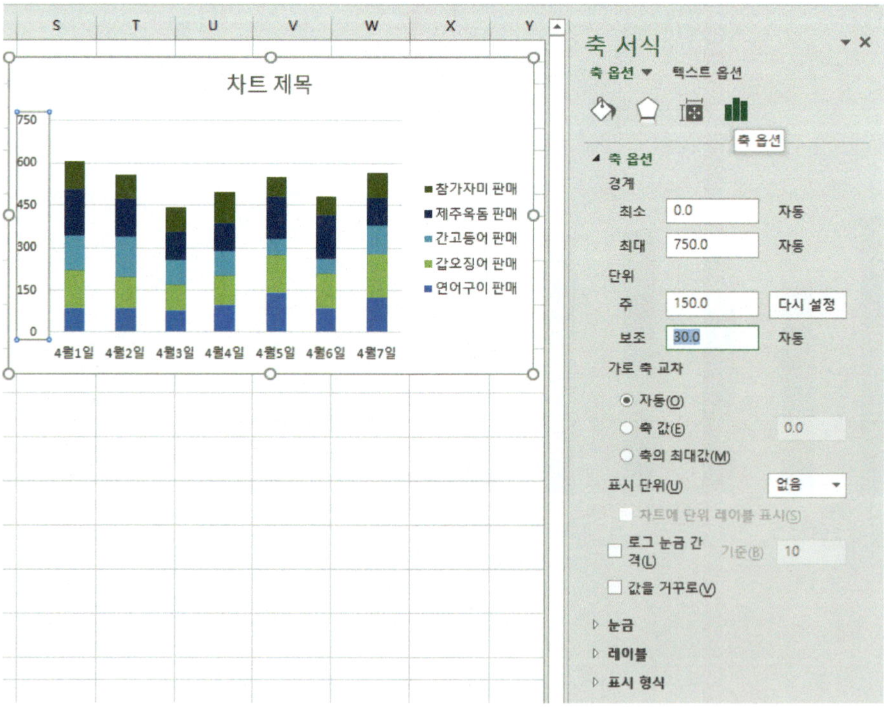

10. 갑오징어 영역을 클릭하고 [차트 요소] → [데이터 레이블] → [가운데 맞춤]을 선택한다. 아래 그림과 같이 데이터 레이블이 나타난다. 데이터 레이블을 선택한 후 [홈] 메뉴 탭 → [글꼴] 그룹 → [굵게]를 선택하고 크기 값을 11로 선택한다.

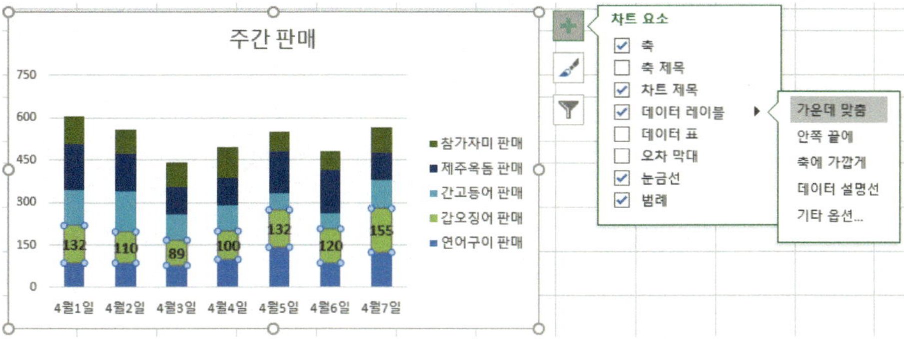

11. 아래 그림과 같이 주간 파손에 대한 차트를 만들어 보자. 100% 기준 누적 세로 막대형으로 만들었다.

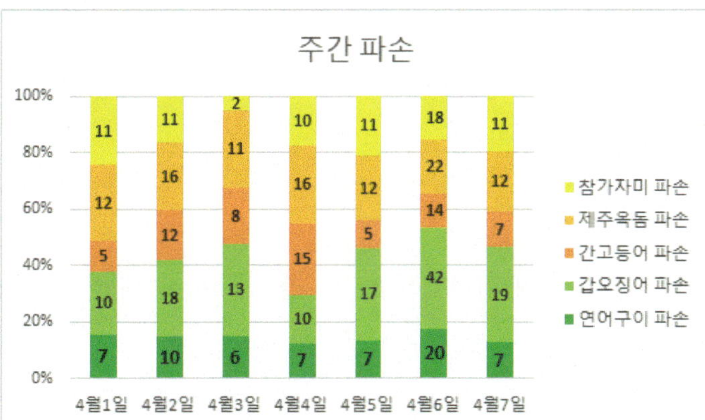

5.4 월간 판매 현황 만들기

다른 엑셀 파일 값 가져오기

1. 앞 장에서 만든 "4월1주차판매보고.xlsx" 파일을 기초로 "4월2주차판매보고.xlsx", "4월3주차판매보고.xlsx", "4월4주차판매보고.xlsx" 파일을 작성하시오.

2. 월간판매보고 파일을 작성한 후에 아래 그림과 같이 시트를 작성하시오.

월간 총 판매 현황

1. 판매 현황

날짜	총판매량	
	판매	파손
4월 1주차		
4월 2주차		
4월 3주차		
4월 4주차		

3. C8 셀에 다음과 같이 입력하거나 또는 파일이 열려있으면 "="를 입력하고 해당 시트를 클릭하고 해당 셀을 클릭하여도 된다.

=[4월1주차판매보고.xlsx]주간판매현황!$C$19

의미는 4월1주차판매보고.xlsx 파일([4월1주차판매보고.xlsx])에 있는 주간판매현황 시트(주간판매현황!)를 참조하여 C19 셀($C$19)에 있는 내용을 가져오라는 의미이다. 절대참조를 한 이유는 나머지 파일들의 내용에서도 항상 같은 C19 셀에 주간 총 판매량이 있기 때문이다.

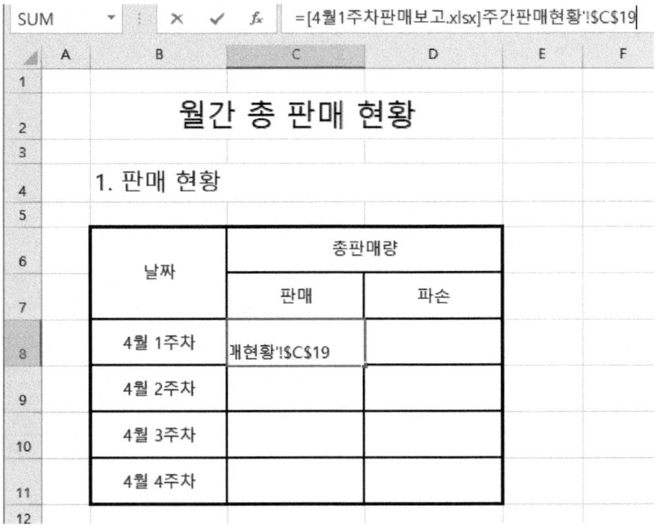

3. D8 셀에 다음과 같이 입력하거나 또는 파일이 열려있으면 "="를 입력하고 해당 시트를 클릭하고 해당 셀을 클릭하여도 된다.

= [4월1주차판매보고.xlsx]주간판매현황!$C$20

의미는 4월1주차판매보고.xlsx 파일([4월1주차판매보고.xlsx])에 있는 주간판매현황 시트(주간판매현황!)를 참조하여 C20 셀($C$20)에 있는 내용을 가져오라는 의미이다. 절대참조를 한 이유는 나머지 파일들의 내용에서도 항상 같은 C20 셀에 주간 총 파손량이 있기 때문이다.

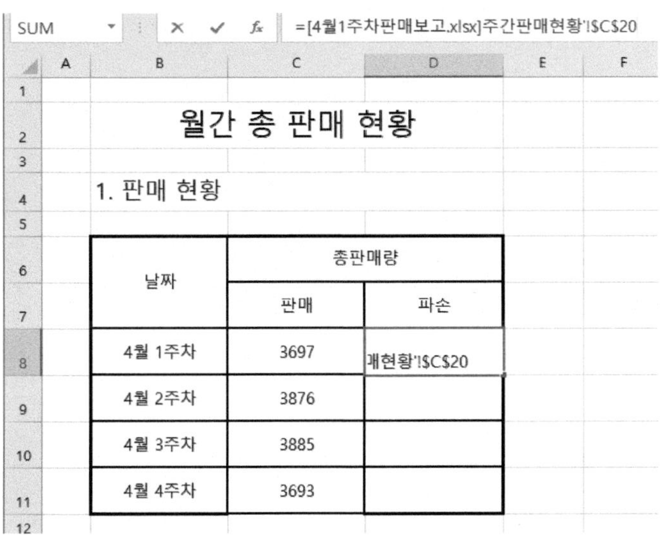

문제4 아래 그림과 같은 차트를 만드시오.

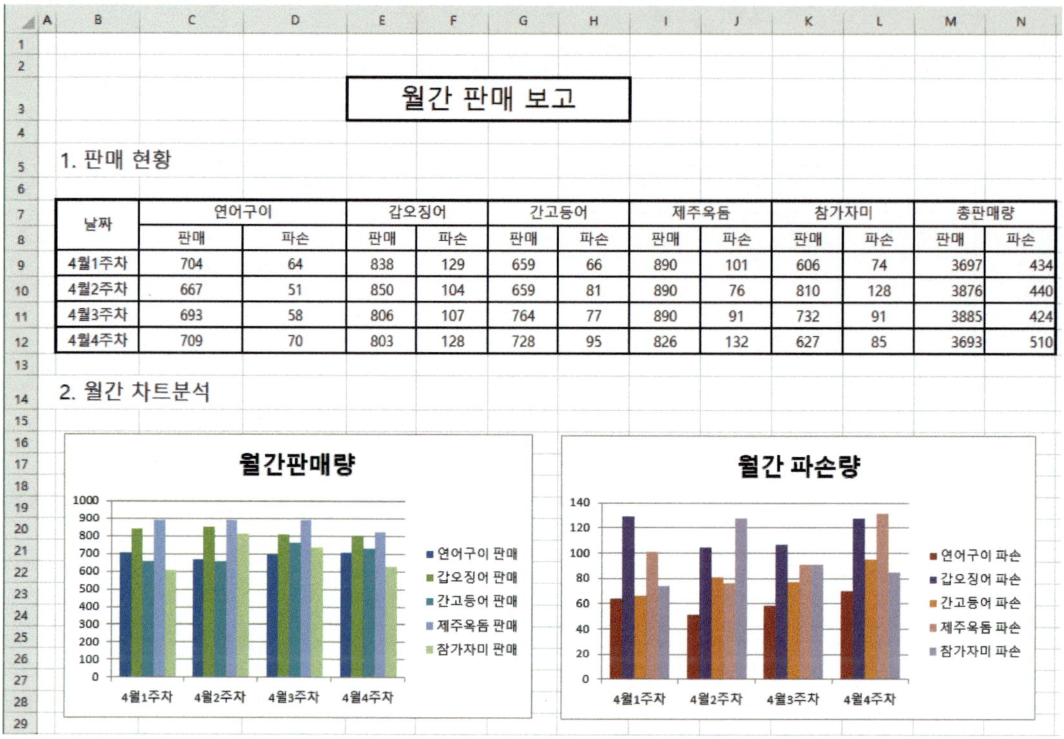

월간 판매 보고

1. 판매 현황

날짜	연어구이		갑오징어		간고등어		제주옥돔		참가자미		총판매량	
	판매	파손	판매	파손	판매	파손	판매	파손	판매	파손	판매	파손
4월1주차	704	64	838	129	659	66	890	101	606	74	3697	434
4월2주차	667	51	850	104	659	81	890	76	810	128	3876	440
4월3주차	693	58	806	107	764	77	890	91	732	91	3885	424
4월4주차	709	70	803	128	728	95	826	132	627	85	3693	510

2. 월간 차트분석

CHAPTER 6

대시보드 만들기

피벗 테이블 / 피벗 차트 / 슬라이서

6.1 대시보드 작성 절차

대시보드dashboard란 운전석과 조수석 정면에 있는 운전에 필요한 각종 계기들이 달린 부분을 말한다. 계기판을 이용하면 자동차의 현재 속도, 자동차 안의 온도, 남은 기름의 양, 차가 도로를 달린 거리, 고장 문제 등 여러 가지 정보를 한 번에 파악할 수 있다. 이처럼 한 눈에 알아볼 수 있도록 정보를 모아 놓은 것을 대시보드라고 한다.

컴퓨터 기술이 발전한 현재에 이르러서는 업무에 필요한 각종 정보를 도표나 그래픽 등으로 한 눈에 파악할 수 있도록 디자인 된 페이지를 말하며, 다양한 콘텐츠를 한 화면 안에서 확인할 수 있기 때문에 효율적이며 업무 상황 등을 공유하기에도 편리하다. 이처럼 대시보드를 이용하면 필요한 정보를 한 눈에 알아볼 수 있기 때문에 보다 쉽고 편리하게 여러 가지 기능을 관리할 수 있다는 장점이 있다.

1. 대시보드를 만드는 절차는 정해진 절차가 있는 것은 아니지만 대체로 아래 그림과 같다. 교재에서는 아래 절차대로 작성해 보겠다.

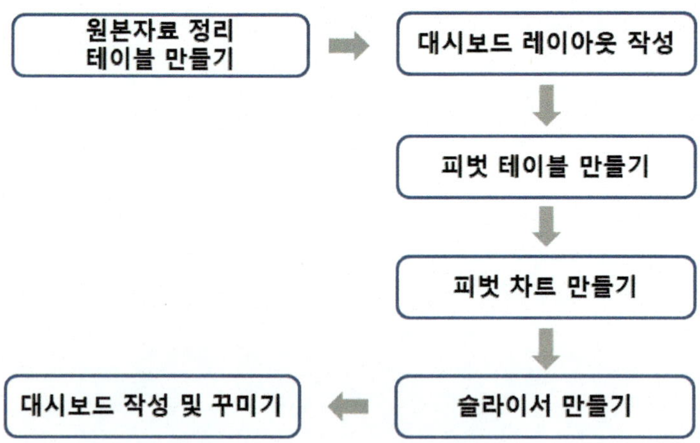

2. 작성할 대시보드에 맞는 파일을 준비하자. 다음과 같이 "공공데이터포털"에 접속하여 '지역화폐' 로 검색을 한다.

URL은 https://www.data.go.kr/ 입니다.

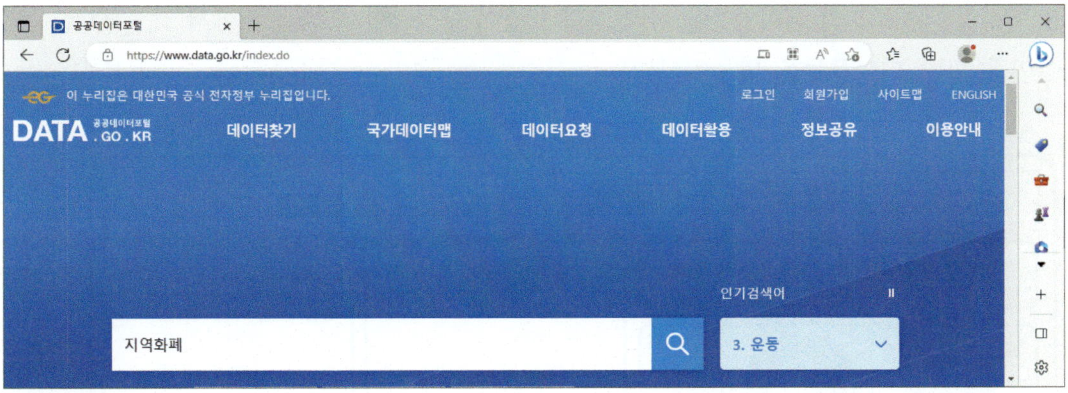

3. “파일데이터” 검색 결과에서 본인이 알고 싶은 지역의 파일을 다운로드 하세요. 교재에서는 “경기도 수원시_지역화폐 결재정보”를 다운로드 하였다.

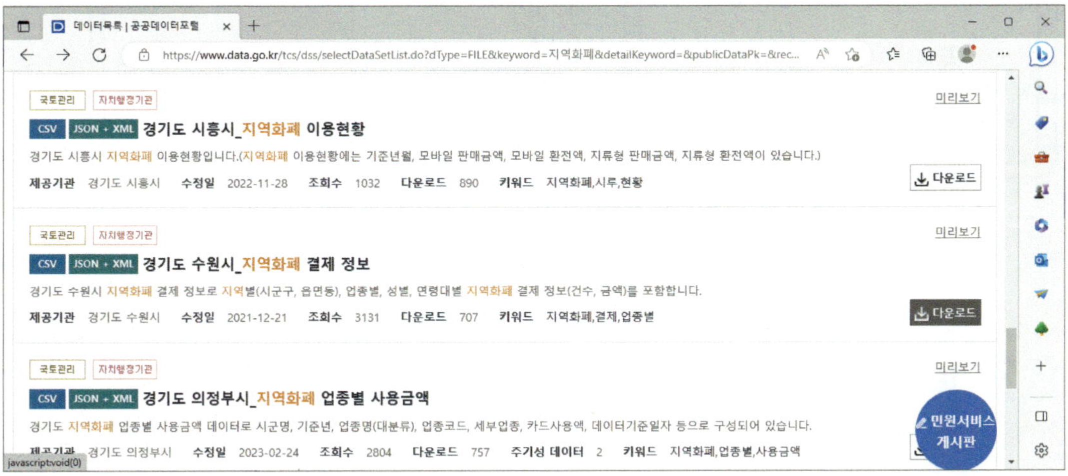

4. 다운로드한 파일은 CSVComma Separated Value 형식의 파일이다. CSV는 쉼표로 나눠진 값을 저장한 데이터를 의미한다. CSV는 글꼴과 같은 서식 정보들이 없기 때문에 원형 그대로 가공하기 좋은 데이터이다. 메모장과 같은 텍스트 에디터 등으로 쉽게 만들 수 있고, 엑셀에서도 활용할 수 있다.

다운로드한 파일을 [다른 이름으로 저장하기] → [파일 형식]을 [엑셀 통합문서(*.xlsx)]로 하여 “수원시-지역화폐결재정보.xlsx”로 저장하였다.

5. 작성할 대시보드의 레이아웃을 아래 그림과 같이 구성하였다. 다음 절에서 각 구성 항목에 들어갈 피벗 테이블들을 만들어 보자.

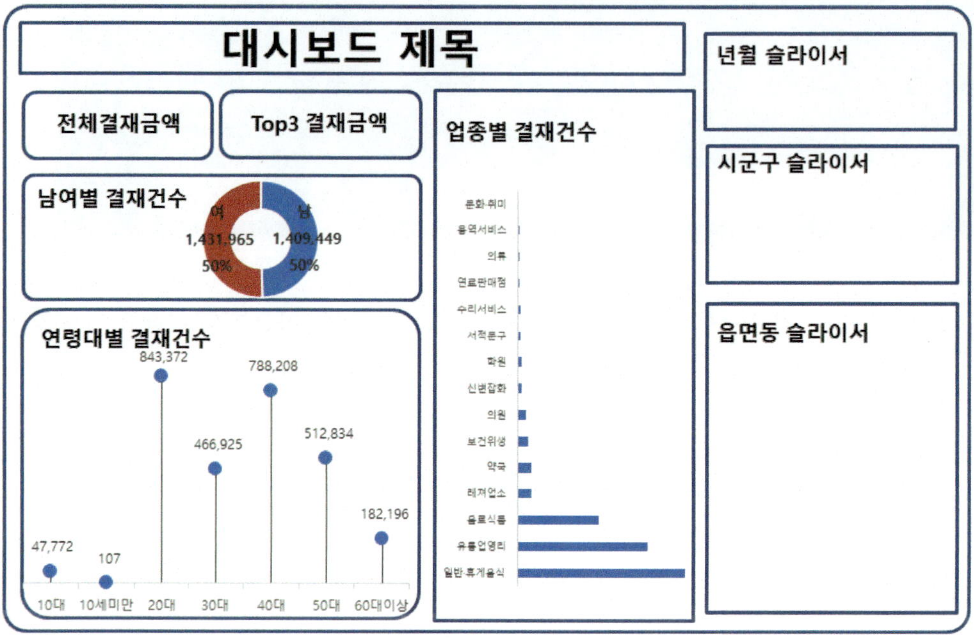

6.2 피벗 테이블 만들기

피벗 테이블은 데이터의 통합과 부분합의 장점만을 결합해서 만들어진 형태의 테이블이다. 특정한 필드에 있는 중심 데이터를 기준으로 여러 각도에서 원하는 데이터만을 선택해서 쉽게 이용하고 분석할 수 있게 해준다. 피벗 테이블 보고서를 작성하기 전에 Excel 워크시트가 보고서에 맞게 잘 준비되었는지 반드시 확인하여야 한다.

1. 피벗 테이블 보고서에서 원본데이터의 각 열은 보고서에서 사용할 수 있는 필드가 된다. 즉, 보고서의 필드 이름은 원본데이터의 열 제목에서 가져오기 때문에 원본데이터 워크시트의 첫 번째 행에 각 열의 이름이 있는지 확인한다.

2. 또한 동일한 열에서 머리글 아래의 나머지 행은 비슷한 항목들이 포함되어야 한다. 예를 들어 텍스트가 한 열에 나오면, 숫자는 다른 열에 나와야 하며, 날짜는 또 다른 열에 나와야 합니다.

3. 마지막으로 피벗 테이블 보고서에 사용할 데이터에는 빈 열과 빈 행이 없어야 한다. 그러므로 데이터 블록을 구분하는 데 사용되는 빈 행은 제거해야 한다.

4. 저장한 "수원시-지역화폐결재정보.xlsx" 파일을 실행하고 시트이름을 [수원시원본데이터]로 변경한다. 데이터가 입력되어 있는 아무 셀이나 클릭하고 [Ctrl] + [a] 키를 누르면 전체영역이 선택이 된다. 다시 [Ctrl] + [t] 키를 누르면 [표 만들기] 대화상자 뜨고 확인을 누르면 표 만들기를 할 수 있다.

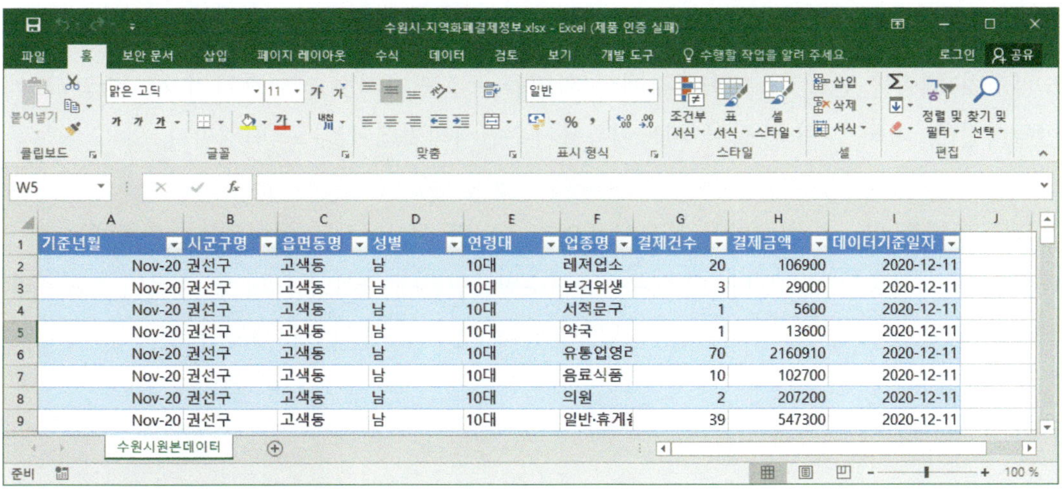

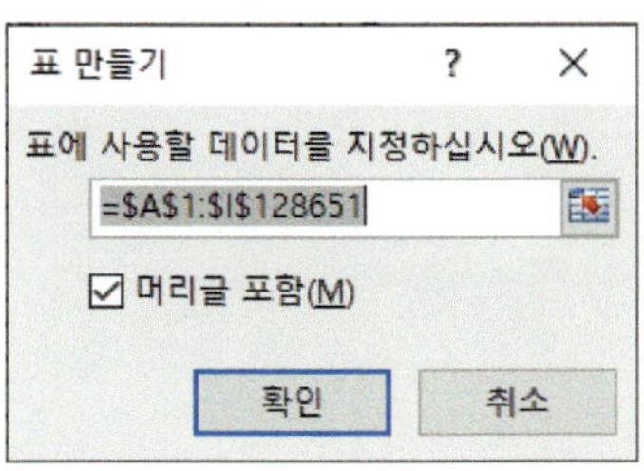

5. 표 안의 데이터가 입력되어있는 아무 셀이나 클릭하고 이어서 [삽입] 메뉴 탭 → [표] 그룹 → [피벗 테이블]을 클릭하면 그림과 같은 [피벗 테이블 만들기] 대화상자가 나오면서 [표 또는 범위 선택]이 자동으로 선택된다.

피벗 테이블 보고서가 들어갈 위치로 새 워크시트를 선택하거나 새 워크시트를 만들지 않으려면 기존 워크시트를 클릭하면 된다.

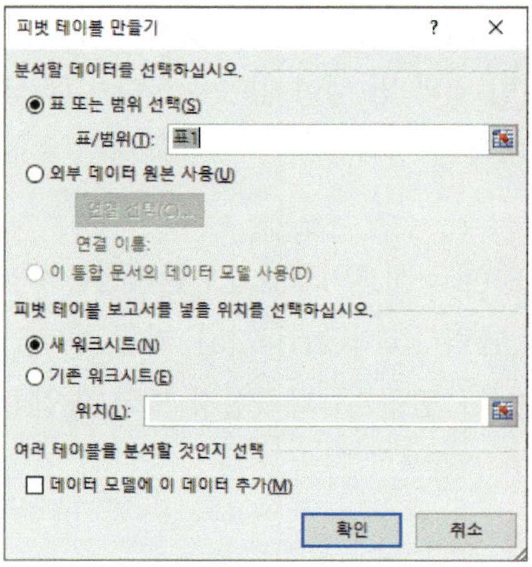

6. [피벗 테이블 만들기] 대화상자에서 확인을 누르면 [피벗 테이블1]이 새 워크시트에 만들어진다. 아래 그림과 같이 시트이름을 [수원시피벗테이블]로 변경한다.

오른쪽 아래쪽에는 피벗 테이블 보고서용으로 준비된 레이아웃 영역이 있고, 위쪽에는 피벗 테이블 필드 목록이 표시된다. 이 목록에는 [수원시원본데이터] 시트의 열 제목이 표시된다. 즉 기준년월, 시군구명, 읍면동명, 성별, 연령대, 업종명 등의 열 제목이 필드가 된다.

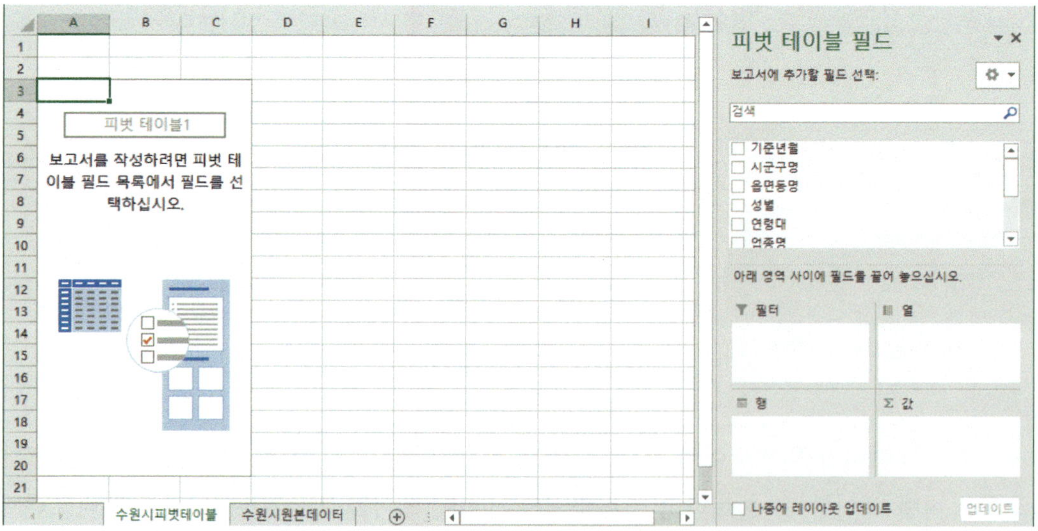

7. 필드를 피벗 테이블 보고서 레이아웃 영역으로 이동하여 피벗 테이블 보고서를 만들 수 있다. [행]과 [값] 영역에 원하는 필드 이름을 드래그해서 넣으면 된다.

교재에서는 [행] 영역에 [기준년월] 필드를 넣었는데 날짜인 경우에는 연, 분기, 기준년월이 자동으로 생성된다. 필요 없으면 해당 부분을 클릭 후 [필드 제거]를 누르시면 된다. [값] 영역에는 [결재건수] 필드를 넣었다.

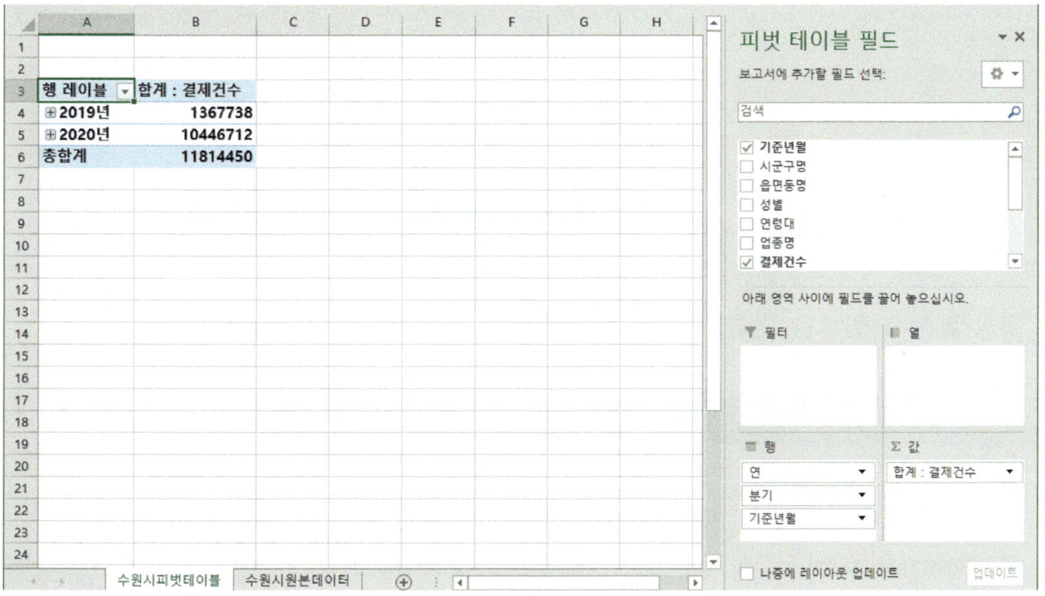

피벗 테이블 보고서에서 레이아웃 영역의 외부를 클릭하면 [피벗 테이블 필드] 대화상자가 사라는데, 다시 보려면 피벗 테이블 보고서 내부를 클릭하면 된다.

가로가 열 레이블, 세로가 행 레이블, 가운데 값 영역이 집계하고 싶은 데이터의 계산이 이루어지는 곳이다.

8. 두 번째 피벗 테이블을 만들기 위해 첫 번째 피벗 테이블을 드래그 한 후에 복사하여 붙여넣기를 한 후에 아래 그림과 같이 [시군구명] 필드를 [행] 영역으로, [값] 영역에는 [결재건수]를 넣었다.

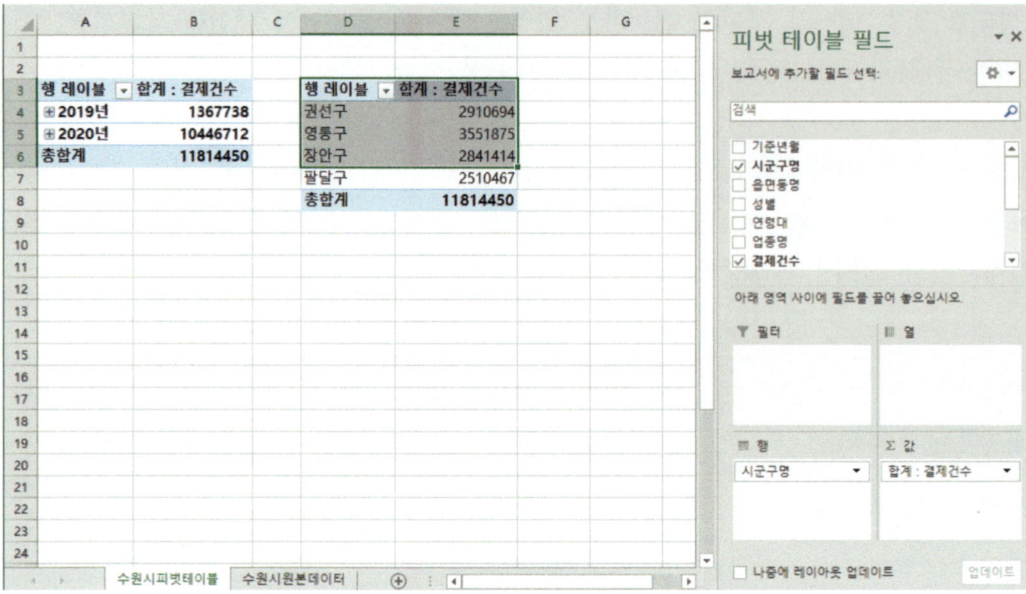

9. 이렇게 해서 필요한 만큼의 피벗 테이블을 아래 표와 같이 만들어 보자.

피벗 테이블 번호	[행] 영역	[값] 영역
피벗 테이블1	기준년월	결재건수
피벗 테이블2	시군구명	결재건수
피벗 테이블3	읍면동명	결재건수
피벗 테이블4	성별	결재건수
피벗 테이블5	연령대별	결재건수
피벗 테이블6	업종별	결재건수
피벗 테이블7	읍면동명	결재금액
피벗 테이블8		결재금액

10. 업종별 결재건수에 해당하는 [피벗 테이블6] 범위 안의 임의의 셀을 클릭하고 오른쪽 마우스 클릭 → [정렬] → [기타 정렬 옵션]을 클릭하면 아래 그림과 같은 대화상자가 나타난다. [내림차순 기준] → [결재건수]를 선택하고 확인 버튼을 클릭하면 된다.

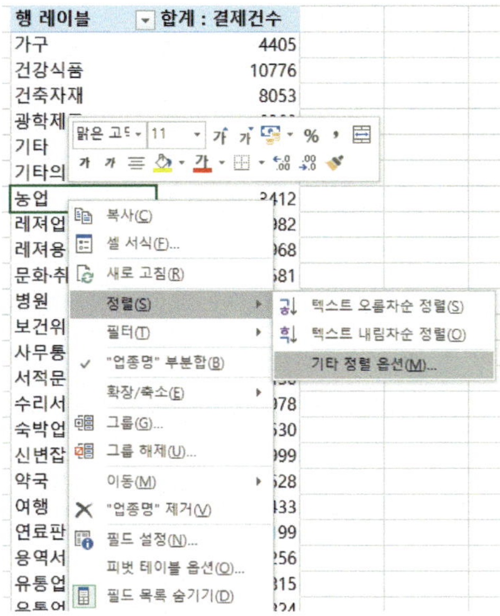

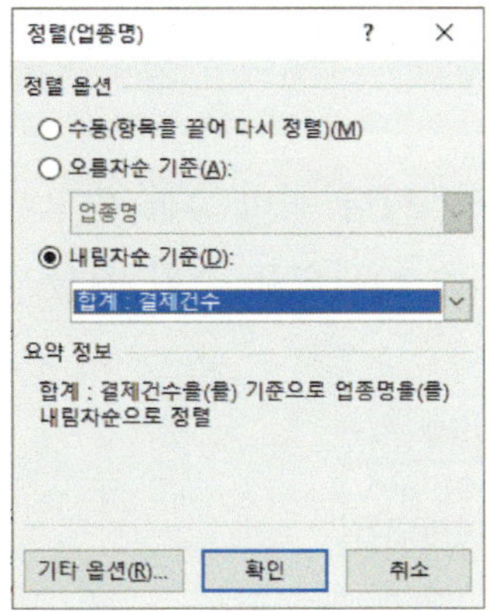

11. 읍면동명별 결재금액에 해당하는 [피벗 테이블7] 범위 안의 임의의 셀을 클릭하고 오른쪽 마우스 클릭 → [정렬] → [기타 정렬 옵션] → [내림차순 기준] → [결재금액]을 선택한다. 이어서 [피벗 테이블7] 범위 안의 임의의 셀을 클릭하고 오른쪽 마우스 클릭 → [필터] → [상위 10]을 선택하면 나타나는 대화상자에서 값을 3으로 바꿔준다.

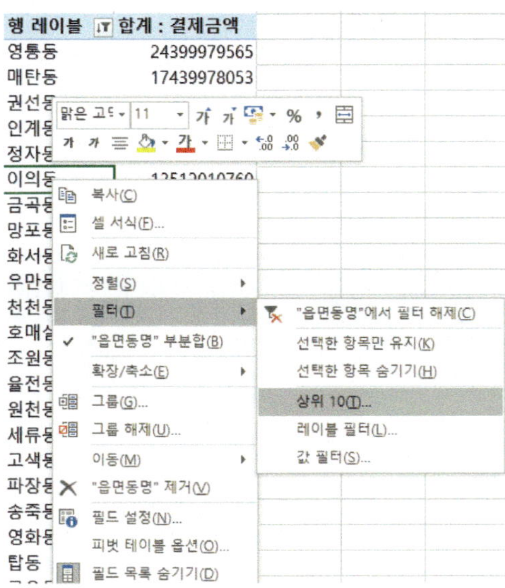

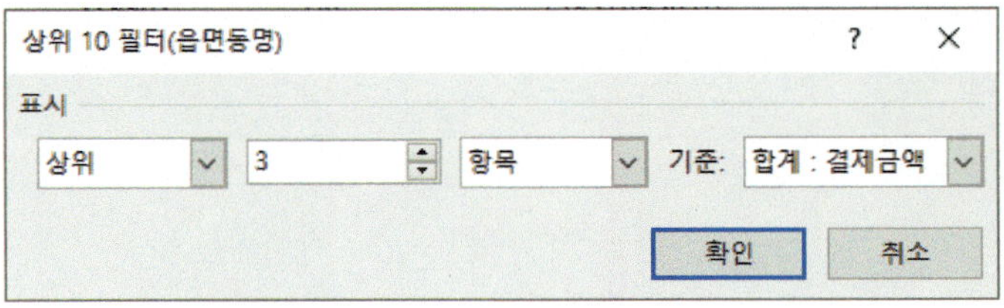

12. 결재금액에 세 자리마다 콤마(,)를 찍고 싶으면 해당 셀을 드래그한 후에 [홈] 메뉴 탭 → [표시형식] 그룹 → [쉼표 스타일]을 클릭하면 된다.

행 레이블	합계 : 결제금액
영통동	24,399,979,565
매탄동	17,439,978,053
권선동	15,284,696,237
총합계	**57,124,653,855**

6.3 피벗 차트 만들기

앞 절에서 만든 피벗 테이블을 기반으로 다양한 피벗 차트를 만들어 보자.

1. 먼저 [피벗 테이블5] 범위 안의 임의의 셀에 마우스를 클릭하고 [피벗 테이블 도구]에서 [분석] 메뉴 탭 → [도구] 그룹 → [피벗 차트] 단축 아이콘을 클릭한다.

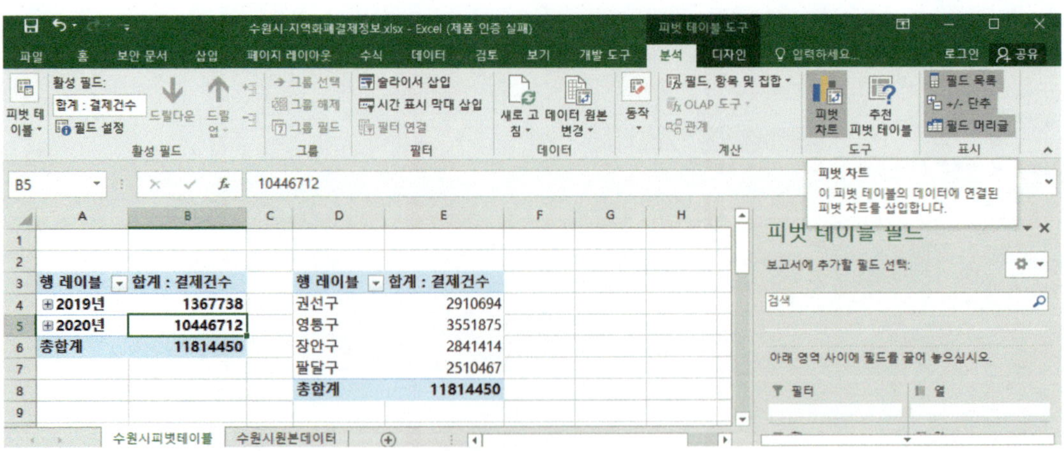

2. 차트 삽입 대화상자에서 [원형] → [도넛형]을 선택하였다.

3. 도넛형 차트를 클릭하고 [차트 요소]에서 아래 그림과 같이 바꾼다.

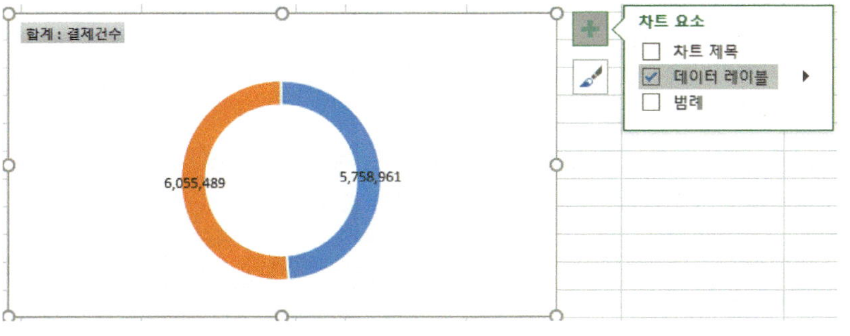

4. 이제 차트를 꾸며보자. 그림에서 보이는 [합계 : 결제건수] 단추를 선택하고 오른쪽 마우스를 클릭하고 [차트에서 모든 필드 단추 숨기기]를 선택한다.

차트 도넛을 더블 클릭한 후에 나타나는 데이터 계열 서식 대화상자에서 [계열 옵션] → [도넛 구멍 크기] 값을 50%로 바꾼다.

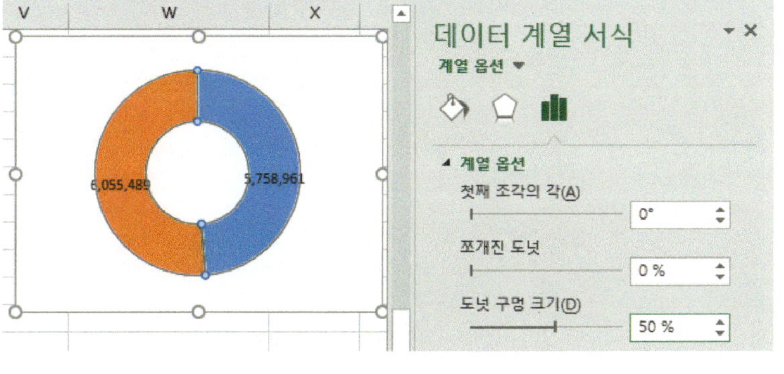

5. 이번에는 데이터 레이블을 더블 클릭하고 나타나는 데이터 레이블 서식 대화상자에서 [레이블 옵션] → [레이블 내용] 값을 아래와 같이 바꾼다. [항목 이름], [값], [백분율]을 체크하고 [구분 기호] → [줄 바꿈]으로 바꾼다.

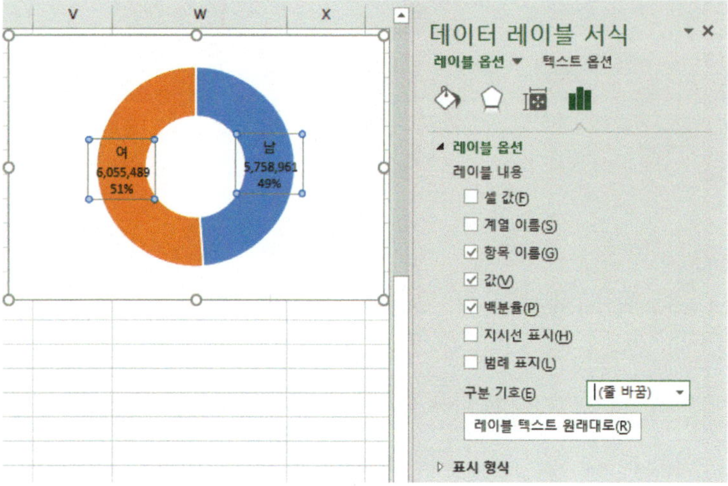

6. 이번에는 데이터 레이블을 클릭하고 [홈] 메뉴 탭 → [글꼴] 그룹 → [굵게]를 선택하고 크기 값을 11로 선택하였다.

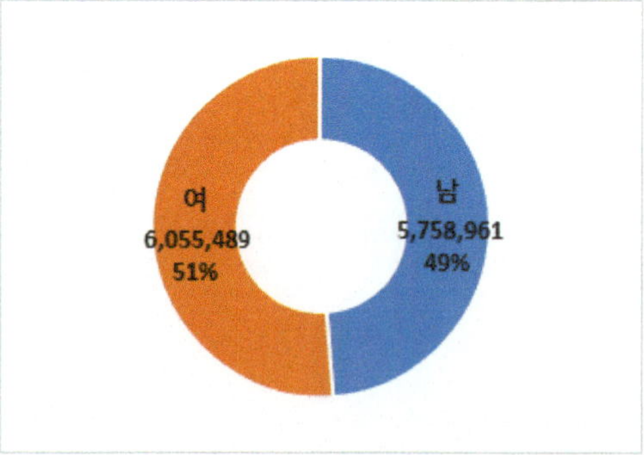

7. 앞서 만든 피벗 테이블5 을 기반으로 [꺾은 선형] → [표식이 있는 꺾은 선형]을 선택하였다.

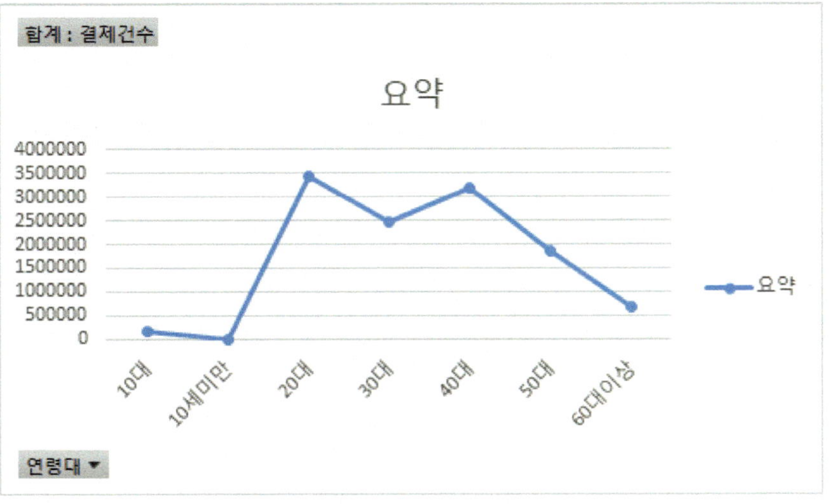

8. 아래 그림과 같이 수정하시오.

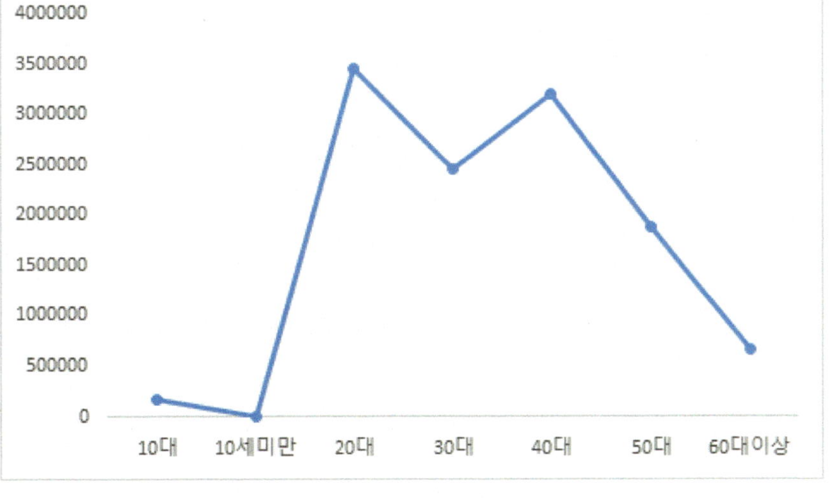

9. 이제 차트를 꾸며보자. 차트 안에 있는 꺽은 선형을 더블 클릭한 후에 나타나는 데이터 계열 서식 대화상자에서 [계열 옵션] → [선] 값을 [선 없음]으로 바꾼다. [계열 옵션] → [표식] → [표식옵션] → [기본 제공] → [크기] 값을 바꾼다.

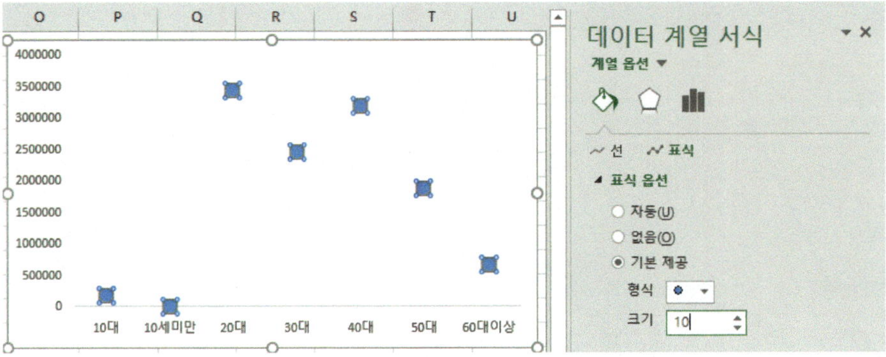

10. 이번에는 차트를 클릭하고 [차트 요소]에서 [오차 막대]를 선택한다.

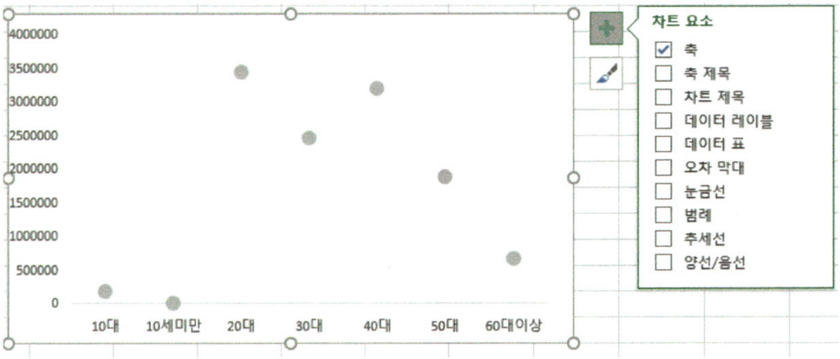

11. 이번에는 오차막대를 클릭하고 오차 막대 서식 대화상자에서 [오차 막대 옵션] → [세로 오차 막대] → [음의 값] → [백분율] 값을 아래 그림과 같이 수정하세요.

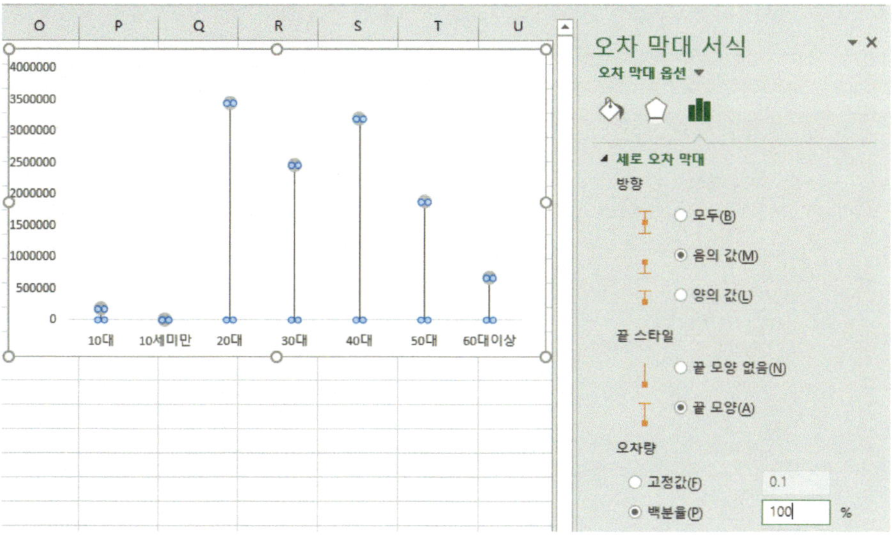

12. 이번에는 차트를 클릭하고 [차트 요소]에서 [데이터 레이블]을 [위쪽]으로 선택한다.

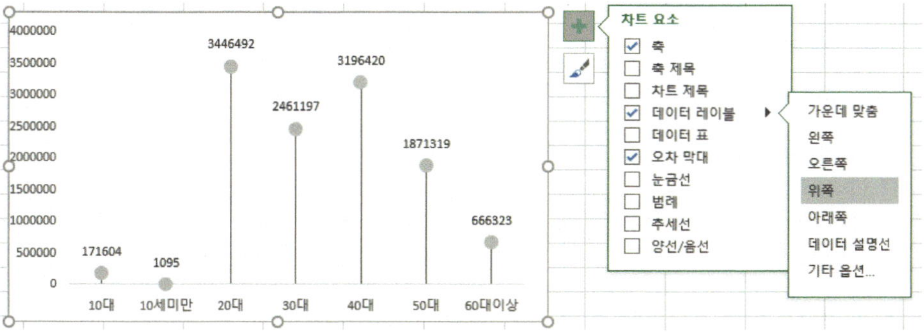

13. 앞서 만든 [피벗 테이블6] 을 기반으로 [가로 막대형] → [묶은 가로 막대형]을 선택하고 상위 15개, 축을 삭제하고 데이터 레이블은 상위 3개만 나오도록 했다. 아래 그림과 같이 수정하시오.

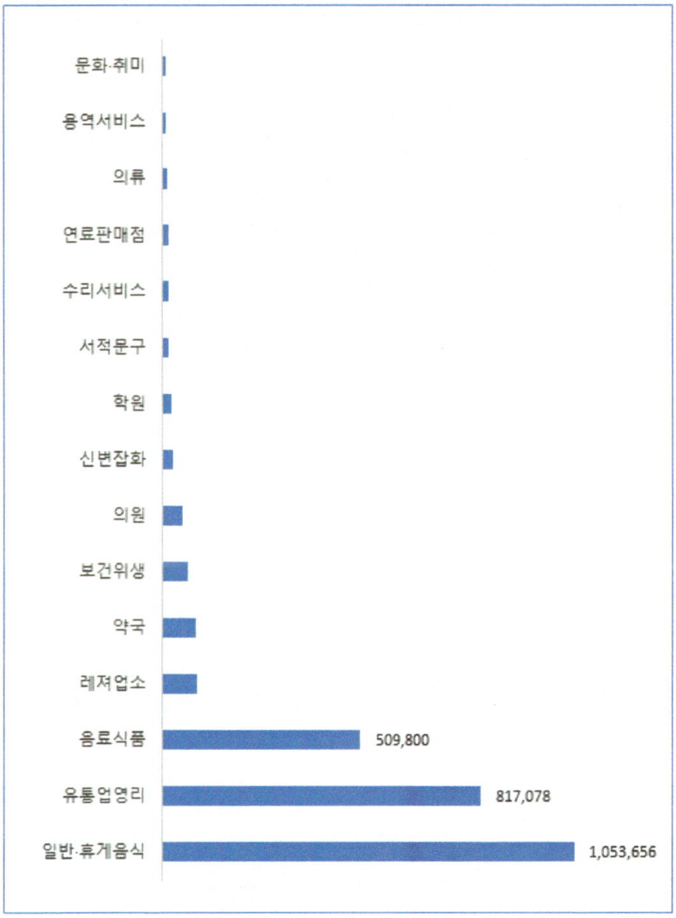

6.4 슬라이서 만들기를 이용한 피벗 보고서 컨트롤하기

엑셀 2010부터는 슬라이서라는 새로운 피벗 테이블 보고서의 필터 기능을 제공한다. 기존 피벗테이블의 필터를 마우스 클릭만으로도 보고서 필터와 같은 역할을 수행한다. 슬라이서는 선택된 필드의 항목을 슬라이서 창으로 표시하여 시각적으로 보고서를 제어할 수 있도록 도와준다.

1. [수원시피벗테이블]에 있는 [피벗 테이블1]을 클릭하고 [피벗테이블 도구] → [분석] 메뉴 탭 → [필터] 그룹 → [슬라이서 삽입]을 클릭하면 [슬라이서 삽입] 대화상자가 아래 그림과 같이 나타난다. 아래 그림과 같이 선택하고 확인 버튼을 클릭한다.

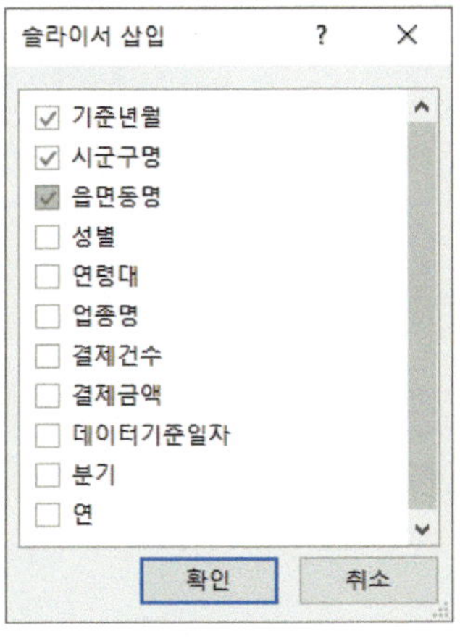

2. 아래 그림과 같이 3개의 슬라이서 창이 나타난다.

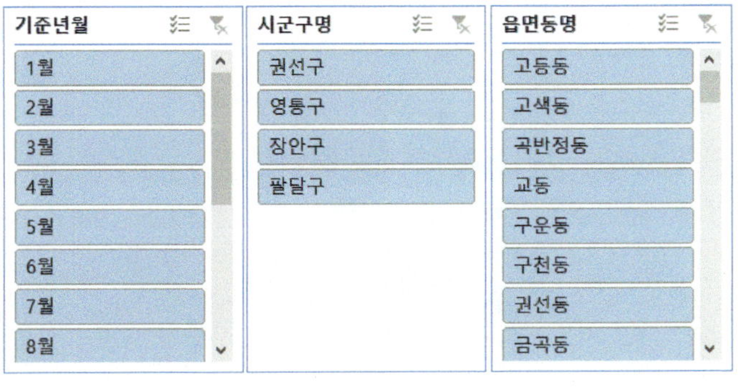

3. [기준년월] 슬라이서 창을 선택하고 [슬라이서 도구] → [옵션] 메뉴 탭 → [단추] 그룹 → [열] 값을 4로 수정한다.

[기준년월] 슬라이서 창은 데이터가 없는 항목도 보이므로 슬라이서 창을 선택하고 오른쪽 마우스를 클릭하면 나타나는 메뉴 중에 [슬라이서 설정]을 클릭한다.

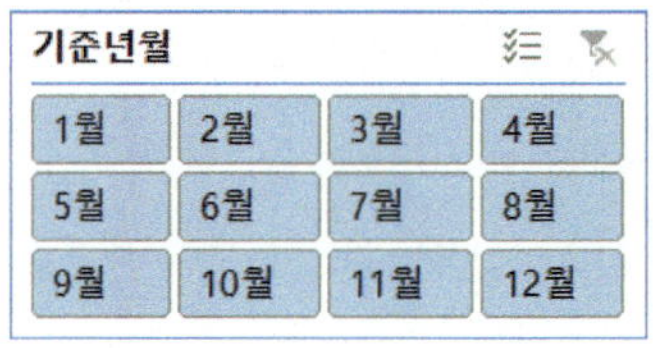

아래와 같은 그림의 [슬라이서 설정] 대화상자가 나타나면 [데이터가 없는 항목 숨기기]를 체크한다.

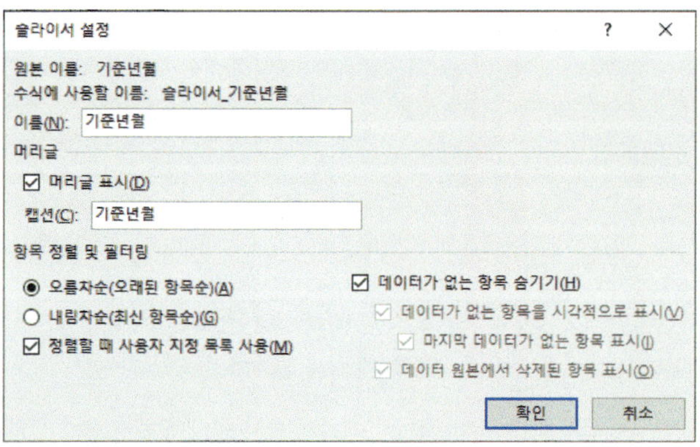

4. 아래 그림과 수정하시오.

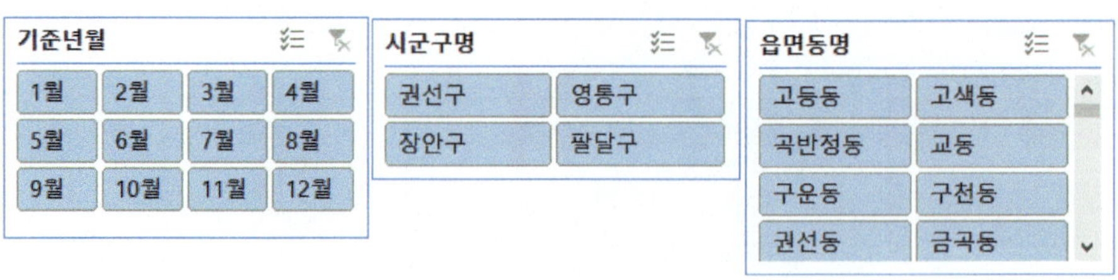

5. 보고 싶은 항목을 클릭하면 [피벗 테이블1]의 값이 변한다. 연속된 여러 항목을 보고 싶다면 마우스로 드래그하면 된다. 떨어진 여러 항목을 보고 싶다면 한 항목을 선택 한 후에 [Ctrl] 키를 누르고 항목을 선택하면 된다. 슬라이서 창을 없애고 싶으면 슬라이서 창을 선택한 다음 [Delete] 키를 누르면 된다.

6. 각 슬라이서 창의 단추를 클릭하면 [피벗 테이블1]의 값만 변한다. 단추를 클릭했을 때 변화되기를 원하는 피벗 테이블이나 피벗 차트가 있다면 연결해 주면 된다. [기준년월] 슬라이서 창을 선택하고 오른쪽 마우스를 클릭하면 나타나는 메뉴 중에 [보고서 연결]을 클릭한다.

아래와 같은 그림의 [보고서 연결] 대화상자가 나타나면 연결할 보고서를 선택하면 된다. 다른 슬라이서 창도 전부 연결 해준다.

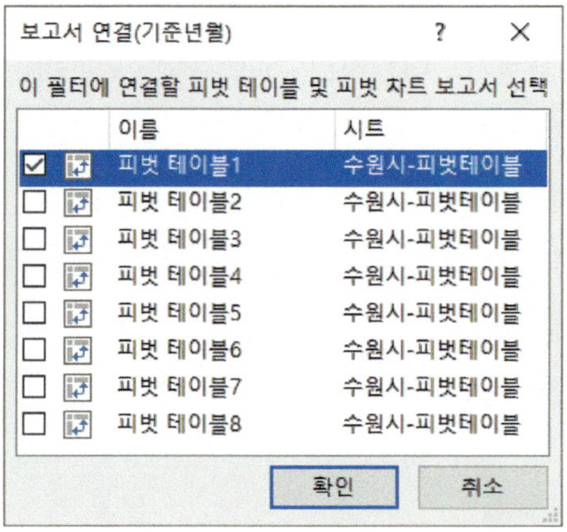

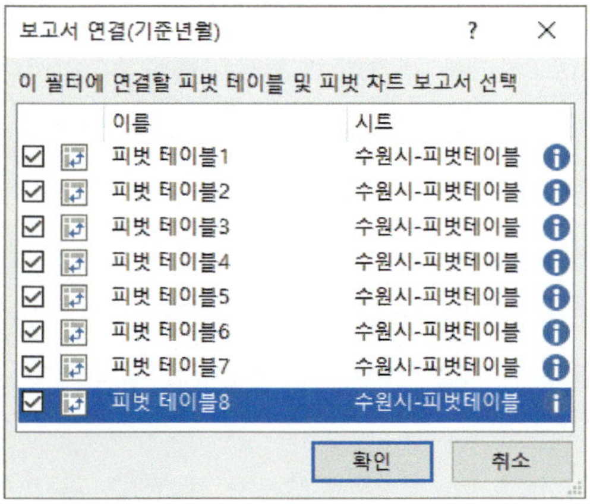

6.5 대시보드 만들기

대시보드dashboard란 운전석과 조수석 정면에 있는 운전에 필요한 각종 계기들이 달린 부분을 말한다. 계기판을 이용하면 자동차의 현재 속도, 자동차 안의 온도, 남은 기름의 양, 차가 도로를 달린 거리, 고장 문제 등 여러 가지 정보를 한 번에 파악할 수 있다. 이처럼 한 눈에 알아볼 수 있도록 정보를 모아 놓은 것을 대시보드라고 한다.

컴퓨터 기술이 발전한 현재에 이르러서는 업무에 필요한 각종 정보를 도표나 그래픽 등으로 한 눈에 파악할 수 있도록 디자인 된 페이지를 말하며, 다양한 콘텐츠를 한 화면 안에서 확인할 수 있기 때문에 효율적이며 업무 상황 등을 공유하기에도 편리하다. 이처럼 대시보드를 이용하면 필요한 정보를 한 눈에 알아볼 수 있기 때문에 보다 쉽고 편리하게 여러 가지 기능을 관리할 수 있다는 장점이 있다.

1. 워크시트 하나를 추가하고 시트이름을 [수원시대시보드]로 변경한다. 아무 셀이나 클릭하고 [Ctrl] + [a] 키를 누르면 전체영역이 선택이 된다.

- 열 머리글 위에서 오른쪽 마우스를 클릭하여 [열 너비]의 값을 1로 설정하고 행 머리글 위에서 오른쪽 마우스를 클릭하여 [행 높이]의 값을 5로 설정한다.
- [보기]메뉴 탭 → [표시] 그룹에서 눈금선을 해제한다.

2. [수원시대시보드] 워크시트에 [삽입] 메뉴 탭 → [일러스트레이션] 그룹 → [도형]을 클릭한 후 직사각형을 선택하고 적당한 위치에 드래그 앤 드롭해서 직사각형을 삽입한다. 아래 그림과 같이 입력하고 적절히 꾸민다.

수원시 지역화폐 동별 사용현황 대시보드

3. [수원시대시보드] 워크시트에 [삽입] 메뉴 탭 → [일러스트레이션] 그룹 → [도형]을 클릭한 후 모서리가 둥근 직사각형을 선택하고 적당한 위치에 드래그 앤 드롭해서 삽입한다.

도형을 클릭한 후에 [그리기 도구] → [서식] 메뉴 탭 → [도형 스타일] 그룹 → [도형 채우기]를 흰색으로 [도형 효과] → [그림자] → [바깥쪽] → [오프셋 대각선 오른쪽 아래]를 선택한다.

이번에는 텍스트 상자를 삽입해보자. [수원시대시보드] 워크시트에 [삽입] 메뉴 탭 → [일러스트레이션] 그룹 → [도형]을 클릭한 후 텍스트 상자를 선택하고 적당한 위치에 클릭한 후 "전체 결재금액"라고 입력한다.

텍스트 상자를 하나 더 만들어 수식 입력줄에 =수원시피벗테이블!W4를 입력하고 [Enter] 키를 누른다. 교재에서는 전체결재금액에 해당하는 [피벗 테이블8]의 해당 셀이 [수원시피벗테이블] 워크시트에 W4셀에 있기 때문이다. 여러분은 본인의 해당 셀 값을 입력하면 된다.

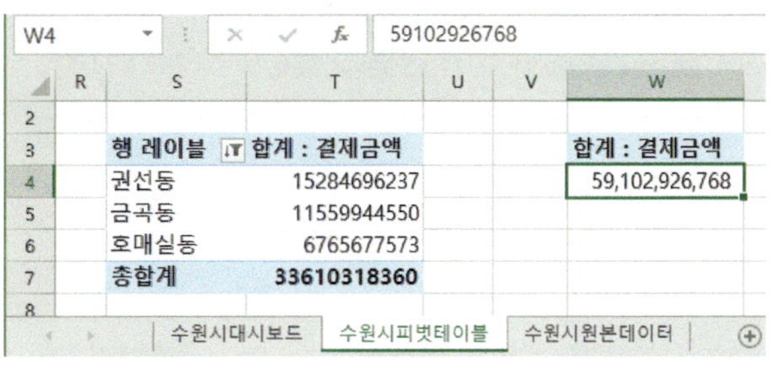

4. 아래 그림과 같이 3 개체를 [Ctrl] 키를 누른 채 선택하고 오른쪽 마우스를 클릭하여 [그룹화] → [그룹]을 선택하면 그룹핑이 되어 이동하거나 크기 조절할 때 용이하다.

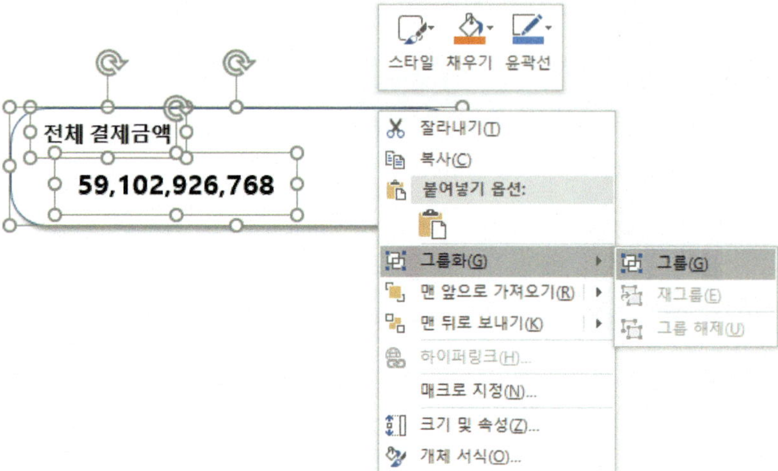

5. 아래 그림과 같이 만들어 보자. 텍스트 상자를 클릭하고 수식 입력줄에 =수원시피벗테이블!S4를 입력하고 [Enter]키를 누른다. 교재에서는 1등에 해당하는 동이 있는 셀이 [수원시피벗테이블] 워크시트 [피벗 테이블7]에 S4셀에 있기 때문이다. 여러분은 본인의 워크시트에 있는 해당 셀 값을 입력하면 된다. 나머지 텍스트 상자도 전부 바꿔보자.

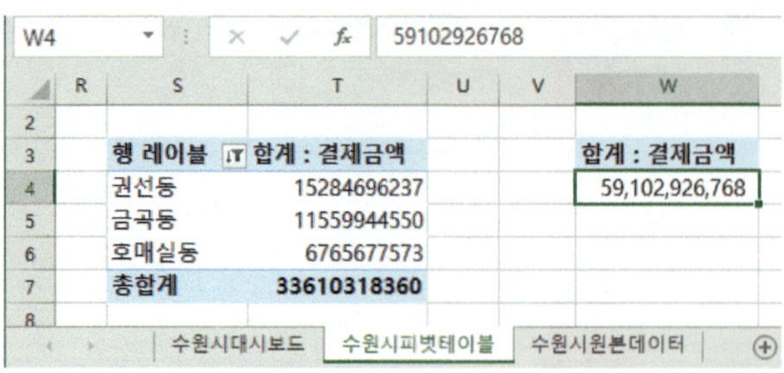

6. 이번에는 앞 절에서 만들어 둔 피벗 차트를 꾸며보자. 아래 그림과 같이 해당 차트를 복사해서 붙여넣기를 한 후에 피벗 차트를 클릭하고 [차트 영역 서식] → [차트 옵션] → [채우기]에서 채우기 없음 클릭, [테두리]에서 선 없음을 선택한다.

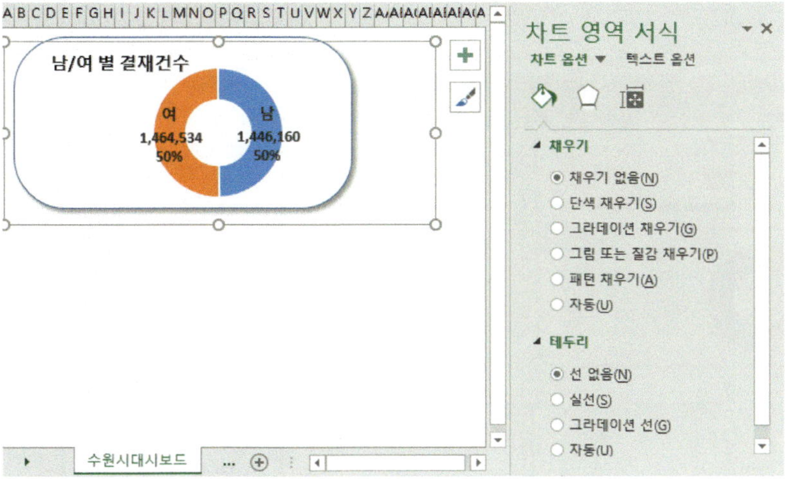

7. 처음에 구상한 대시보드 레이아웃에 맞게 각 항목들을 배치하자. 아래 그림과 같이 대시보드를 구성하자. 업종별 결재건수는 상위 15개 항목만 보이도록 하였다. 수원시 장안구에서는 정자동에서 가장 많은 금액을 결재 하였고, 20대, 40대, 50대 순으로 결재 건수가 많음을 알 수 있다.

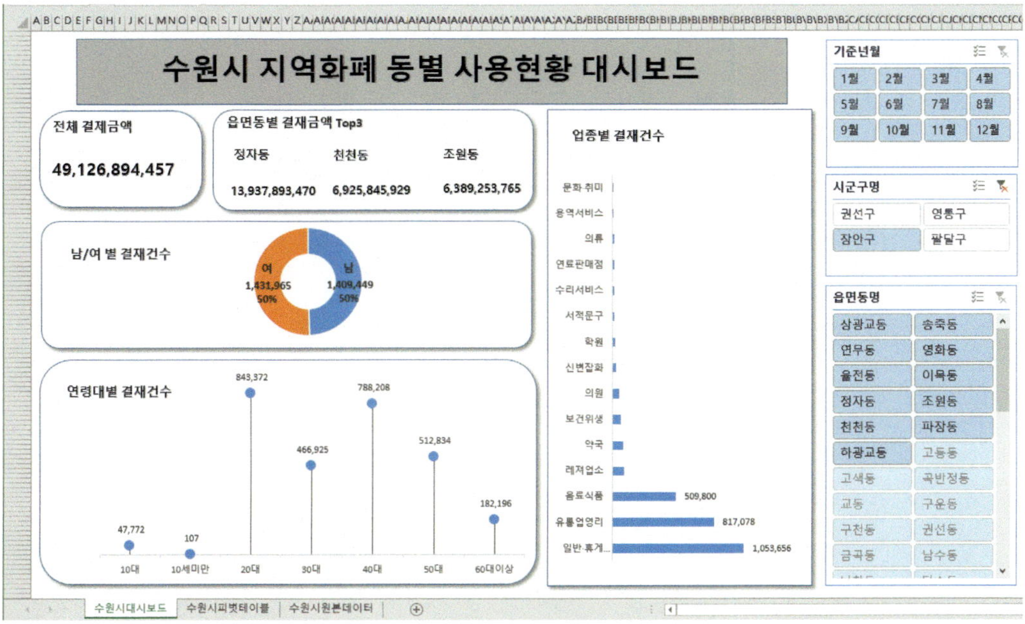

8. 아래 그림과 같이 대시 보드를 꾸며 보자. 업종별 결재건수는 상위 3개 항목만 데이터 레이블을 가운데 맞춤으로 하였다. 슬라이서 항목들은 돋보기 이미지를 추가하고 "조건필터" 제목을 넣었다.

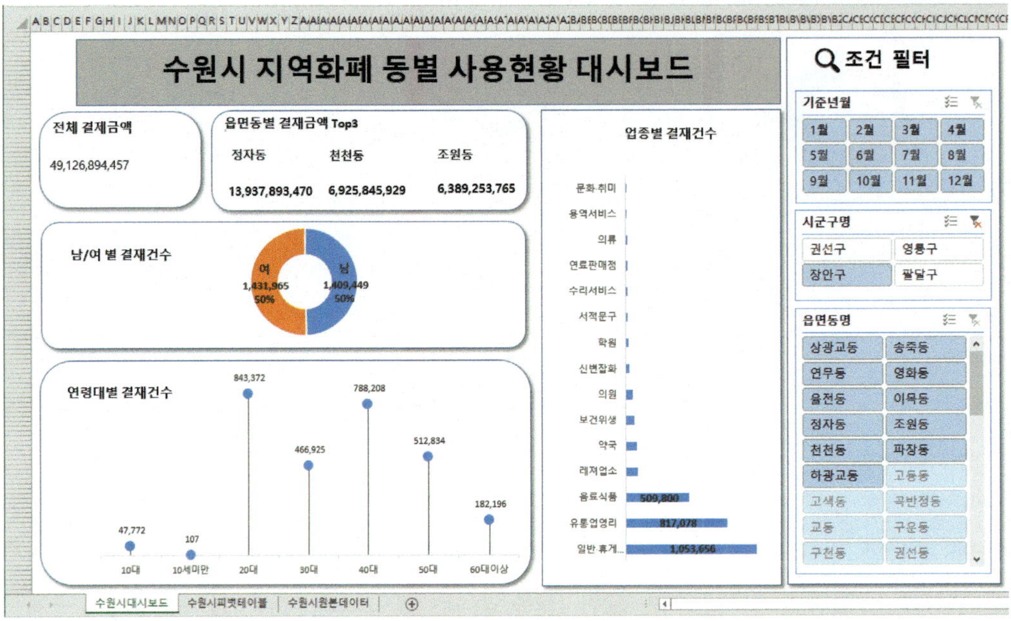

CHAPTER 7

스파크라인을 이용한 데이터 시각화

엑셀에는 다양한 데이터 시각화 기능들이 있다. 특히 스파크라인은 엑셀에서 가장 작은 공간인 셀에 데이터의 추세와 패턴을 시각적으로 표현하는 기능이다. 기본적으로 셀에 꺾은선형, 열, 승패 차트 형태로 표현이 가능하다.

스파크라인의 장점은 데이터의 흐름을 한눈에 파악할 수 있도록 시각적으로 표현이 가능하여 이를 통해 데이터 변화에 대한 이해력를 높일 수 있다.

7.1 꺾은선형/열 스파크라인

1. 아래 그림과 같은 시트를 작성하시오.

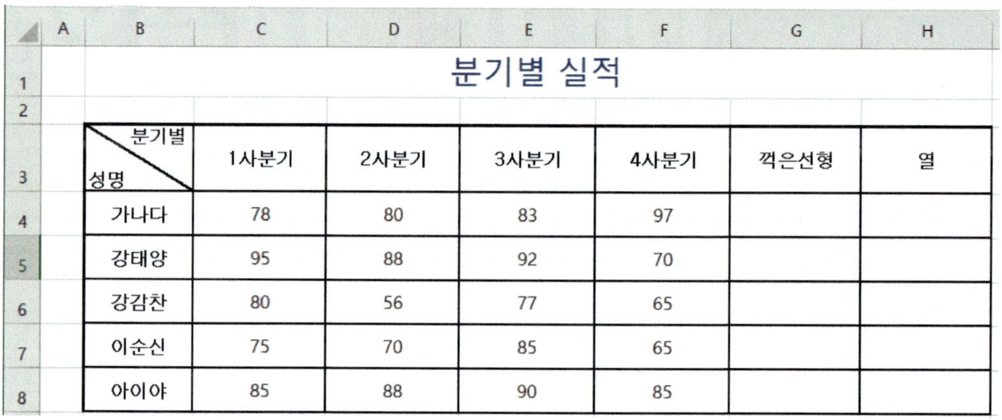

분기별 실적

분기별 / 성명	1사분기	2사분기	3사분기	4사분기	꺾은선형	열
가나다	78	80	83	97		
강태양	95	88	92	70		
강감찬	80	56	77	65		
이순신	75	70	85	65		
아이야	85	88	90	85		

2. 먼저 꺾은선형 스파크라인을 삽입하기 위해 G4~G8 셀까지 드래그를 하고 [삽입] 메뉴탭 → [스파크라인] 그룹 → [꺾은선형]을 클릭한다. 아래 그림과 같은 [스파크라인 만들기] 대화상자가 나타난다.

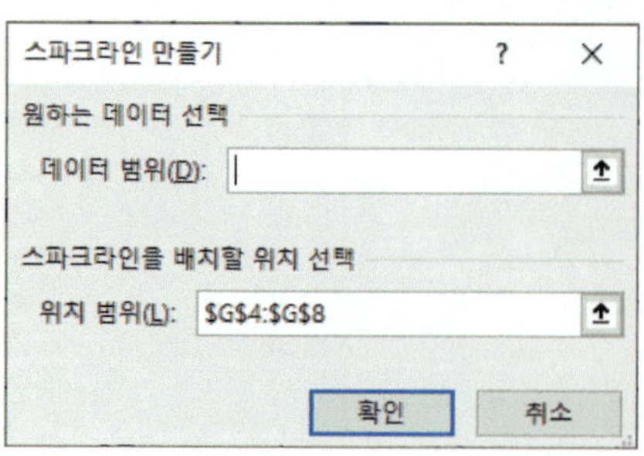

3. [데이터 범위] 참조란을 선택하고 C4 셀에서 F8 셀까지 드래그한 후에 확인 버튼을 클릭한다.

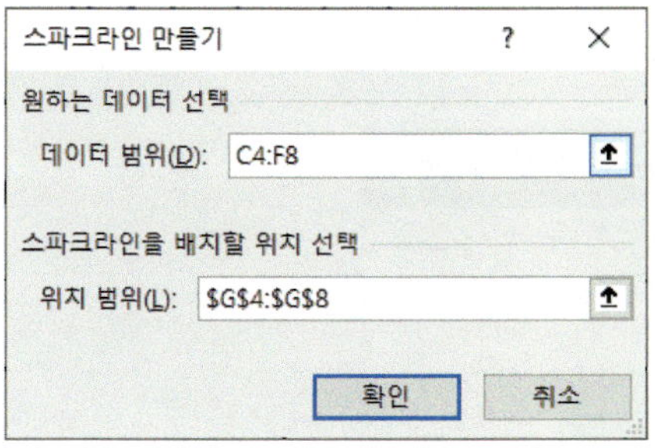

4. 아래 그림과 같이 G4~G8 셀에 스파크라인이 나타난다.

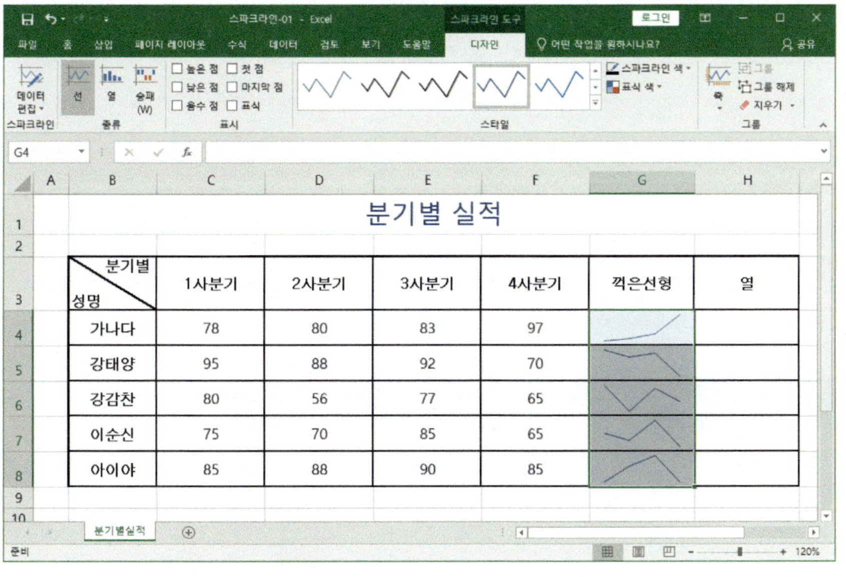

5. 꺾은선형 스파크라인은 데이터의 추세를 나타내기 위해 사용한다. 일련의 데이터값 들이 순서대로 표시된다. 아래와 그림과 같이 [표시] 그룹에 표식을 선택하여 각 데이터값 들을 점으로 표시할 수 있으며, 높은 점, 낮은 점, 첫 점, 마지막 점 등 선택적으로 점 표시도 가능하다.

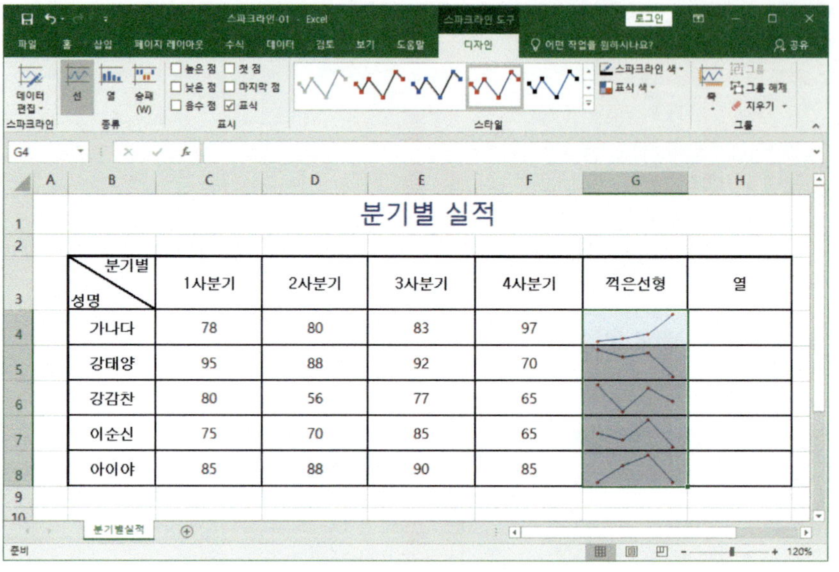

6. 이번에는 열 스파크라인을 삽입하기 위해 H4~H8 셀까지 드래그를 하고 [삽입] 메뉴 탭 → [스파크라인] 그룹 → [열]을 클릭하여 스파크라인을 만들어 보자.

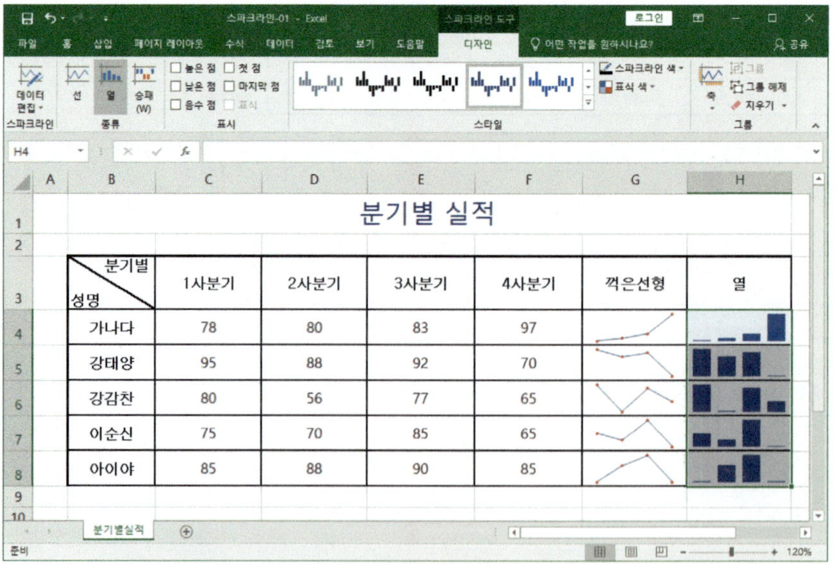

7. 열 스파크라인은 데이터값을 세로막대 그래프로 나타내어 데이터를 비교하기 쉽게 한다. 열 스파크라인은 범위 내 값을 상대적으로 표시하기 때문에 값에 비해 막대 그래프의 크기가 너무 작게 표시될 수 있다. 일반 차트와 같이 0부터 막대그래프가 시작되도록 해보자. H4 셀을 선택한 후에 [스파크라인 도구]에 [디자인] 메뉴 탭 → [그룹] 그룹 → [축]을 클릭한 후에 [세로 축 최소값 옵션] → [사용자 지정값]을 선택한다. [스파크라인 세로 축 설정] 대화상자가 나타나면 기본값인 0.0을 변경하지 않고 확인 버튼을 클릭한다. 막대그래프의 크기가 값의 크기에 맞게 표시된다.

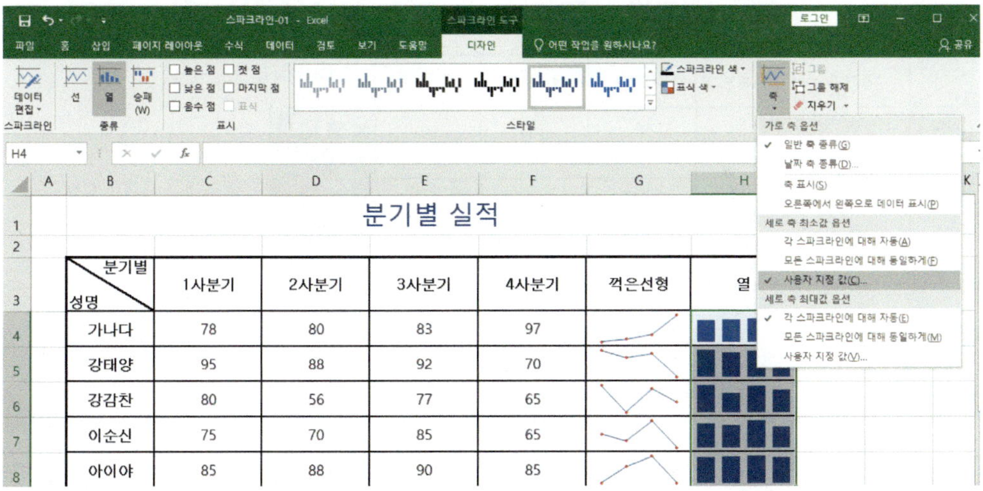

8. 최하 실적이 56이므로 기본값을 50으로 바꾸어도 보자. 차이가 있을 것이다.

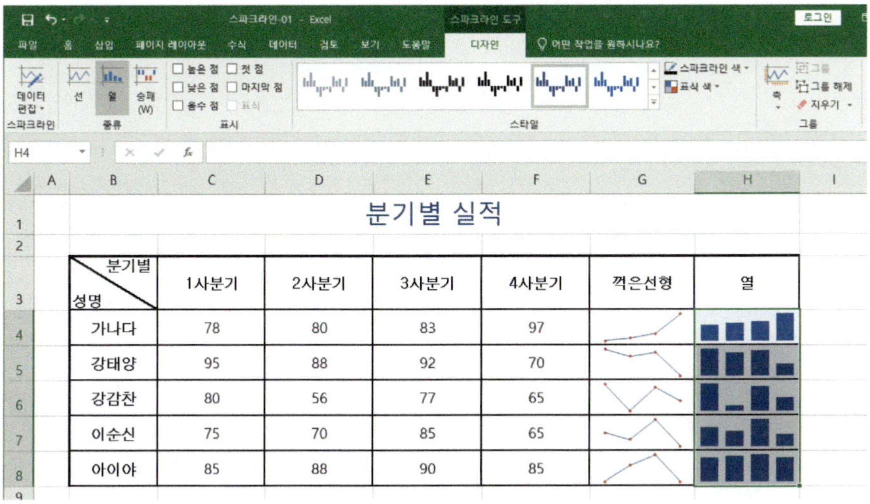

9. 이번에는 H4~H8 셀에 있는 세로막대 그래프 중에서 최댓값에 별도의 서식을 지정해보자. [디자인] 메뉴 탭 → [스타일] 그룹 → [표식 색] → [높은 점]의 색상표에서 빨강을 선택해보자. 최댓값 막대가 빨강색으로 표시된다.

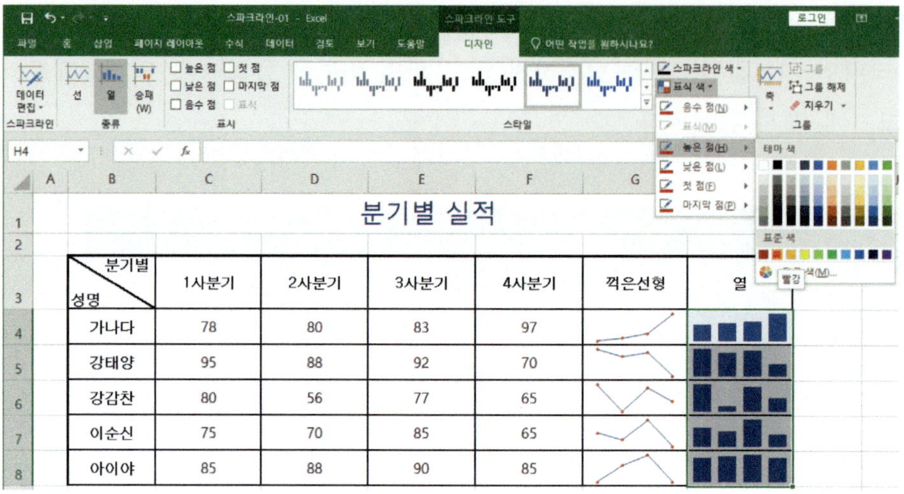

10. 스파크라인은 셀 배경으로 추가되므로 셀을 선택하고 [Delete] 키를 눌러도 삭제되지 않는다. 스파크라인 지우기로 지워야 한다. 하나씩 지우거나 한 번에 전부 지울 수도 있다. 지우고 싶은 셀에 마우스를 클릭하고 [스파크라인 도구]에서 [디자인] 메뉴 탭 → [그룹] 그룹 → [지우기]를 클릭하면 된다.

7.2 승패 스타크라인

1. 승패 스파크라인은 양의값과 음의값의 차이를 시각적으로 표시한다. 세로막대 형태로 표시되며 데이터 값들을 연속적으로 표시한다. 승패는 승과 패를 위, 아래 막대그래프로 표시할 때 사용하며, 보통은 이익이나 손실, 목표 달성 여부 등을 표시하는 용도로 사용할 때 좋다.

2. 승패 스파크라인을 사용하려면 실제 값과 목표 값을 연산해 승은 양수로 패는 음수로 표시해 놓는 범위가 필요하다. 일단 아래 그림과 같이 작성하시오.

분기별 실적

분기별 / 성명	1사분기	1사분기 개인별목표	2사분기	2사분기 개인별목표	1사분기 개인별목표달성	2사분기 개인별목표달성	승패
가나다	70	80	85	83			
강태양	90	88	90	95			
강감찬	80	60	80	83			
이순신	70	71	70	65			
아이야	85	88	90	85			

3. G4 셀과 H4 셀에 다음과 같이 입력한다.

= D4 - C4

= F4 - E4

나머지는 채워 넣기를 하자.

분기별 실적

분기별 / 성명	1사분기	1사분기 개인별목표	2사분기	2사분기 개인별목표	1사분기 개인별목표달성	2사분기 개인별목표달성	승패
가나다	70	80	85	83	10	-2	
강태양	90	88	90	95	-2	5	
강감찬	80	60	80	83	-20	3	
이순신	70	71	70	65	1	-5	
아이야	85	88	90	85	3	-5	

4. I4~I8 셀까지 드래그 한 후에 [삽입] 메뉴 탭 → [스파크라인] 그룹 → [승패]를 클릭한다. [스파크라인 만들기] 대화상자가 나타나면 [데이터 범위] 참조란을 선택하고 G4 ~ H8 셀까지 드래그한 후에 확인 버튼을 클릭하면 승패 스파크라인이 아래 그림과 같이 표시된다.

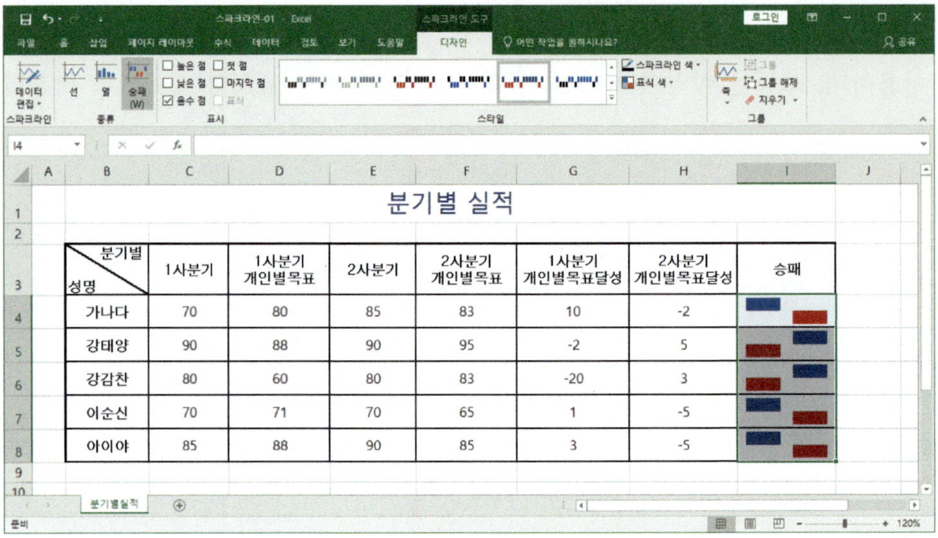

5. 잘 구분이 되도록 X축을 설정해 보자. 해당 셀을 선택한 후에 [스파크라인 도구]에 [디자인] 메뉴 탭 → [그룹] 그룹 → [축]을 클릭한 후에 [가로 축 옵션] → [축 표시]를 선택한다. 아래 그림과 같이 스파크라인에 X축이 표시되었다. X축 위에 표시되는 것은 목표 초과 달성을 X축 아래에 표시되는 것은 달성 실패를 의미한다.

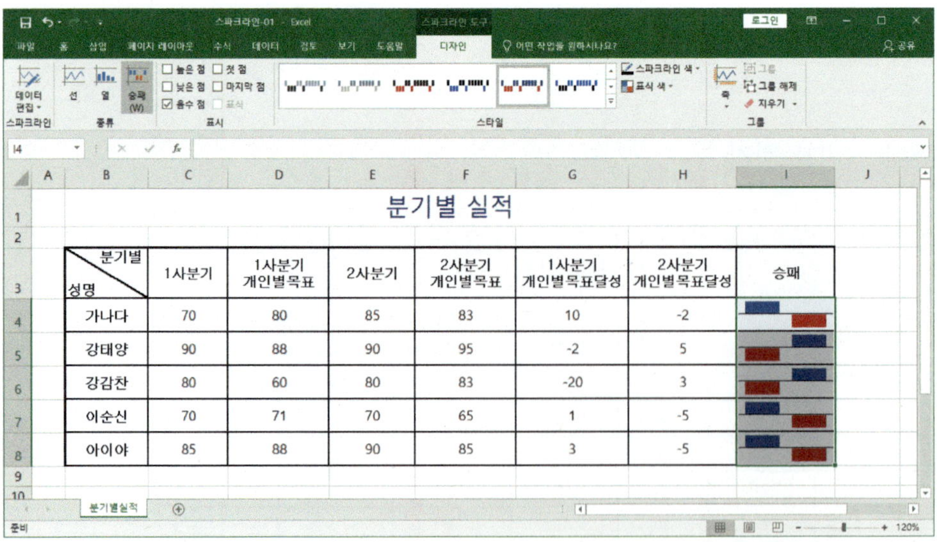

CHAPTER 8

엑셀 가상 분석

시나리오 / 목표값 찾기

엑셀에서 제공하는 시나리오 작업이란 가상의 값을 적용시켜서 그에 따라 어떻게 달라지는지 예측하고 분석하는 기능으로 다양한 경우의 값을 미리 알아보고자 할 때 사용하는 것이다.

8.1 가상분석/시나리오 관리자

1. 아래 그림과 같이 시트를 작성하시오.

상 품 판 매 정 보

상 품 명	단 가	10개이상일 경우 할인율	할인가	할인단가
참가자미	15000	8%		
갑오징어	8700	5%		
연어구이	9800	6%		
간고등어	7800	4%		
제주옥돔	12000	7%		

2. 할인가와 할인단가를 계산해 보자. 할인가와 할인단가를 계산하기 위해 E4 셀과 F4 셀에 각각 다음과 같이 입력한다. 나머지 상품들에 대해서도 할인가와 할인단가를 계산하여 보자.

= C4 * D4

= C4 - E4

F4 =C4-E4

상 품 판 매 정 보

상 품 명	단 가	10개이상일 경우 할인율	할인가	할인단가
참가자미	15000	8%	1,200	13,800
갑오징어	8700	5%	435	8,265
연어구이	9800	6%	588	9,212
간고등어	7800	4%	312	7,488
제주옥돔	12000	7%	840	11,160

3. 2010 버전에서는 [데이터] 메뉴 탭 → [데이터 도구] 그룹 → [가상 분석] → [시나리오 관리자]를 클릭하면 아래 그림과 같은 [시나리오 관리자] 대화상자가 나타난다.

2013 버전 이후에는 [데이터] 메뉴 탭 → [예측] 그룹 → [가상 분석] → [시나리오 관리자]를 클릭하면 아래 그림과 같은 [시나리오 관리자] 대화상자가 나타난다.

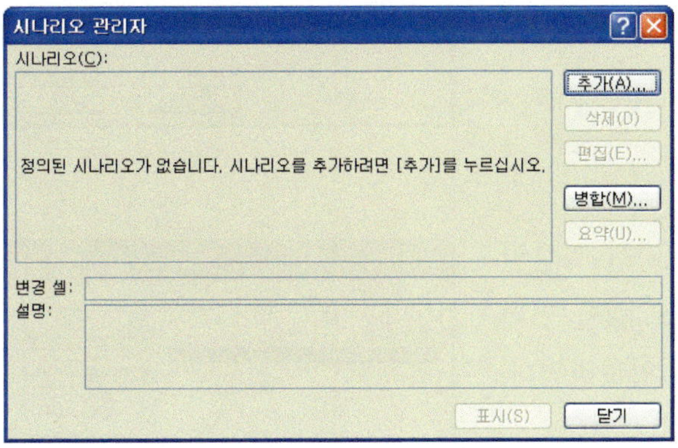

4. 추가 버튼을 클릭한 후에 아래 그림과 같이 작성하고 확인 버튼을 클릭한다.

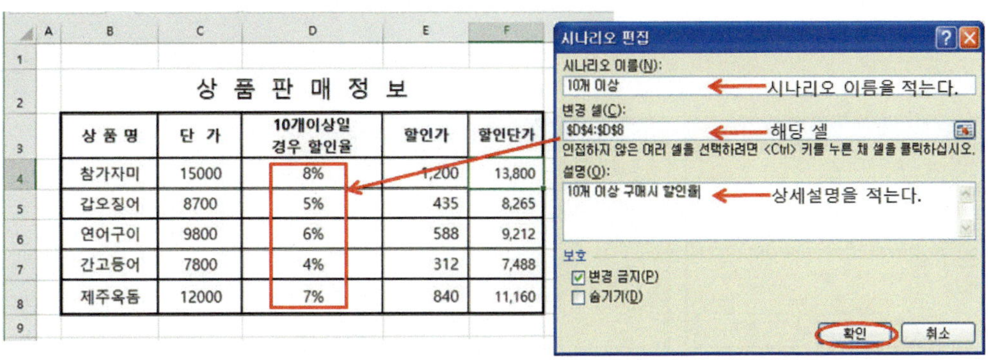

5. 10개 이상 주문 시 할인율을 확인하고 확인 버튼을 클릭한다.

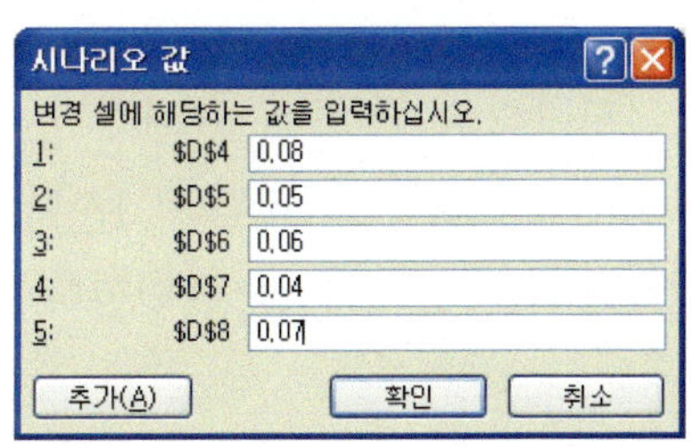

6. 오른쪽 그림과 같이 하나의 시나리오가 완성되었다. 추가 버튼을 클릭하여 위와 같은 방법으로 추가적인 시나리오를 만든다.

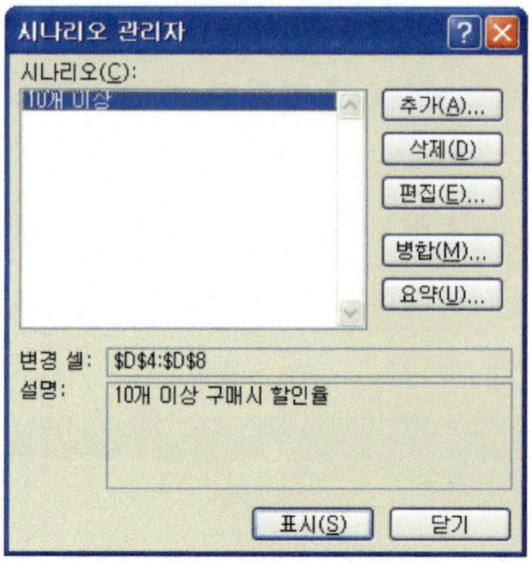

7. 본 교재에서는 20개 이상일 때 10%, 30개 이상일 때 15%를 적용하여 만들어 보았다. 시나리오 값을 입력하는 대화상자에서 각각 "0.1"과 "0.15"를 입력하였다.

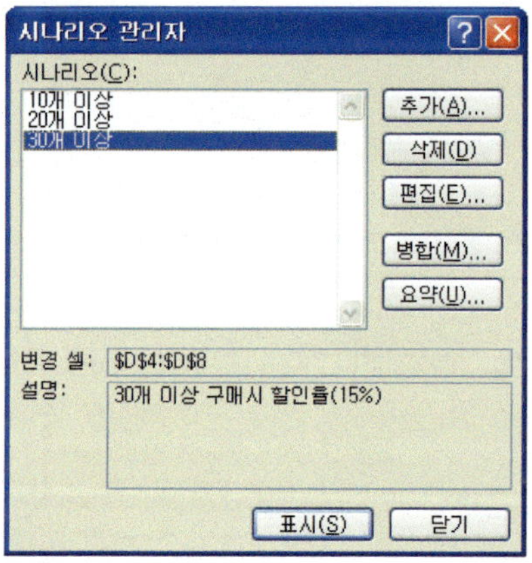

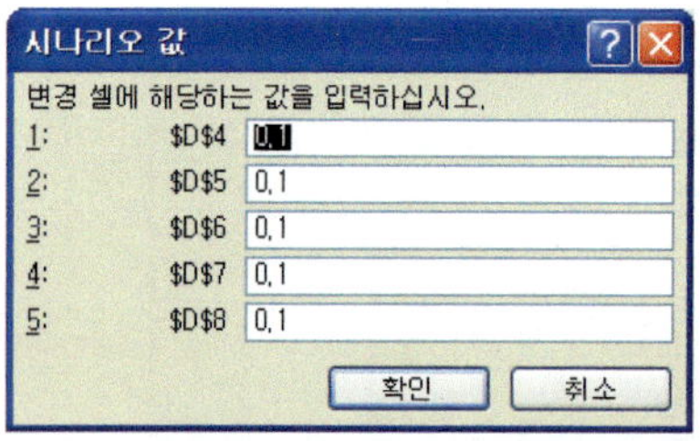

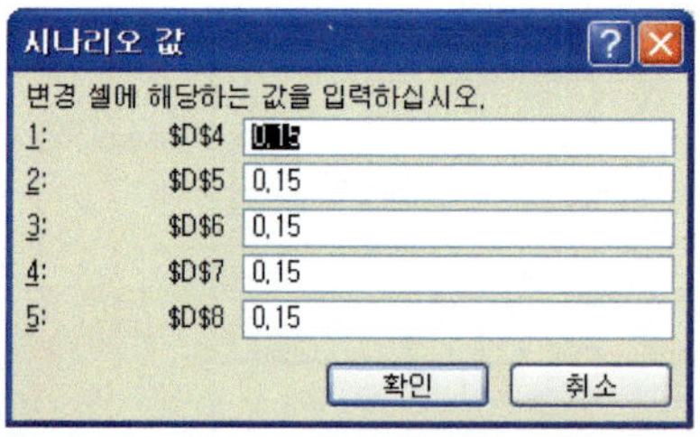

8. [시나리오 관리자] 대화상자에서 요약 버튼을 클릭하면 아래 그림과 같은 [시나리오 요약] 대화상자가 나타난다. [시나리오 요약]을 체크하고 [결과 셀] 부분에 할인단가 범위를 입력하고 확인 버튼을 클릭한다.

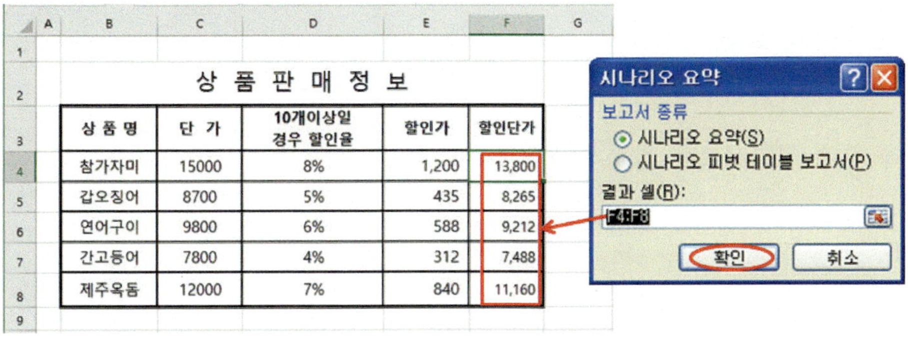

상 품 명	단 가	10개이상일 경우 할인율	할인가	할인단가
참가자미	15000	8%	1,200	13,800
갑오징어	8700	5%	435	8,265
연어구이	9800	6%	588	9,212
간고등어	7800	4%	312	7,488
제주옥돔	12000	7%	840	11,160

9. 아래 그림과 같은 시나리오 요약 시트를 볼 수 있다. 각 할인율 별로 할인단가를 알아볼 수 있다.

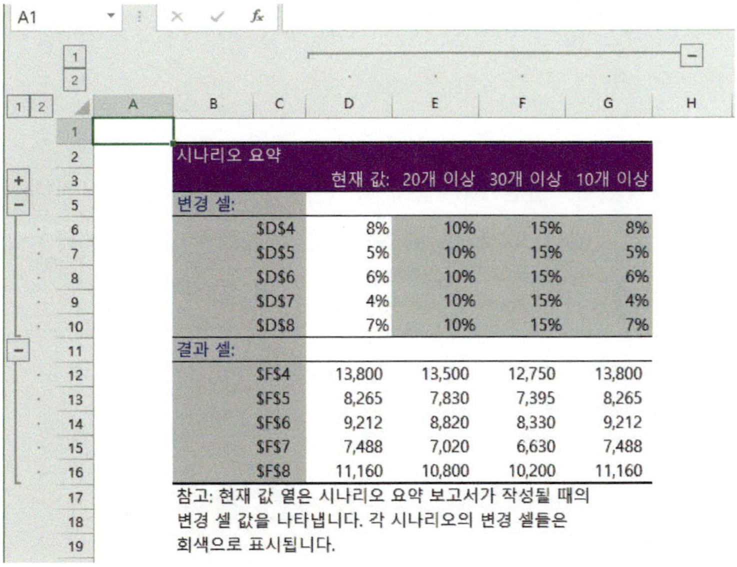

시나리오 요약	현재 값:	20개 이상	30개 이상	10개 이상
변경 셀:				
$D$4	8%	10%	15%	8%
$D$5	5%	10%	15%	5%
$D$6	6%	10%	15%	6%
$D$7	4%	10%	15%	4%
$D$8	7%	10%	15%	7%
결과 셀:				
$F$4	13,800	13,500	12,750	13,800
$F$5	8,265	7,830	7,395	8,265
$F$6	9,212	8,820	8,330	9,212
$F$7	7,488	7,020	6,630	7,488
$F$8	11,160	10,800	10,200	11,160

참고: 현재 값 열은 시나리오 요약 보고서가 작성될 때의 변경 셀 값을 나타냅니다. 각 시나리오의 변경 셀들은 회색으로 표시됩니다.

8.2 가상분석/목표값 찾기

1. 아래 그림과 같은 워크시트를 작성하여라.

6월 현재 매출 현황

2018년 6월 20일 수요일

제 품	판매 수량	단가	총판매금액
연어구이	50	9,800	
제주옥돔	78	12,000	
간고등어	134	7,800	
참가자미	89	15,000	
갑오징어	85	8,700	

2. 6월 현재까지 매출 현황을 작성하였다. 일단 E6 셀에 총 판매금액을 계산하기 위해서 다음과 같이 입력하고 나머지 상품에 대해선 드래그하여 구하자. 목표로 하는 판매 금액에 대한 수량을 구하기 때문에 반드시 E6 셀에는 아래와 같은 수식이 들어가야 한다.

= C6 * D6

6월 현재 매출 현황

2018년 6월 20일 수요일

제 품	판매 수량	단가	총판매금액
연어구이	50	9,800	490,000
제주옥돔	78	12,000	936,000
간고등어	134	7,800	1,045,200
참가자미	89	15,000	1,335,000
갑오징어	85	8,700	739,500

3. 만약 연어구이에 대한 6월 판매목표액이 330만원이라면 앞으로 얼마나 더 팔아야 할지 알아보도록 하자. 연어구이에 대한 6월 판매목표액이 330만원이 나와야할 셀인 E6 셀을 선택한다. 2010 버전에서는 [데이터] 메뉴 탭 → [데이터 도구] 그룹 → [가상분석] → [목표값 찾기]를 클릭하면 [목표값 찾기] 대화상자가 아래 그림과 같이 나타난다.

2013 버전 이후에서는 [데이터] 메뉴 탭 → [예측] 그룹 → [가상분석] → [목표값 찾기]를 클릭하면 [목표값 찾기] 대화상자가 아래 그림과 같이 나타난다. [수식셀]에 E6, [찾는 값]에 3300000, [값을 바꿀 셀]에 $C$6 을 입력하고 확인 버튼을 클릭한다.

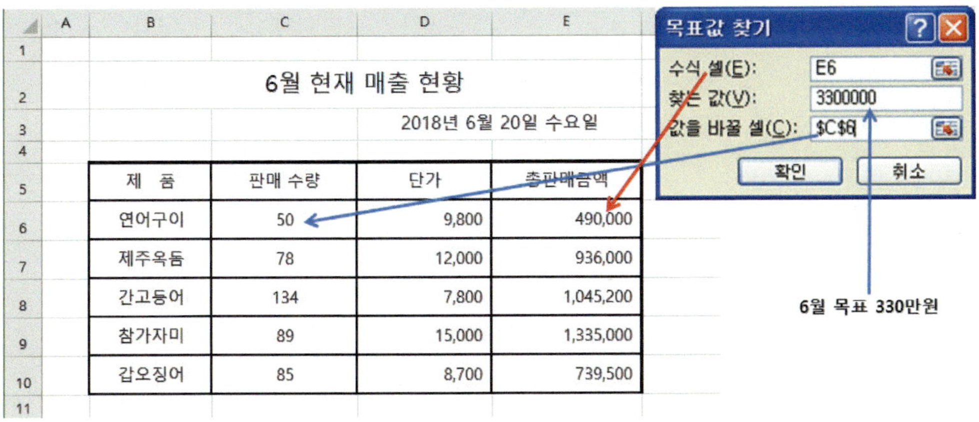

4. 아래 그림과 같이 목표값 찾기가 완료되어 있다. 즉 5월 연어구이 목표 매출액(330만원)이 되기 위해서는 앞으로 판매 수량이 50개에서 337개가 되어야 한다.

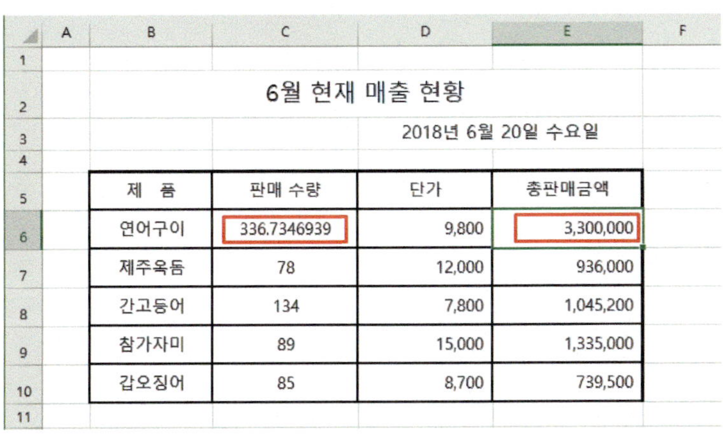

CHAPTER 9

ITQ 기출문제 풀기

9-1. "제1작업" 시트를 아래와 같이 작성하시오.

우암산 수목터널 조성 헌수 운동

결재	담당	팀장	부장

관리코드	나무종류	회원구분	식재일	후원금액 (단위:원)	수량 (단위:그루)	나무두께	나무위치	식재연도
La-100-T	왕벚나무	단체	2010-03-31	3,000,000	30	10		
Rb-101-B	물푸레나무	기업	2013-04-26	10,500,000	150	12		
Ca-201-T	느릅나무	주민	2014-04-05	250,000	5	18		
Lb-312-T	왕벚나무	단체	2010-10-20	4,000,000	40	15		
Ra-120-T	물푸레나무	기업	2014-11-15	4,200,000	60	12		
Cb-201-B	느릅나무	단체	2013-10-26	2,500,000	50	12		
La-202-T	왕벚나무	기업	2014-10-05	10,000,000	100	15		
Ra-301-B	물푸레나무	주민	2013-04-26	140,000	2	12		
두 번째로 큰 후원금액(단위:원)					단체 회원의 수량(단위:그루) 합계			
나무두께가 평균 이상인 수량(단위:그루)의 합계					관리코드		수량(그루)	

제1작업 | 제2작업 | 제3작업 | 제4작업

1. 모든 데이터의 서식에는 글꼴(굴림, 11pt), 정렬은 숫자 및 회계 서식은 오른쪽 정렬, 나머지 서식은 가운데 정렬로 작성하며 예외적인 것은 ≪출력형태≫를 참조하시오.

2. 제목 ⇒ 모서리가 둥근 직사각형과 바깥쪽 그림자 스타일(오프셋 대각선 오른쪽 아래)을 이용하여 작성하고 "우암산 수목터널 조성 헌수 운동"을 입력한 후 다음 서식을 적용하시오 (글꼴-굴림, 24pt, 검정, 굵게, 채우기-노랑).

3. 임의의 셀에 결재란을 작성하여 카메라 또는 그림복사 기능을 이용하여 붙이기 하시오. 단, 원본은 삭제하시오.

4. B4:J4, G14, I14 셀 영역은 '주황'으로 채우기 하시오.

5. 유효성 검사를 이용하여 H14 셀에 관리코드(B5:B12)가 선택 표시되도록 하시오.

6. 셀 서식 ⇒ H5:H12 영역에 셀 서식을 이용하여 숫자 뒤에 'cm'를 표시하시오. (예 : 10cm) H5 셀에서 H12 셀까지 드래그를 한 후에 오른쪽 마우스를 클릭하고 [셀 서식] → [사용자 지정] → [형식(T):]의 값으로 G/표준"cm"을 입력한다. 숫자인 경우는 G/표준, 문자인 경우는 @를 사용한다.

7. F5:F12 영역에 대해 '후원금액'으로 이름 정의를 하시오.

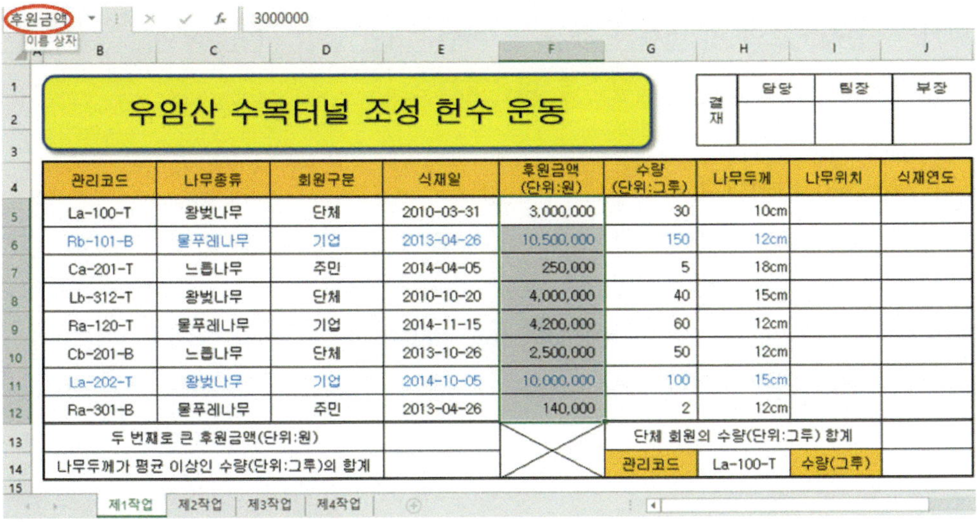

우암산 수목터널 조성 헌수 운동

결재	담당	팀장	부장

관리코드	나무종류	회원구분	식재일	후원금액 (단위:원)	수량 (단위:그루)	나무두께	나무위치	식재연도
La-100-T	왕벚나무	단체	2010-03-31	3,000,000	30	10cm		
Rb-101-B	물푸레나무	기업	2013-04-26	10,500,000	150	12cm		
Ca-201-T	느릅나무	주민	2014-04-05	250,000	5	18cm		
Lb-312-T	왕벚나무	단체	2010-10-20	4,000,000	40	15cm		
Ra-120-T	물푸레나무	기업	2014-11-15	4,200,000	60	12cm		
Cb-201-B	느릅나무	단체	2013-10-26	2,500,000	50	12cm		
La-202-T	왕벚나무	기업	2014-10-05	10,000,000	100	15cm		
Ra-301-B	물푸레나무	주민	2013-04-26	140,000	2	12cm		
두 번째로 큰 후원금액(단위:원)					단체 회원의 수량(단위:그루) 합계			
나무두께가 평균 이상인 수량(단위:그루)의 합계					관리코드	La-100-T	수량(그루)	

F5 셀에서 F12 셀까지 드래그를 한 후에 이름상자 부분에 "후원이름"을 입력한다. 추후에 F5:F12 대신에 후원이름이라고 입력해도 된다.

9-2. 반드시 주어진 함수를 이용하여 값을 구하시오.

1. 나무위치 ⇒ 관리코드의 첫 번째 문자가 'L'이면 '좌안', 'R'이면 '우안', 그 외에는 공백으로 구하시오. IF(), LEFT() 함수를 이용하시오.

I5 셀에 다음과 같이 입력한다.
=IF(LEFT(B5, 1) = "L", "좌안" , IF(LEFT(B5, 1) = "R", "우안", " "))

2. 식재연도 ⇒ 식재일의 연도를 YEAR() 함수를 이용하여 구하시오. (예 : 2010).
J5 셀에 다음과 같이 입력한다. =YEAR(E5)

3. 두 번째로 큰 후원금액(단위:원) ⇒ 정의된 이름(후원금액)을 이용하여 구하시오. LARGE() 함수를 이용하시오.
E13 셀에 다음과 같이 입력한다.
=LARGE(후원금액, 2)
=LARGE(F5:F12, 2)

4. 나무두께가 평균 이상인 수량(단위:그루)의 합계 ⇒ 결과값 뒤에 '개'를 붙이시오. SUMIF(), AVERAGE() 함수와 & 연산자를 이용하시오. (예 : 100개).
E14 셀에 다음과 같이 입력하시오.
=SUMIF(H5:H12, ">=" & AVERAGE(H5:H12), G5:G12) & "개"

5. 단체 회원의 수량(단위:그루) 합계 ⇒ 조건은 입력데이터를 이용하시오. DSUM() 함수를 이용하시오.
J13 셀에 다음과 같이 입력하시오.
=DSUM(B4:J12, G4, D4:D5)

6. 수량(그루) ⇒ H14 셀에서 선택한 관리코드에 대한 수량(단위:그루)을 구하시오. VLOOKUP() 함수를 이용하시오.
J14 셀에 다음과 같이 입력하시오.
=VLOOKUP(H14, B5:H12, 6, FALSE)

7. 조건부 서식의 수식을 이용하여 후원금액(단위:원)이 10,000,000 이상인 행 전체에 다음 서식을 적용하시오. (글꼴 : 파랑)

B5 셀에서 J12 셀까지 드래그를 한 후에 [홈] 메뉴 탭 → → [스타일] 그룹 → [조건부서식] → [새 규칙] → [수식을 사용하여 서식을 지정할 셀 결정] → [다음수식이 참인 값의 서식 지정(O):]의 값으로 다음과 같이 입력한다.

=$F5 >= 10000000

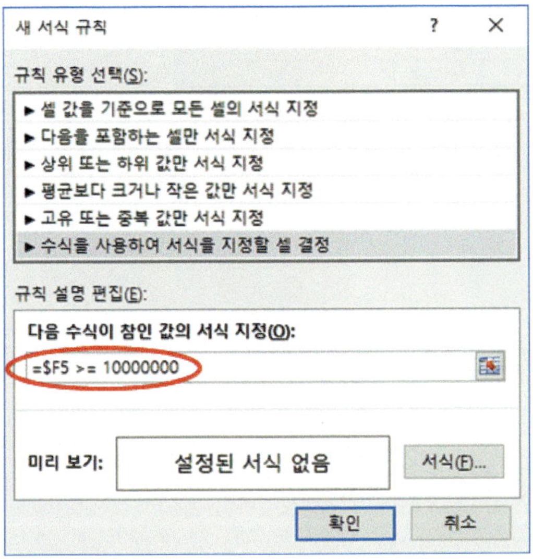

서식을 클릭한 후 색을 파랑으로 설정한 후 확인을 클릭한다.

9-3. "제2작업" 시트를 아래와 같이 복사해서 넣으시오.

	A	B	C	D	E	F	G	H
1								
2		관리코드	나무종류	회원구분	식재일	후원금액 (단위:원)	수량 (단위:그루)	나무두께
3		La-100-T	왕벚나무	단체	2010-03-31	3,000,000	30	10cm
4		Rb-101-B	물푸레나무	기업	2013-04-26	10,500,000	150	12cm
5		Ca-201-T	느릅나무	주민	2014-04-05	250,000	5	18cm
6		Lb-312-T	왕벚나무	단체	2010-10-20	4,000,000	40	15cm
7		Ra-120-T	물푸레나무	기업	2014-11-15	4,200,000	60	12cm
8		Cb-201-B	느릅나무	단체	2013-10-26	2,500,000	50	12cm
9		La-202-T	왕벚나무	기업	2014-10-05	10,000,000	100	15cm
10		Ra-301-B	물푸레나무	주민	2013-04-26	140,000	2	12cm
11								
12								
13		나무종류	수량 (단위:그루)					
14		<>왕벚나무	>=50					
15								

제1작업 | 제2작업 | 제3작업 | 제4작업

1. 고급필터 - 나무종류가 '왕벚나무'가 아니면서, 수량(단위:그루)가 '50' 이상인 자료의 데이터만 추출하시오. 조건 위치 : 「B13」 셀부터 입력하시오. 복사 위치 : 「B18」 셀부터 나타나도록 하시오.

'왕벚나무'가 아니면서 수량이 50 이상이므로 B14 셀에 <>왕벚나무, C15 셀에 >= 50을 입력한다.

2. B10 셀에서 H10 셀까지 드래그한 후 [데이터] 메뉴 탭 → [정렬 및 필터] 그룹 → [고급] → [다른 장소에 복사]를 클릭한 후에 조건 범위의 값은 B13:B14, 복사위치는 B18을 클릭한 후에 호가인 버튼을 클릭한다.

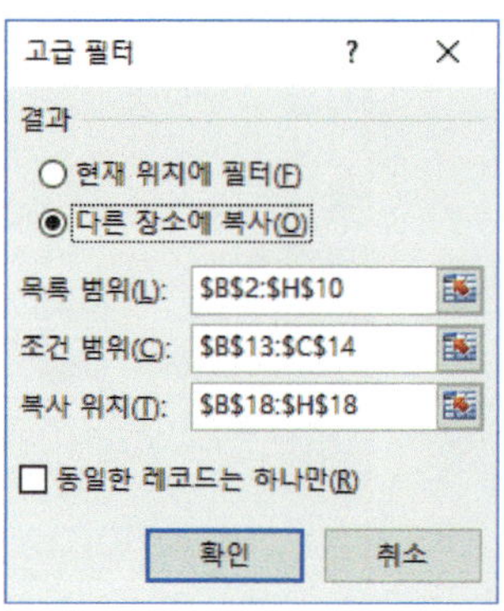

2. 고급필터의 결과 셀을 채우기 없음으로 설정한 후 '표 스타일 보통 10'의 서식을 적용하시오. B18 셀에서 H21 셀까지 드래그한 후 [홈] 메뉴 탭 → [글꼴] 그룹 → [채우기 색] → [채우기 없음]을 클릭한다.

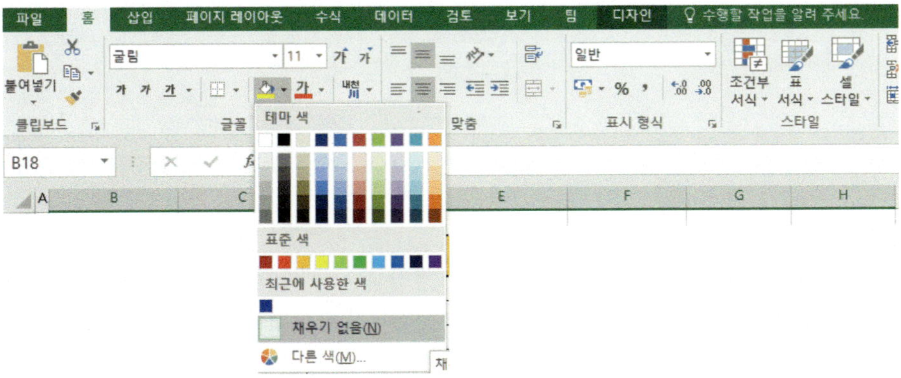

B18 셀에서 H21 셀까지 드래그한 후 [홈] 메뉴 탭 → [스타일] 그룹 → [표서식] → [표 스타일 보통 10]을 클릭하고 아래와 같은 대화상자에서 확인 버튼을 클릭한다.

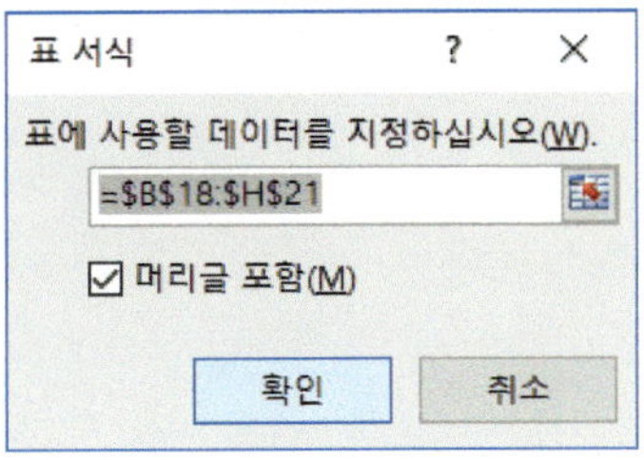

9-4. "제1작업" 시트를 이용하여 "제3작업" 시트에 아래와 같은 피벗 테이블을 작성하시오.

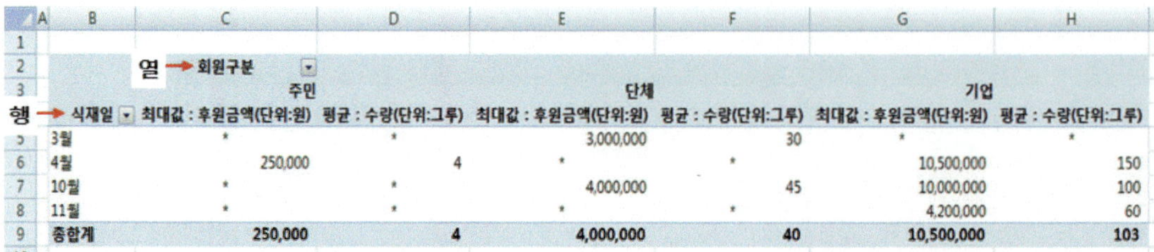

	열 → 회원구분					
	주민		단체		기업	
행 → 식재일	최대값 : 후원금액(단위:원)	평균 : 수량(단위:그루)	최대값 : 후원금액(단위:원)	평균 : 수량(단위:그루)	최대값 : 후원금액(단위:원)	평균 : 수량(단위:그루)
3월	*	*	3,000,000	30	*	*
4월	250,000	4	*	*	10,500,000	150
10월	*	*	4,000,000	45	10,000,000	100
11월	*	*	*	*	4,200,000	60
총합계	250,000	4	4,000,000	40	10,500,000	103

1. "제3작업" 시트를 만들어 놓은 후에 제1작업 시트에서 B4:H12 셀까지 드래그 한 후에 [삽입] 메뉴 탭 → [피벗 테이블] → [피벗 테이블 만들기] 대화상자에서 [기존 워크시트] → [위치]를 클릭하고 "제3작업" 시트를 클릭하고 B2 셀을 클릭하고 확인 버튼을 누른다.

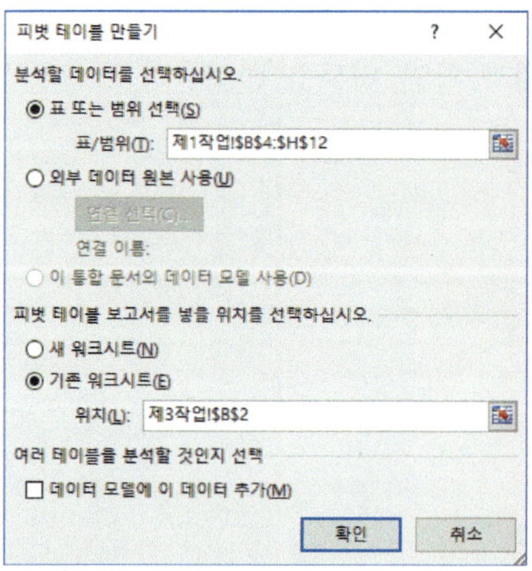

식재일 및 회원구분별 후원금액(단위:원)의 최대값과 수량(단위:그루)의 평균을 구하시오. 식재일을 행 레이블로 드래그하고 회원구분을 열 레이블로 드래그한다. 후원금액을 Σ 값으로 드래그 한 후에 기본이 합계이므로 왼쪽 마우스를 누르고 [값 필드 설정]을 클릭한 후 [값 필드 설정] 대화상자에서 아래 그림과 같이 수정한다. 수량(단위:그루)의 평균도 작성하시오.

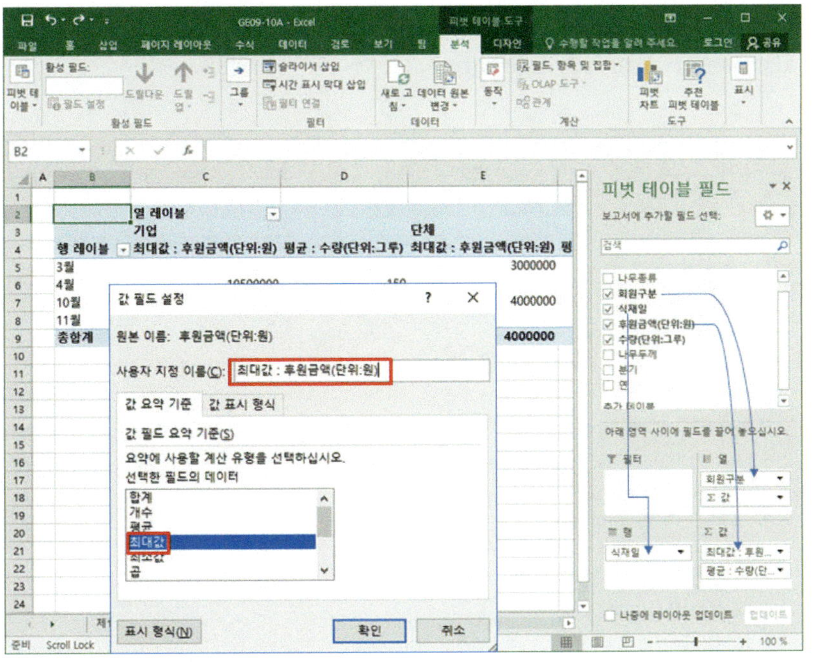

2. 행 레이블에 있는 날짜를 클릭한 후에 오른쪽 마우스를 누르면 그룹화를 하거나 그룹을 해제할 수 있다.

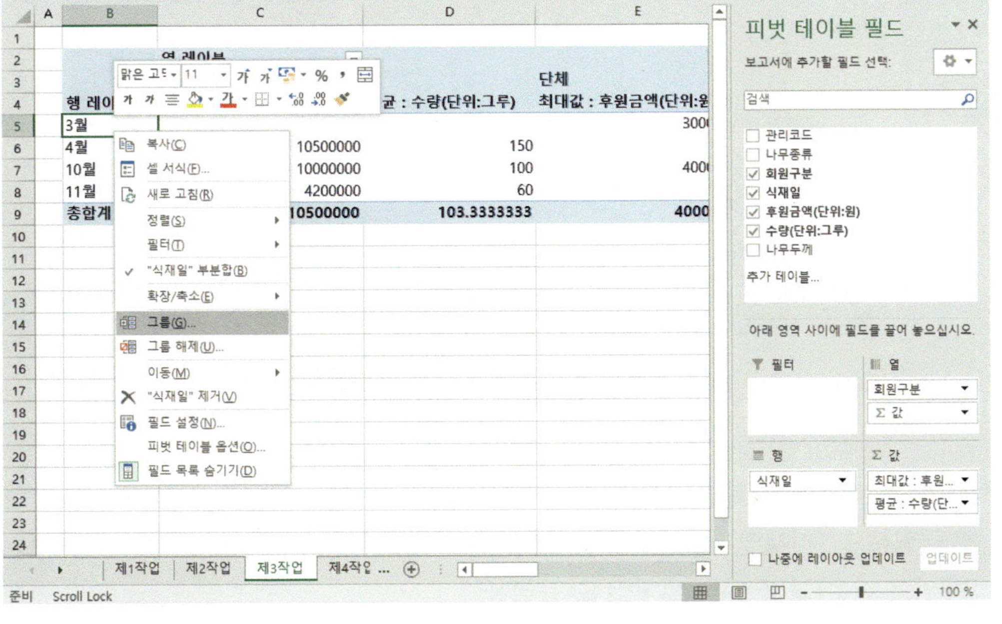

3. 레이블이 있는 셀 병합 및 가운데 맞춤으로 설정하고 ≪출력형태≫와 같이 정렬하고, 빈 셀은 '*'로 표시하시오. 행의 총합계를 지우시오.

피벗 테이블 영역 안에 클릭하고 오른쪽 마우스를 클릭한다. [피벗 테이블 옵션]을 선택하고 아래 그림과 같이 설정한다.

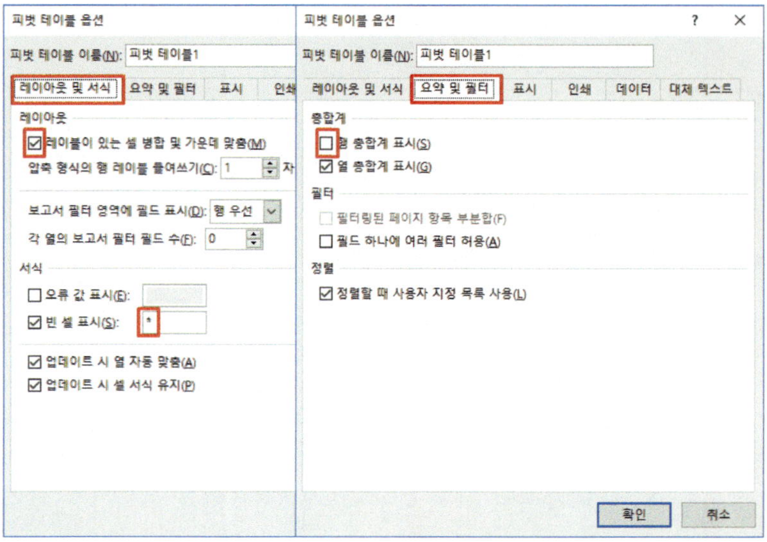

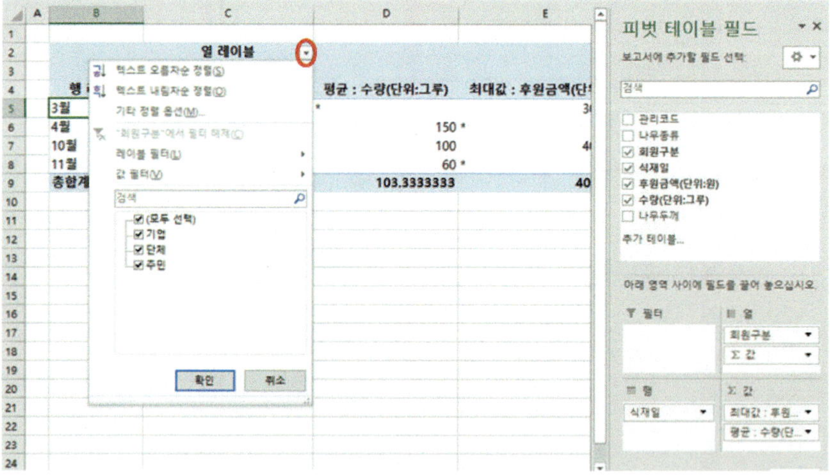

4. 나머지 사항은 ≪출력형태≫에 맞게 작성하시오. 열 레이블을 클릭하고 "회원구분", 행 레이블을 클릭하고 "식재일"을 입력한다. C5 셀부터 H9까지 드래그 한 후에 [홈] 메뉴 탭 → [가운데 맞춤]과 [쉼표 스타일]을 클릭한다.

9-5. "제1작업" 시트를 이용하여 아래 그림과 같이 작업하시오.

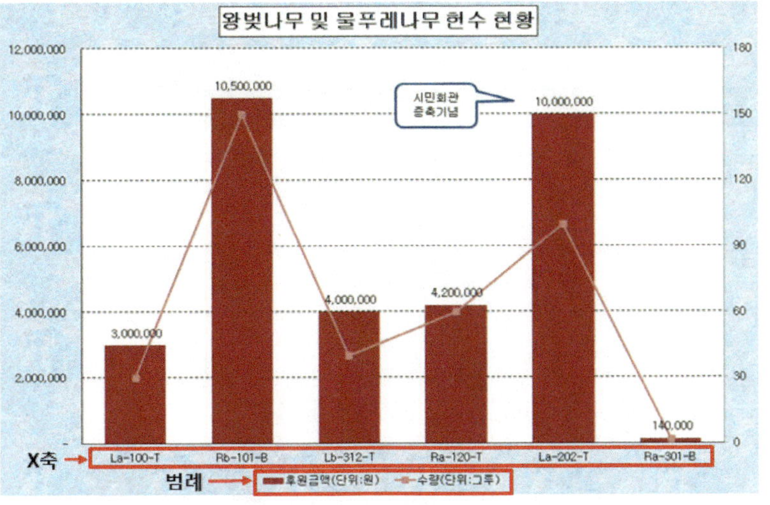

1. 차트를 그리기 위해서는 먼저 X축과 범례를 주의 깊게 본다. "제1작업" 시트에서 B4 셀부터 B6 셀까지 드래그한 다음 [Ctrl] 키를 누른 상태에서 F4:G6, B8:B9, F8:G9, B11:B12, F11:G12 셀을 드래그한 후에 [삽입] 메뉴 탭 → [차트] 그룹 → [차트삽입] → [묶은 세로 막대형]을 선택하고 확인 버튼을 누른다. [차트도구] → [디자인] → [차트이동] → [새 시트]를 선택하고 확인 버튼을 클릭한다. "제4작업"으로 시트 이름을 바꾸시오.

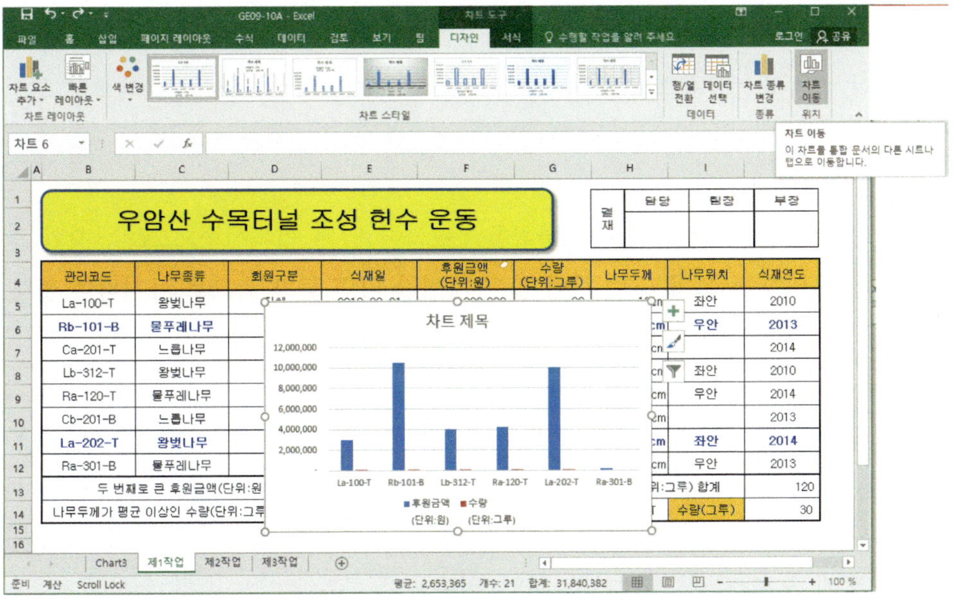

2. 차트 영역을 클릭한 후에 [홈] 메뉴 탭 → [글꼴] 그룹 → 글꼴(굴림, 11pt)로 설정한다. 차트를 선택한 후에 [차트도구] → [서식] → [도형 채우기] → [질감]을 파랑 박엽지로 바꾼다. 그림영역을 선택 한 후에 도형 채우기를 흰색으로 바꾼다.

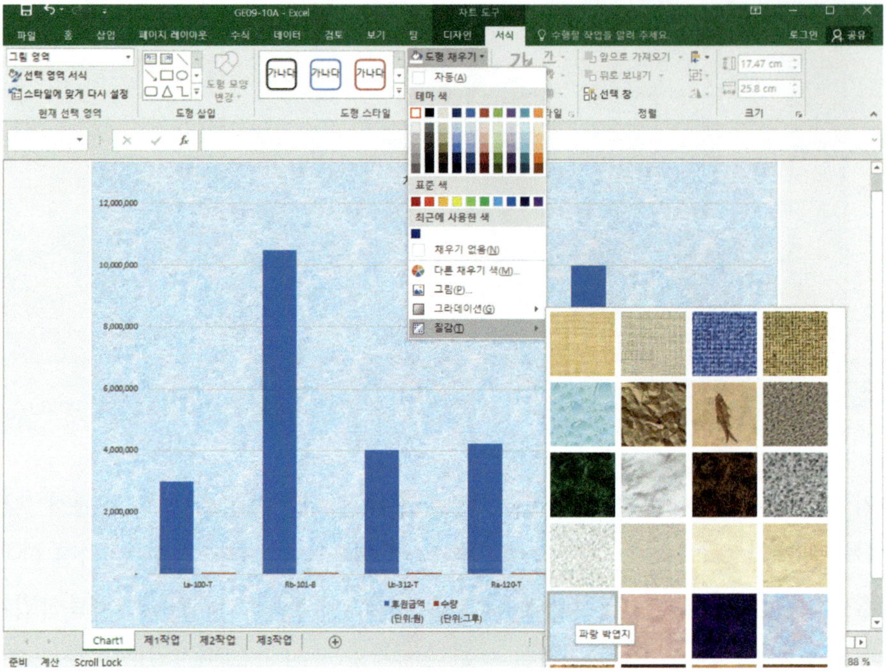

3. 차트 제목을 선택한 후에 [홈] 메뉴 탭 → [글꼴] 그룹 → 글꼴(굴림, 굵게, 20pt), 채우기(흰색)를 설정한다. 테두리는 [차트도구] → [서식] → [도형 윤곽선]에서 검은색으로 설정한다.

4. 서식 ⇒ 수량(단위:그루) 계열의 차트 종류를 <표식이 있는 꺾은선형>으로 변경한 후 보조축으로 지정하시오. 두 항목의 기준 값이 많이 차이가 나면 보조 축으로 표시하면 좋다.

2010 버전인 경우는 [차트도구] → [레이아웃] → [현재 선택 영역] → 계열 "수량(단위:그루)"을 선택하고 선택된 부분에 마우스를 올려두고 오른쪽 마우스를 클릭한 후 [차트 종류 변경]을 선택한다. 차트 종류 변경 대화상자에서 [꺽은 선형] → [표식이 있는 꺽은 선형]선택하고 확인 버튼을 누른다. 다시 해당 부분에서 오른쪽 마우스를 클릭하고 [데이터 계역 서식]을 선택한 후에 보조 축을 선택하고 확인 버튼을 누른다.

2013 이후 버전인 경우는 차트를 선택한 후 [차트도구] → [서식] → [현재선택 영역] → 계열 "수량(단위:그루)"를 선택하고 선택된 부분에 마우스를 올려두고 오른쪽 마우스를 클릭한 후 [차트 종류 변경]을 클릭한다. 차트 종류 변경 대화상자에서 [콤보]를 선택 한 후에 수량(단위:그룹)을 표식이 있는 꺾은 선형으로 변경하고 보조 축을 선택하고 확인 버튼을 누른다.

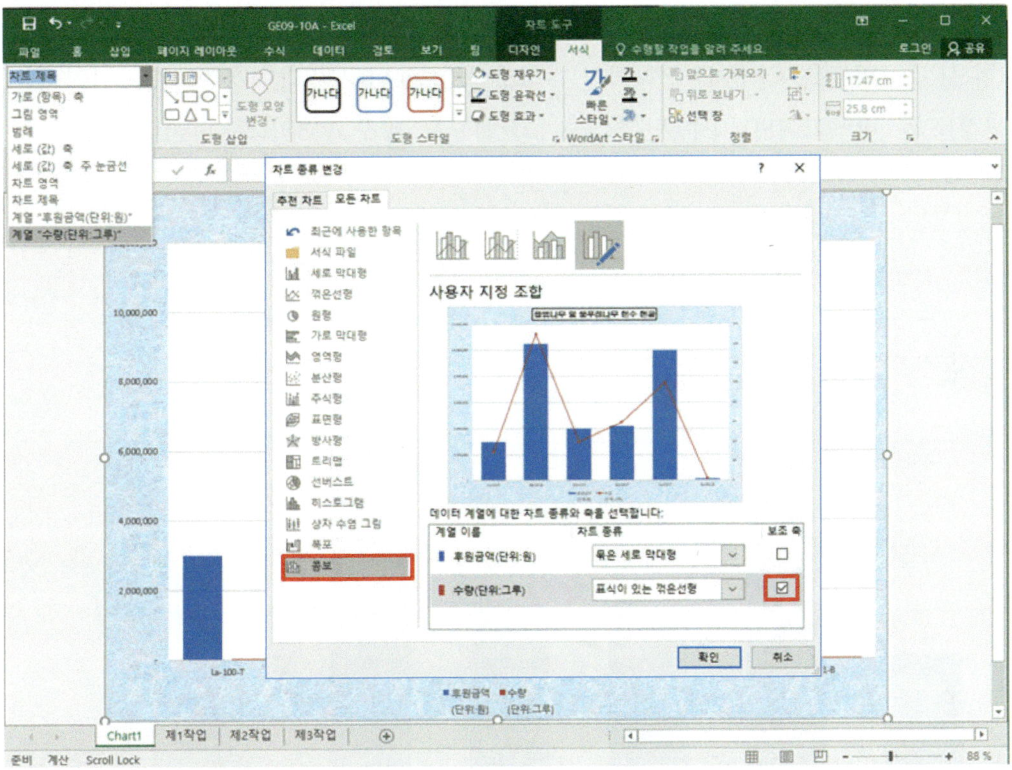

5. 레이블 : 후원금액(단위:원) 계열값을 표시하고, 위치는 ≪출력형태≫와 같이 표시하시오. 레이블을 추가하기 위해서 [차트도구] → [서식] → [현재선택 영역] → 계열 "후원금액(단위:원)"을 선택하고 오른쪽 마우스를 클릭하고 [데이터 레이블 추가]를 선택한다.

아래 그림과 같이 눈금선에 마우스를 올려두면 [세로(값) 축 주 눈금선]이 나타나고 오른쪽 마우스를 클릭하고 [눈금선 서식]을 선택하고 [색]은 검정색, [대시 종류]는 파선으로 설정한다.

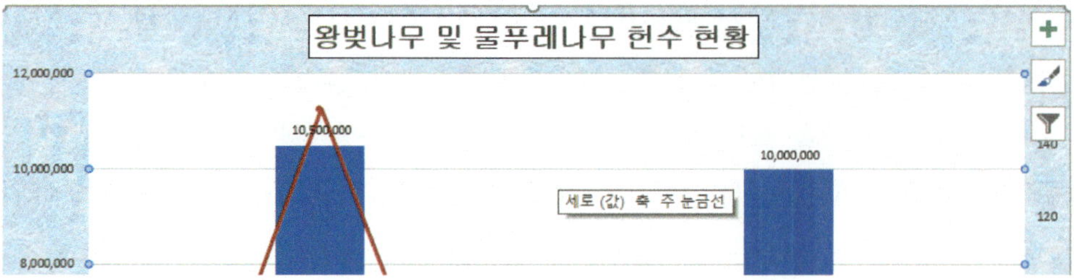

[보조 세로 값 축]에 마우스를 올려두고 오른쪽 마우스를 클릭한 후에 [축 서식] 선택하고 [표시형식] → [범주] → [숫자] 선택하면 "-" 값이 0으로 표시된다. [축 옵션] → [최대값] → [고정]으로 바꾸고 180, [주 단위] → [고정]으로 바꾸고 30으로 바꾼다.

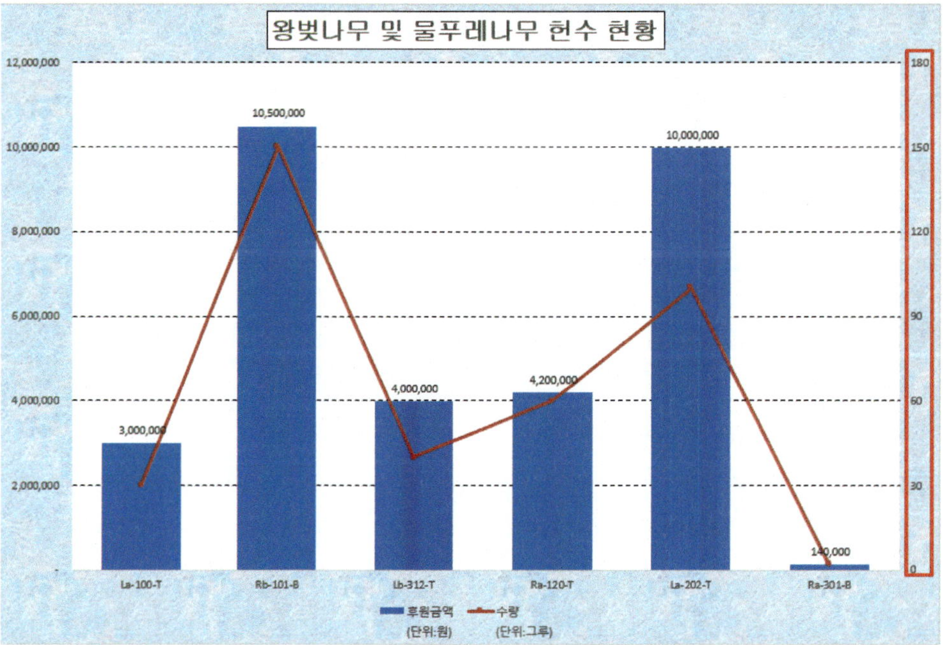

6. 범례 ⇒ ≪출력형태≫를 참조하시오. 범례를 선택한 후 오른쪽 마우스를 클릭하고 [데이터 선택] → [편집] → [계열 이름] : → "후원금액(단위:원)"을 입력한다. "수량(단위:그루)"도 입력하고 확인 버튼을 클릭한다.

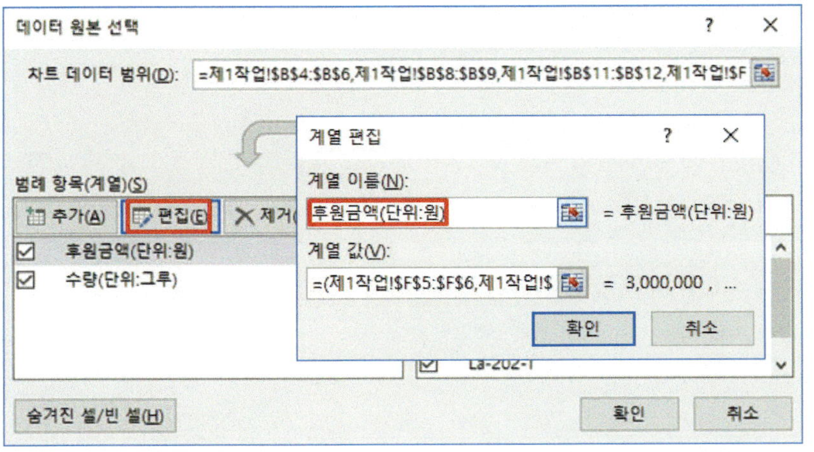

7. 도형 ⇒ '모서리가 둥근 사각형 설명선' 을 삽입한 후 ≪출력형태≫와 같이 내용을 입력하시오. 차트를 선택한 후에 [삽입] 메뉴 탭 → [일러스트레이션] 그룹 → [도형] → [설명선]에서 [모서리가 둥근 사각형 설명선]을 클릭한 후에 적당한 위치에 마우스를 드래그하여 그려준다. 아래 그림과 같이 수정한다.

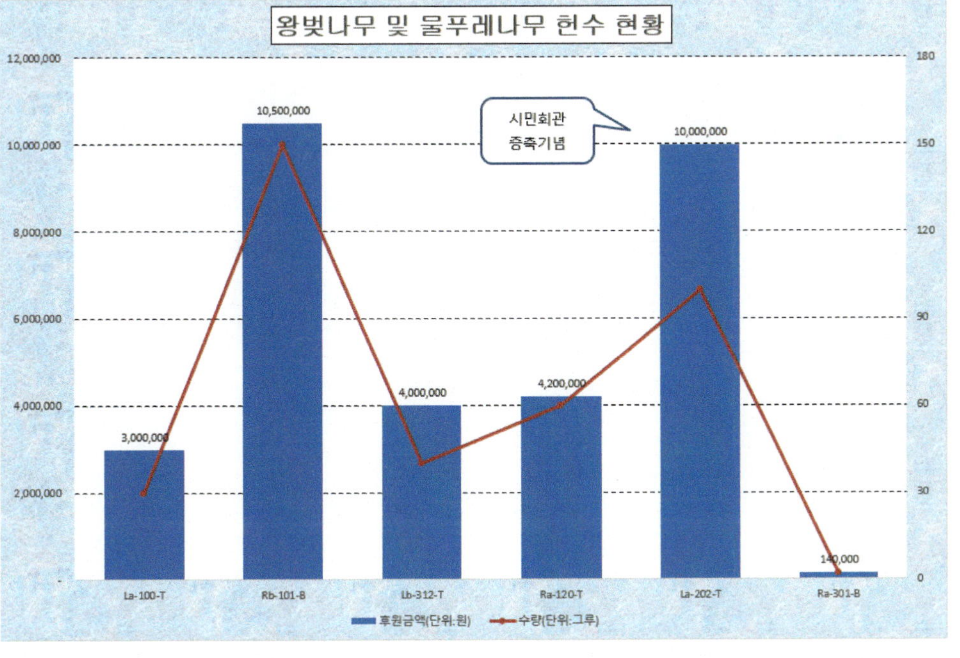

따라하며 배우는

엑셀함수 & 데이터시각화

1판 2쇄 2024년 3월 4일

저 자 강형일
발행인 송광헌
발행처 복두출판사
주 소 서울특별시 영등포구 경인로 82길 3-4
센터플러스 807호
(우) 07371
전 화 02-2164-2580
FAX 02-2164-2584
등 록 1993. 11. 22. 제 10-902 호

정가 : 20,000원

ISBN : 979-11-6675-400-5 93000

한국과학기술출판협회 회원사